the
windsor
knot

옮긴이 **김원희**

서울대학교 국어국문학과 졸업. 오래도록 책 속의 낯선 미로를 따라 걸으며, 또 다른 미로 속 주민들과의 만남을 고대하고 있다. 북스피어에서 제프리 디버 외 『세상의 모든 책 미스터리』, 이언 랜킨 외 『백만 불짜리 속편 미스터리』, 사라 파레츠키 『침묵의 시대에 글을 쓴다는 것』을 번역했다.

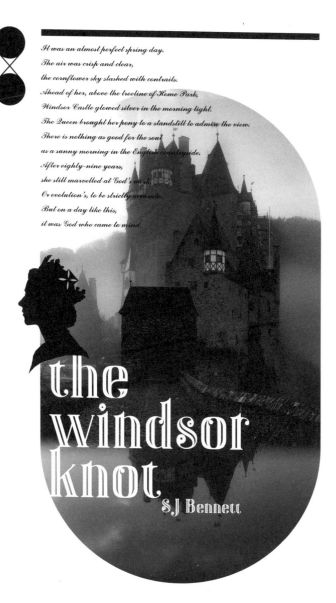

It was an almost perfect spring day.
The air was crisp and clear,
the cornflower sky slashed with contrails.
Ahead of her, above the treeline of Home Park,
Windsor Castle glowed silver in the morning light.
The Queen brought her pony to a standstill to admire the view.
There is nothing as good for the soul
as a sunny morning in the English countryside.
After eighty-nine years,
she still marvelled at God's mercy.
Or evolution's, to be strictly accurate.
But on a day like this,
it was God who came to mind.

the windsor knot

S.J Bennett

소피아 베넷 ──

윈저 노트, 여왕의 비밀 수사 일지 ──

김원희 옮김

북스토

the
windsor
knot

· 1부 ·
Honi soit qui mal y pense
007

●

· 2부 ·
마지막 춤
079

◉

· 3부 ·
일대일로
187

●

· 4부 ·
짧은 만남
277

◉

역자 후기
387

일러두기

＊작게 표시된 본문의 주는 옮긴이 주입니다.

＊괄호로 표시된 주는 원저자의 주입니다.

＊윈저 노트 : 퇴위 이후 윈저 공으로 불린 영국 왕 에드워드 8세의 스타일에서 유래했다고 널리 알려진 넥타이 매듭법. 그러나 미국의 남성 잡지 〈에스콰이어〉 에 처음 소개된 뒤 유행했다는 게 정설이며, 윈저 공 스스로도 본인이 고안한 매듭법이 아니라고 밝혔다.

1부

Honi soit qui mal y pense

'나쁜 생각을 품는 자는
수치를 알지어다'
—가터 훈장

가터 훈장 * 영국 왕실에서 수여하는
최고의 기사도 훈장의 제명

1장

완벽하다고 봐도 좋은 봄날이었다.

공기는 맑고 상쾌했으며, 수레국화처럼 파란 하늘엔 비행기구
름이 저마다 궤적을 그리고 지나갔다. 정면에 우뚝 선 윈저성은
홈 파크의 가지런한 나무들 너머로 아침 햇살을 받아 은빛으로
빛났다. 여왕은 경치를 감상하려고 조랑말을 멈춰 세웠다. 잉글
랜드의 전원에서 화창한 아침만큼 사람의 마음을 어루만져 주는
게 또 있을까. 그녀는 89세가 된 지금도 여전히 조물주의 작품에
경탄했다. 엄밀히 따지자면 진화의 작품이지만, 이런 날에는 조
물주부터 떠오르기 마련이었다.

자신의 모든 거처 중에서 딱 한 군데만 골라야 한다면 여왕은 바로 이곳을 택하리라. 원형 교차로 한가운데다 번쩍거리는 사무실을 세워 놓고서 사는 기분이 드는 버킹엄 궁전 말고. 대대로 물려받은 밸모럴성이나 샌드링엄 하우스도 제치고. 한마디로, 윈저성은 '집'이었다. 로열 로지_{원저성에서 남쪽으로 5킬로미터 떨어져 있는 저택. 엘리자베스 2세 여왕의 어머니 엘리자베스 보우스라이언이 남편인 조지 6세 서거 이후 내내 별장으로 사용한 곳이다}며 동화극을 보거나 말 타고 놀던 시간까지, 어린 시절 가장 행복한 나날을 보낸 곳이었으니. 여왕은 지금도 주말이면 여기 찾아와, 도시에서 끝도 없는 의례를 치르느라 녹초가 된 심신을 보살폈다. 이곳은 아버지가 영면에 든 장소이기도 했다. 사랑하는 어머니도, 또 동생 마거릿도 나란히 잠들었다. 아담한 지하 묘지에 자리를 마련하기가 까다롭긴 했지만 말이다.

여왕은 사색에 잠겼다. 만약 혁명이 일어난다면, 은퇴 후 여기 머무르게 해 달라고 청해 보리라. 혁명 세력이 허락해 주지 않겠지만. 아마 그들은 여왕을 쫓아내리라……. 어디로? 국외로? 그렇다면 엘리자베스라는 이름에 기대고 있는 버지니아(엘리자베스 1세는 성안에 회랑을 만들어 두고 연인 로버트 더들리의 처소로 은밀하게 숨어들었으니, '처녀 왕'이라는 명칭이 정확하지 않긴 해도)로 가야지. 더구나 버지니아는 1973년도에 경마 대회 3관왕을 차지한 명마 세크리테리엇의 출생지이기도 하니까. 사실, 영연방이나 딱한 찰스, 그리고 그토록 참담한 일을 겪고도 몹시 반듯하게 성장한 윌리엄과 조지가 줄줄이 딸려 있지 않았더라면 그러한 전망도 전혀 나쁠 것 없었으리라.

하지만 역시 윈저가 제일 좋겠지. 여기서는 뭐든 견뎌 낼 수 있을 터.

멀찍이 떨어져서 바라본 성은 반쯤 잠든 듯 고요하고 한가롭게만 보였다. 그러나 실상은 전혀 그렇지 않았다. 저 안에서는 오백명이나 되는 사람들이 제 할 일에 매진하고 있었으니. 성은 하나의 마을이었고, 그것도 대단히 능률적으로 돌아가는 마을이었다. 그녀는 장부를 확인하는 왕실 운영 총책임자부터 침실을 정돈하며 지난밤 열린 조촐한 연회의 흔적을 걷어 내는 하녀들에 이르기까지, 성안의 모든 사람들을 찬찬히 떠올려 보는 게 좋았다. 하지만 오늘은 성 전체에 어두운 그림자가 드리워져 있었다.

연회에서 공연했던 연주자 한 명이 오늘 아침 자기 침실에서 사체로 발견되었다. 여왕도 만나 본 남자였다. 사실 잠깐 동안 둘이 춤도 추었다. 이번 행사에 초청된 피아노 연주자였는데, 아주 재능 있고 매력적인 러시아 청년이었다. 남은 가족들이 얼마나 황망할지.

머리 위로 엔진 소리가 단조롭게 윙윙 울리며 새소리를 묻어 버렸다. 째지는 소음을 들은 여왕은 말안장에 앉은 채 위를 올려다보았다. 에어버스 A330 여객기가 착륙하고 있었다. 히스로 공항의 비행경로에 살다 보면 무슨 비행기가 오가는지 한눈에 알아보게 되는 법이다. 윤곽만 보고도 현재 운항하는 모든 여객기를 척척 알아맞히는 건 그리 달가울 바 없는 개인기였다. 에어버스 비행기를 보고 퍼뜩 상념을 떨쳐 낸 그녀는 다시 왕실 서류를 결재하러 돌아가야 한다는 사실을 떠올렸다.

죽은 젊은이의 어머니는 좀 어떠한지도 꼭 물어봐야지. 여왕은 마음속으로 다짐했다. 솔직히 말해, 평소에는 다른 이들이 친지를 잃든 말든 그다지 관심이 없었다. 왕가의 사정만으로도 충분히 암울했으니. 하지만 왠지 이 경우는 다르다는 느낌이 들었다. 오늘 아침 여왕의 개인 비서는 몹시 이상한 표정을 지으며 그 소식을 전했다. 왕실 일동은 어떤 불행한 일도 여왕 근처에 얼씬대지 못하게 하려고 끝없이 노력했지만, 그녀는 무슨 일이 생길 때마다 빠짐없이 알아차렸다. 그리고 불현듯 깨닫건대, 지금 무슨 일이 생긴 게 분명했다.

"계속 가." 그녀는 조랑말에게 명령했다. 곁에서 마부가 묵묵히 보조를 맞춰 자기 말을 몰았다.

아침 식사가 슬슬 끝나 가는 아담한 귀빈용 식당에서는 여왕의 경주마 관리인이 캔터베리 대주교와 전직 모스크바 대사, 그 밖에도 간밤 연회 이후 지금껏 꾸물거린 손님 몇 명과 함께 베이컨과 달걀을 나눠 먹고 있었다.

"참 재미난 저녁이었습니다." 그가 자기 왼쪽에 앉은 대주교에게 말을 건넸다. "대주교님이 탱고를 추실 줄은 몰랐네요."

"나도 몰랐지요." 상대가 앓는 소리로 대답했다. "알렉산더 부인이 나를 확 사로잡았다고나 할까요. 종아리가 아파 죽겠습니다." 대주교는 나직한 목소리로 덧붙였다. "자, 내가 얼마나 우스꽝스러웠는지 점수를 매겨 보세요. 10점 만점에 몇 점인지."

경주마 관리인이 입술을 씰룩였다. "나이절 터프넬의 명언을 인용하자면, 11점이었습니다. 국왕 폐하께서 그보다 더 격하게 웃으시는 모습은 이제껏 본 적이 없는 것 같은데요."

대주교가 미간을 찡그렸다. "터프넬? 어젯밤에 그런 분도 계셨나요?"

"아뇨. 〈스파이널 탭롭 라이너 감독의 1984년 코미디 영화. 가상의 록밴드를 다룬 페이크 다큐멘터리로, 밴드 구성원인 터프넬이 자기네는 출력 최대치가 10인 앰프를 11까지도 높일 수 있다고 우기는 대목이 있다〉 얘기입니다."

대주교는 멋쩍게 히죽 웃었다. "이런, 이런." 그리고 몸을 앞으로 숙여 테이블 아래로 종아리를 문지르다가 맞은편에 앉아 있던 젊은 여자에게 시선을 빼앗겼다. 지극히 아름답고 모델처럼 마른 여자였는데, 검고 커다란 눈동자가 그의 영혼을 꿰뚫어 보는 것만 같았다. 그 여자가 희미하게 미소 짓자 대주교는 성가대 소년처럼 얼굴을 붉혔다.

하지만 마샤 페이롭스카야의 시선은 그저 그를 뚫고 지나갈 뿐이었다. 그녀는 자기 인생에서 가장 강렬한 체험이었던 어젯밤 일들을 지금도 한 장면 한 장면 음미하고 있었으니까.

'만찬.' 마샤는 머릿속으로 대사를 읊어 보았다. '그리고 숙박. 만찬과 숙박. 내가 말이지, 지난주에 만찬과 숙박을 체험하러 윈저성에 다녀왔거든. 아, 그래. 영국 여왕 폐하와 함께 말이야. 한 번도 가 본 적 없다고? 정말 근사한 곳인데.' 마치 매주 궁전에 들락거리는 듯이 얘기하는 것이다. '우리 부부가 머문 공간에서는 마을이 훤히 내려다보였어. 여왕 폐하도 우리랑 똑같은 비누를 쓰시더라. 직접 만나 뵈면 얼마나 재미난 분인지 알게 된다니까. 여왕님의 다이아몬드는 또 어찌나 안달 나게 탐스러운지……'

마샤 옆자리에 앉은 유리 페이롭스키는 신선한 녹색 채소와 생강을 자기 나름의 조리법대로 섞어 만든 만능 숙취 해소제를 복용하고 있었다. 궁궐 직원들은 단연 유능했다. 유리는 여왕이 본인의 아침 식사용 시리얼을 플라스틱 용기에 보관한다는 소문도 들었겠다(오늘 아침 식사 자리에 그분이 함께하지는 않지만), 옛 영국식으로 '허름하면서도 안락한' 분위기가 나지 않을까 내심 기대했다. 그러니까, 관리가 허술해서 난방이 제대로 안 되고 페인트가 군데군데 벗겨진 집 말이다. 하지만 영 잘못 알고 있었던 셈이다. 어느 방이든 구석구석 티끌 한 점 없이 깔끔했으니. 유리의 집사조차도 이곳에서는 트집 잡을 게 별로 없으리라. 어젯밤에 제공된 포트와인이나 와인도 훌륭했다. 브랜디도 있었나? 떠올려보니 브랜디를 마신 기억도 어렴풋이 났다.

머리가 지끈거리긴 했지만, 유리는 왼쪽 옆에 앉은 전직 대사 부인에게로 몸을 돌렸다. 그리고 어제 저녁 식사 후에 만난 개인 사서를 언급하며, 그런 서비스는 어떻게 주선받을 수 있을지 물어보았다. 전직 대사 부인은 그쪽으로 아는 바가 없었지만, 가난하고 박식한 친구들을 많이 알고 지냈기에 매력 수치를 11까지 올리고 최선을 다해 대답했다.

두 사람의 대화는 키 큰 흑발 머리 여자가 문 앞에 나타나는 바람에 뚝 끊겼다. 주름 잡힌 바지 정장을 입은 그 여자는 연극적인 자세로 엉덩이에 손을 올리고 문간에 섰다. 깜짝 놀란 듯 새빨간 입술을 오므리고 있었다.

"아, 죄송해요! 제가 늦었나요?"

"천만에요." 경주마 관리인이 친근하게 답했지만 그 여자가 심히 늦은 건 사실이었다. 많은 손님들이 이미 위층으로 돌아가 일박용 여행 가방에 모든 짐을 잘 챙겨 넣었나 살펴보고 있었다. "우리 모두 아주 느긋한 시간을 보내고 있습니다. 제 옆자리에 와서 앉으세요."

메러디스 알렉산더는 하인이 빼 준 의자를 향해 걸어가며, 커피 권유에 진심으로 고개를 끄덕였다.

"푹 주무셨나요?" 오른편에서 익숙한 목소리가 들려왔다. 데이비드 애튼버러 경영국의 동물학자이자 방송인(1926~). 수십 년 동안 여러 다큐멘터리 영화의 해설을 맡았다이었다. TV에서와 똑같이 듣기 좋고 세심한 그 목소리를 듣자니, 메러디스는 자신이 멸종 위기에 처한 판다라도 된 듯했다.

"음, 네." 그녀는 이렇게 거짓말했다. 그리고 자리에 앉으며 테이블 주위를 힐끗 둘러보다가, 자신을 향해 반쯤 미소 짓는 마샤 페이롭스카야의 아름다운 얼굴을 보고 엉덩방아를 찧을 뻔했다.

"저는 못 잤어요." 마샤가 허스키한 목소리로 중얼거렸다. 눈살을 찌푸리며 본인의 주스 잔을 들여다보던 남편만 빼고, 모두들 고개 돌려 그 여자를 바라보았다. "그저 밤새도록 아름다움이라든지 음악에 대해 생각했어요. 그리고 또…… '스카스카'…… 영어로 뭐라고 하죠?"

"동화요." 맞은편에 앉아 있던 대사가 잠긴 목소리로 중얼거렸다.

"맞아요, 동화. 그렇지 않나요? 꼭 디즈니 만화 속 세상처럼! 그보다 고상하지만." 마샤는 말을 멈추었다. 내뱉고 나니 의도했던 것과는 사뭇 다르게 들렸다. 부족한 영어 실력이 발목을 잡을지라도, 충만한 열정만큼 뜻이 잘 전달되기를 바랄 수밖에. "선생님은 참 좋으시겠어요." 그녀는 경주마 관리인에게 몸을 기울이고 말했다. "여기 자주 오시지요?"

그는 마치 농담이라도 들은 것처럼 웃어 보였다. "물론이죠."

무엇 때문에 재미있어하는 걸까 따져 볼 새도 없이, 새로운 하인이 들어와 그녀의 남편에게로 다가갔다. 그리고 몸을 기울여 귓속말을 속닥였는데, 뭐라고 하는지까지는 들리지 않았다. 유리가 얼굴을 붉히더니 말없이 의자를 뒤로 밀치고 일어나 하인을 따라 나갔다.

마샤는 되돌아보며 왜 동화 따위를 입에 올렸을까 자책했다. 어쩐지 다 자기 탓 같았다. 동화들을 찬찬히 음미해 보면 항상 그 기저에 어두운 힘이 깃들어 있지 않은가. 악이란 하필 제일 순수했으면 싶은 곳에 도사리고 있다가, 심심치 않게 승리를 거두곤

한다. 디즈니를 떠올리다니 얼마나 바보 같았는지. 그 대신 숲속에 사는 마녀 바바 야가슬라브 민담에 등장하는 마귀할멈를 기억해 냈어야 하는데 말이다.

우리는 결코 안전하지 않아. 아무리 풍성한 모피와 다이아몬드로 몸을 칭칭 감아도 소용없어. 언젠가 나는 늙어서 덩그러니 혼자 남게 되겠지.

"사이먼?"

"예, 폐하." 여왕의 개인 비서, 사이먼 홀크로프트 경은 안건이 적힌 문서를 들여다보다 고개를 들었다. 말을 타다 돌아온 여왕은 회색 트위드 치마로 갈아입고 책상 앞에 앉아 있었다. 가장 아끼는 캐시미어 카디건도 걸쳤는데, 그 옷을 입으면 그녀의 파란 눈동자가 유난히 돋보였다. 사이먼 경은 날이 선 여왕의 목소리를 듣고 약간 초조했지만 그런 기색을 드러내지 않으려고 애썼다.

"그 러시아 청년 말인데. 내게 얘기 안 한 게 있나?"

"아닙니다, 폐하. 이제 시신을 영안실로 옮기는 중인 것 같습니다. 22일에 미국 대통령이 헬리콥터로 도착할 예정인데, 혹시 폐하께서 괜찮으시다면……."

"말 돌리지 말게. 자네 얼굴에 다 쓰여 있으니까."

"예, 폐하?"

"아까 안 좋은 소식을 전해 줬을 때 말일세. 어떻게든 내가 신경 쓸 일 없게 보호하려 드는 티가 나더군. 그러지 말란 얘기야."

사이먼 경이 침을 삼켰다. 분명 그는 연로한 국왕이 괜히 신경 쓸 일 없게끔 정보 하나를 멀찍이 치워 놓으려 하고 있었으니까. 하지만 보스의 명을 거역할 수야 없었다. 그래서 헛기침을 하고 털어놓았다.

"그 남자는 나체로 발견되었습니다, 폐하."

"그래?" 여왕이 자기 비서를 물끄러미 쳐다보았다. 그녀는 이불 속에 나체로 누워 있는 건장한 청년을 떠올려 보았다. 뭐 별날 것도 없는 일이잖은가? 젊은 시절 필립은 잠옷 따위 거들떠보지도 않기로 유명했다.

사이먼 경도 여왕을 응시했다. 조금 뒤에야 그 정도로는 여왕이 별로 이상하게 받아들이지 않는다는 점을 깨달았다. 더 많은 정보를 꺼내 놓아야 했다. 그는 단단히 마음먹고 입을 열었다.

"음, 벌거벗은 몸에 보라색 가운만 걸쳤습니다만, 참으로 유감스럽게도 가운 끈이……." 사이먼 경은 말끝을 흐렸다. 차마 그런 말은 여왕에게 전할 수가 없었다. 보름만 지나면 90세가 되는 분이니.

상대의 말이 무슨 뜻인지 파악하자 여왕의 눈길이 날카로워졌다.

"끈으로 목이 졸려 있었다는 말인가?"

"예, 폐하. 정말로 비극적인 일입니다. 벽장 속에서 발견되었고요."

"벽장에서?"

"정확하게는 옷장입니다."

"그렇군." 잠시 침묵이 흘렀다. 상상하고 싶진 않지만, 두 사람 다 머릿속으로 현장을 한번 그려 보는 중이었다. "누가 시신을 발견했지?" 여왕이 사무적인 말투로 물었다.

"객실 담당원 중 한 명이 발견했습니다. 그 러시아 청년이 아침 식사를 하러 내려오지 않았다는 점을 누군가가 눈치챈 덕에, 아직 자는지 확인하려고—" 사이먼 경은 직원 이름을 떠올리려고 잠깐 말을 멈췄다. "코볼드 부인이 올라가 봤습니다."

"그 부인은 괜찮나?"

"아뇨, 폐하. 그래서 상담을 받을 수 있도록 조치한 것 같습니다."

"정말 이상한 일인데……." 여왕이 말끝을 흐렸다.

"그렇습니다, 폐하. 하지만 보아하니 단순 사고인 듯합니다."

"그래?"

"남자의 모습도 그렇고…… 침실도……." 사이먼 경은 다시 헛기침했다.

"모습이 어땠는데, 사이먼? 침실은 어땠고?"

그는 숨을 깊이 들이마셨다. "방 안에 여성용 팬티랑 립스틱이 있었습니다." 그리고 눈을 감고 말을 이었다. "화장지도요. 아무래도 그 남자는…… 시험 삼아 재미로 그런 행위를 해 보는 중이었던 모양입니다. 아마 그렇게까지…… 할 생각은 없었을 테지요……."

이제 사이먼 경의 얼굴은 시뻘게져 있었다. 여왕은 연민을 보였다. "정말 끔찍한 일이군. 경찰은 불렀나?"

"예. 청장이 절대적인 재량을 발휘하겠다고 약속했습니다."

"좋아. 그게 다인가?"

"그렇다고 볼 수 있습니다. 언론에 퍼져 나가는 일 없게 단속하기 위해서 오늘 오후에 회의를 소집했습니다. 입단속에 관해서라면 코볼드 부인도 이미 십분 이해하고 있고요. 저는 부인의 충심이 굳건하다고 확신합니다. 직원 일동에게도 절대 발설하지 말라고 단단히 일러둘 겁니다. 어떻게 사망했는지는 전혀 언급하지 않겠지만, 사망 사건이 일어났다는 사실만큼은 손님들에게도 알려야 할 듯합니다. 아무튼 어젯밤 페이롭스키 씨가 브로드스키 씨를 데리고 와서 다들 이미 그 존재를 알고 있으니 말이죠."

"그래. 고맙네."

"당연히 제가 할 일입니다, 폐하. 이제 검토해 봐야 할 안건은 폐하께서 어느 장소에서 오바마 부부를 맞이하고 싶으신가 하는 건데요……."

두 사람은 평소처럼 업무로 돌아갔다. 하지만 온통 뒤숭숭할 뿐이었다.

이곳 윈저성에서, 벽장 안에서, 보라색 가운을 입은 채, 그런 일이 벌어졌다니.

여왕은 자신이 윈저성과 그 청년 중 어느 쪽에 더 안타까움을 느끼는지 알 수 없었다. 청년에게 더욱 비극적인 일임은 분명했다. 하지만 그녀가 더 깊이 알고 있는 건 이 성이었다. 마치 자기 몸처럼 속속들이 아는 곳이니. 참 끔찍하기 짝이 없었다. 게다가 그토록 멋진 밤이 지난 뒤에 말이다.

2장

　봄철 한 달 동안 윈저성에 머무르며 부활절 연례행사를 치르는 것이 여왕의 관례였다. 이때는 버킹엄 궁전의 과도한 격식에서 벗어나 더 편안하고 허물없는 분위기로 손님을 맞이할 수 있었다. 즉 160명을 초청해 공식 연회를 여는 대신 20명만 둘러앉아 조촐한 파티를 하거나 오랜 친구들과 담소 나눌 시간을 낼 수 있다는 뜻이었다. 찰스는 부활절 이후 일주일 동안 열리는 이번 '만찬과 숙박' 행사를 살짝 이용해 부유한 러시아인들의 환심을 사려 했다. 자신의 숙원 사업 하나에 자금을 끌어와야 했기 때문이다.

　찰스는 유리 페이롭스키와 기막히게 아름답고 젊은 아내, 그리고 러시아 금융 시장 전문인 헤지펀드 매니저이며 놀랄 만큼 따분하다고 소문난 핵스를 초청하고자 했다. 그치들의 일부 투자 사업을 거북하게 여겼던 사이먼 경이 만류했으나, 여왕은 아들의 얼굴을 봐서 초청에 동의했다.

　모임을 보기 좋게 구성하기 위해서 다음과 같은 이들을 명단에 포함시켰고, 배우자가 있다면 동반하도록 했다. 최근에 귀국한 모스크바 주재 영국 대사. 언제나 즐거움을 선사하는—이는 여왕의 나이를 고려하면 쉽지 않은 일이었다—데이비드 애튼버러 경. 인기 있는 영국 건축가 메러디스 알렉산더. 오스카상을 수상했으며, 완벽한 옆모습과 신랄한 입담으로 유명한 러시아계 여배우. 러시아 문학 교수와 남편(요즈음엔 교수들의 성별이나 성 정체성을 도무지 짐작할 수 없지만—필립이 실수를 통해 깨우쳤듯이—이 교수는 남성과 결혼한 여성이었다). 꾸준히 행사에 참석해 온 이튼 칼리지 학장. 여왕의 경주마 관리인. 그리고 자칫 다른 사람들이 꿀 먹은 벙어리가 되는 불상사가 생기면 대화에 활기를 불어넣는 역할을 톡톡히 해 줄 대주교. 행여 사람들이 너무 수다스럽게 떠드는 통에 누가 좀처럼 대화에 끼어들지 못하는 경우가 생긴다면 그 역시 불상사였지만 말이다. 그럴 땐 한 번씩 근엄한 표정을 짓는 것 말고는 대책이 별로 없었다.

여왕은 항상 손님들에게 소소한 여흥을 제공하는 데 보람을 느꼈다. 마침 페이롭스키가 찰스에게 자기 후배 한 명을 추천했다. '라흐마니노프를 환상적으로 연주'하는 젊은이라고 했다. 녹음된 음악에 맞춰 러시아 황실 스타일 〈백조의 호수〉 듀엣 공연을 짤막하게 선보일 발레리나도 두 명 구했다. 전부 다 고상하고 진중하고 감성 충만하게 준비해 두었다. 사실 여왕은 약간 염려도 되었다. 부활절 행사는 원래 유쾌해야 마땅했지만, 찰스의 *러시아식* 향연은 명백히 암울한 느낌을 주었던 것이다.

아무리 그래도 그렇지. 사람 일은 한 치 앞을 모를 일이다.

음식은 탁월했다. 자기 능력을 증명하고 싶어 안달 난 새 요리사가 윈저성과 샌드링엄의 농작물, 거기에 찰스의 하이그로브 저택 텃밭에서 수확한 작물까지 보태 경탄스러운 솜씨를 발휘했다. 와인이야 늘 훌륭했다. 데이비드 경은 지구 종말이 머지않았다는 예언을 내놓을 때 빼고는 시종 익살맞았다. 러시아인들은 여왕의 우려를 잠재울 만큼 쾌활했고, 찰스는 만면에 감사의 미소를 지었다(다음 날 행사가 잡혀 있어 커피 한잔하고 금세 런던으로 돌아가긴 했지만 말이다. 여왕은 집에 들어와 빨랫감만 맡기고 나가는 대학생 아들을 둔 기분을 맛보았다).

손님들은 살짝 취한 채 옥타곤 룸으로 가서 이미 식사 중이던 왕실 식구 몇 명과 합류했다. 그다음엔 다 함께 서재로 몰려가 여왕의 장서 중 특히 흥미로운 러시아 책 몇 권을 구경했다. 여왕은 번역된 시와 희곡이 담긴 그 멋들어진 초판본들을 언젠가 꼭 읽겠노라 다짐했지만 도통 짬을 낼 수가 없었다. 새벽부터 깨어 있던 필립은 조용히 침실로 물러났고, 오스카상을 수상한 여배우는 수려한 옆모습으로 감탄을 자아내며 할리우드에 대해 몹시 흥미로운 의견을 들려주다가 파인우드 인근 호텔로 휙 가 버렸다. 그쪽에서 새벽 촬영을 한다고 했다. 그다음엔…… 피아니스트와 무용수들 차례였다.

남아 있던 무리는 아주 느긋이 진홍빛 응접실로 들어가 러시아 청년의 피아노 연주를 감상했다. 그는 라흐마니노프의 피아노 협주곡 2번에서 몇 대목을 연주했고, 과연 장담했던 대로 실력이 출중했다. 사이먼 말로는 그 젊은이 이름이 브로드스키라고 했던가? 여왕이 보기에 그 피아니스트는 20대 초반의 나이임에도 음악적 감수성만큼은 그보다 성숙한 듯했다. 청년은 연주곡의 격정에 완전히 사로잡힌 것 같았다. 어느덧 여왕의 머릿속에선 〈밀회

1945년 개봉한 데이비드 린 감독의 멜로 영화. 라흐마니노프의 피아노 협주곡 2번이 배경 음악

^{으로 사용되었다}〉의 한 장면이 펼쳐졌다―그녀가 가장 좋아하는 영화 중 하나였다. 피아노를 치던 청년은 굉장히 잘생기기까지 해서, 거기 모인 모든 여자들이 거의 홀린 듯 그쪽을 쳐다보았다.

뒤이어 발레리나들이 멋진 공연을 선보였다. 마거릿이 함께했더라면 즐겁게 감상했으리라. 여왕은 내심 무용수들이 좀 요란스레 딸가닥거린다고 느꼈지만, 아마 그냥 신발 소리 때문이었을 터였다. 그다음엔, 어찌 된 일인지 브로드스키라는 청년이 피아노 앞으로 돌아와 1930년대 춤곡을 연주했다. 어쩜 젊은 사람이 저런 곡들을 다 알까? 여왕은 가구를 뒤로 옮겨 놓고 춤을 추자는 제안에 찬성했다.

모두들 점잖게 춤을 추기 시작했고, 피아노 앞에는 또 다른 사람이 앉았다. 누구였지? 여왕이 기억하기론 교수의 남편이었던 듯했다. 그 남자 또한 놀라울 정도로 실력이 뛰어났다. 러시아 청년은 이제 자유로이 손님들 무리에 합류할 수 있게 됐다. 그는 흠잡을 데 없는 태도로 뒤꿈치를 맞부딪치며 여왕에게 경례했다. 진심으로 간청하는 듯한 눈빛이었다.

"폐하, 함께 춤추시겠습니까?"

뭐, 솔직히 말해, 안 될 게 뭐람. 어느새 여왕은 좌골 신경통도 신경 쓰지 않고 플로어를 휘저으며 폭스트롯을 추고 있었다. 그날 저녁 입고 있던 가벼운 실크 시폰 드레스의 치맛자락이 나풀나풀 흔들렸다. 브로드스키가 어찌나 노련하게 이끌어 주던지, 그녀는 까맣게 잊고 있던 스텝을 기억해 낼 수 있었다. 청년은 나무랄 데 없이 박자를 딱딱 맞췄다. 그와 춤을 추자니 마치 진저 로저스인기 뮤지컬 영화 여러 편에서 화려한 춤 솜씨를 보인 미국 배우(1911~1995)가 된 듯한 기분마저 들 정도였다. 부담스레 엉덩이를 쑥 내밀지 않고 서도.

그때쯤엔 거의 모두가 춤판에 뛰어들었다. 음악 소리는 점점 더 크고 대담해졌다. 아르헨티나 탱고가 울려 퍼지기 시작했다. 여전히 교수 남편이 피아노를 치고 있었나? 캔터베리 대주교마저 춤출 작정을 해서 모두들 즐거워했다. 여러 쌍이 열심히 춤을 추었지만 누구도 러시아 청년과 그의 새 파트너—발레리나—에 필적할 순 없었다. 두 남녀는 위풍당당하게 플로어를 누볐다.

여왕은 이내 물러나며, 손님들에게 얼마든지 더 즐겨도 좋다고 확실히 밝혀 두었다. 한창때는 외무부 인원의 절반과도 너끈히 춤을 출 수 있었건만 요즘은 10시 반만 지나도 몸이 축 처지곤 했다. 그렇다고 해서 즐거운 파티가 갑자기 끝날 이유는 없었다. 여왕의 의상 담당자가 집사 보조 한 명에게 듣고서 전해 주기로는, 자정이 훨씬 넘은 시간까지 뒤풀이가 이어졌다고 했다.

여왕이 마지막으로 보았을 때 그 청년은 젊고 아름다운 발레리나를 품에 안고 거침없이 플로어를 가로질렀다. 그게 정말 마지막 모습이 될 줄이야. 눈부시게 멋지고, 자신만만하고, 행복해 보였으며…… 그렇게 생기 넘쳐 보일 수가 없었는데.

점심 식사 뒤 함께 커피 한잔 마시려고 나타난 필립은 입이 근질근질해 보였다.

"릴리벳, 그 남자가 나체였다는 얘기 들었어?"

"응, 듣긴 했지."

"목매달린 토리당 의원 같은 꼴이었다지? 거기 딱 맞는 말이 있었는데, 뭐더라? '자기 섹스' 비슷한 단어였는데?"

"자기색정 질식". 여왕이 암울하게 말했다. 아이패드로 구글에 검색해 본 참이었다.

"거 참 추저분하구먼. 버피 기억나?"

아닌 게 아니라, 오랜 친구인 7대 완들 백작이 자연히 떠올랐다. 사람들이 입을 모아 말하기로는 그가 1950년대에 그런 행위를 상당히 즐겼다고 하니 말이다. 당시 어떤 무리들 사이에선 그 정도쯤은 해 줘야 뒤처지지 않는다는 공감대가 있었던 모양이다.

"집사가 확인해 보러 가서 말이야, 응?" 필립이 말했다. "툭하면 녀석을 구조해야 했던 모양이야. 버피 녀석, 심지어 옷가지를 걸치고 있어도 볼품없어 보이던 놈인데."

"무슨 생각이었던 걸까?"

"여보, 난 굳이 버피의 성생활 같은 건 상상하지 않을래."

"아니. 러시아 청년 얘기야. 브로드스키."

"뭐, 그야 뻔하지." 필립은 손으로 주위를 휘휘 가리키며 말했다. "여기서 인간들이 어떻게 구는지 알잖아. 성에 들어오면 드디어 지랄 같은 자기 존재의 정점에 올랐구나 생각하고는 한을 풀고 싶어 하지. 우리 시야에서 벗어났다고 생각할 때 저들이 흥청

망청 노는 꼴이란……. 불쌍한 놈." 그가 동정을 담아 목소리를 낮추었다. "생각이 짧았던 게지. 궁궐에서 불알을 훤히 드러낸 채로 발견되는 것만큼은 절대 싫었을 텐데."

"필립!"

"아니, 진심이라니까. 다들 쉬쉬할 만도 해. 또 당신의 예민한 신경을 보호하는 것도 당연하고."

여왕이 남편을 힐끗 쳐다보았다. "사람들은 곧잘 잊어버리지. 내가 세계 대전을 겪었고, 그 퍼거슨사라 퍼거슨(1959~). 앤드루 왕자와 결혼했으나 각종 구설수에 오르다가 10년 만에 이혼했다이란 여자애도, 또 당신이 해군에 복무하던 시절도 버텨 낸 사람이라는 걸."

"그렇다고 해도, 사람들은 외설스러운 냄새를 조금이라도 풍기는 얘기가 나왔다간 당신이 스멜링 솔트의식을 잃은 사람의 코에 대서 정신이 들게 돕는 암모니아 흡입제를 들이마셔야 할 거라고 생각하거든. 사람들 눈엔 그저 모자를 눌러 쓴 연약한 노부인으로 비치니까." 필립은 얼굴을 찌푸리는 여왕에게 씩 웃어 보였다. 마지막 말은 진실이었고, 아주 유효했지만, 동시에 좀 애석하기도 했다. "내 양배추실제로 필립 공은 엘리자베스 2세 여왕을 '양배추(cabbage)'라는 애칭으로 불렀다, 걱정 마. 사람들은 그 자그마한 할머니를 사랑하잖아." 그는 뻣뻣한 몸을 일으켰다. "참, 잊어버리지 마. 나 곧 스코틀랜드로 갈 거야. 디키가 그러는데, 올해 연어가 아주 장관이래. 뭐 필요한 거 없어? 퍼지 좀 사다 줄까? 아님 쟁반에 올린 니컬라 스터전스코틀랜드의 정치인(1970~)의 머리통은 어때?"

"됐어. 언제 돌아와?"

"며칠 있다가— 당신 생일 전에는 돌아올게. 그 전에 디키가 알아서 분위기를 조진 다음에 자기 제트기로 나를 태워 보낼 테니까."

여왕은 고개를 끄덕였다. 요즘 필립은 자기만의 일정을 소화하는 경향이 있었다. 몇 년 전에만 해도 그녀는 남편이 누구랑 뭘 하는지 모르게 사라져 버릴 때면 억장이 무너지는 듯했다. 모든 짐은 자기한테 다 떠맡기고 말이다. 어떤 면에서는 그 자유와 자기 결정권에 질투가 나기도 했다. 하지만 필립은 언제나 솟구치는 활력을 품고 돌아와 상쾌한 바닷바람처럼 권력의 중심부를 뚫고 지나갔다. 그녀는 감사하는 법을 배웠다.

"사실—" 여왕은 남편이 관절염으로 삐걱대는 몸을 굽히며 자기 이마에 키스할 때 이렇게 말했다. "퍼지를 좀 사다 주면 좋겠어."

"분부대로 하겠습니다." 필립이 미소 지으며 시계처럼 정확하게 그녀의 마음을 사르르 녹였다. 그리고 문 쪽으로 성큼성큼 걸어갔다.

메러디스 알렉산더는 윈저성에서 노팅 힐까지 타고 온 블랙 캡런던의 명물인 검은색 택시에서—터무니없이 비싼 요금을 지불하고—다리를 절뚝이며 내렸다. 그리고 택시 기사가 조수석 공간에서 그녀의 가방을 꺼내 오는 동안 잠시 숨을 돌렸다.

메러디스는 연분홍색 벽토가 발린 자기 집을 올려다보며 다시는 예전과 같을 수 없으리라고 느꼈다. 뭔가가 바뀌었으며 겁이 나고 수치스러웠는데, 뭐가 바뀐 건지 뚜렷이 명명할 수도 없었다. 자기가 지금 무슨 생각을 하고 있는지도 종잡을 수 없었지만, 파우더 바른 오른쪽 뺨을 타고 눈물 한 방울이 주저하듯 흘러내렸다. 요즘은 어떤 종류의 수분이든 쉽사리 얻을 수가 없었다. 그녀의 젊은 영혼은 나이 든 여자의 몸, 통제할 수 없는 육신의 껍데기에 갇혀 구겨진 채 삐걱거렸다. 어젯밤은 상황을 더 악화시켰다.

그리고 오늘 아침에는…… 하마터면 무릎을 꿇고 주저앉을 뻔했다. 그랬다가는 결코 다시 일어날 수 없으리라는 걸 알기에 참아 냈을 뿐.

"부인, 다 되셨죠?"

그녀는 여행 가방과 핸드백이 잘 있나 둘러본 다음 고개를 끄덕였다. 택시 요금은 이미 차 안에서 카드로 결제한 뒤였다. 200파운드라! 내가 미쳤지. 하지만, 누가 윈저성으로 우버를 불러서 타고 갈 생각을 하겠는가? 당연히 역으로 가서 런던 중심부로 향하는 열차를 탔어야 했다. 자가용을 몰지 않는 경우, 분별 있는 사람이라면 누구나 그렇게 하리라—하지만 윈저성에 머무노라면 다른 생각이 드는 법이다. 제복을 갖춰 입은 직원들에 둘러싸여 있으니 호방해진다. 자신이 거기 있는 이유는 성공을 거둔 인물이기 때문이다. 사실 어젯밤에는 서더크 교구에 21세기 들어 새로 성당 건물을 올리는 문제로 캔터베리 대주교와 20분 동안 이야기를 나누기까지 했다. 그 작업을 도맡을지도 모를 일이었다. 그리하여, 요금이야 어찌 되든 일단 택시를 부르고…… 끔찍하지만 전적으로 예측 가능한 M4 고속도로의 교통 체증에 꼼짝없이 시달린 뒤 그 대가로 눈물을 머금고 대용량 라메르 수분크림 한 통 가격을 지불하는 거다.

나는…… 바로 나, 메러디스는…… 마치 본인이 구두쇠 버전의 여왕이라도 되는 양 상상하는 건 관둬야 한다. 여왕 폐하가 돈주머니에 깐깐하게 신경 쓰기로 유명하다는 점도 명심해야지. 어쨌든, 메러디스 알렉산더 본인 곁에는 아무도 없었다.

동반자가 있었다면 열차를 타야 한다는 생각을 해냈으리라. 동반자는 그녀에게 생각해 볼 시간을 줬으리라. 동반자만 있었더라면…… 무슨 일이 됐든, 어젯밤에 아무 일도 일어나지 않도록 막아 줬으리라. 그가 커다랗고 근사한 차에 그녀를 태워 여기까지 데려다줬을지도 모른다. 그리고 지금은 짤막한 층계 위쪽 현관문 앞까지 그녀의 여행 가방을 날라 주었겠지.

그러고는 이야기를 나누고, 그녀가 무슨 일을 해야 할지 알려 주고, 요리라든지 깔끔하게 정돈된 침대라든지 살뜰한 관심을 원할 텐데, 그래서야 악몽이 될 뿐이리라. 그녀는 이런 복잡한 절차를 머릿속으로 수천 번이나 밟아 놓고도 지금 또 되풀이하는 자기 자신에게 저주를 퍼부었다.

하지만 어젯밤 뭔가가 바뀌었다. 내면 깊숙한 데서 뭔가가.

그래서 말인데, 상당히 다급하게 화장실에 가 봐야 했다. 그녀는 한 손으로 여행 가방 손잡이를 잡고, 다른 손에 쥔 큼직한 핸드백은 가슴에 안고 간신히 계단을 올라갔다. 열쇠를 찾고 문을 연 다음 가방들을 내동댕이치고 복도를 질주한 그녀는 일촉즉발의 위기를 모면하고 변기 위에 앉았다.

나이 든 여자들이란. 언제 어디에든 수분기가 필요할 땐 한 방울도 없으면서, 전혀 원치 않을 땐 예고도 없이 한 바가지 터져 버리니.

마샤 페이롭스카야는 메르세데스-마이바흐의 뒷좌석에 앉아 음악적이며 율동적인 이탈리아어를 들으면서 천천히 집으로 향했다. 그녀는 무릎 위에 두 손을 포개고 앉아서, 갈매기알만 한 노란색 다이아몬드가 박힌 자신의 결혼반지를 찬찬히 감상했다. 여러 각도로 어른어른 뿜어져 나오는 빛이 시선을 사로잡았다. 저쪽 좌석에 앉은 유리는 핸드폰에 대고 러시아어로 고래고래 상소리를 해 댔다. 마샤의 목 근육이 씰룩였다.

인생 최고의 날이 얼마나 순식간에 그저 그런 경험 중 하나로 변질될 수 있는지 생각하면 참 놀랍기도 하지.

이탈리아어 앱에서 야외에 있는 즐거움에 대해 뭐라고 떠드는 소리가 이어폰을 타고 흘러나왔다. 아니면 무슨 벽화 얘기였나? 마샤는 소리를 꺼 버렸다.

이미 유리는 그녀가 얼마나 무신경하고 상스럽게 굴었는지 냉큼 알려 주었다. 디즈니 운운하면서 그의 아침 식사를 얼마나 망쳐 놓았는지. 유리뿐 아니라 모두의 아침 식사를 얼마나 망쳐 놓았는지.

그러나 유리야말로 자신의 전속 요리사를 데려와도 되는지 묻고(허락받진 못했지만), 알칼리성이 아닌 음식은 일절 입에 대지 않고, 아침 식사 자리에서 수정으로 만든 약상자를 꺼내 히말라야 핑크 솔트를 넣어 먹겠다고 우기지 않았던가? 그때 대사 부인이 유리를 지켜보고 있었는데, 마샤는 유리를 쳐다보는 그 부인의 표정이 어떤지 똑똑히 보았다.

원저성의 문제는 그곳이 꿈이라는 것이다. 현실 세계의 사람들은 그저 그곳을 망쳐 놓을 뿐이다.

오늘 무역 전쟁이 금방이라도 닥칠 조짐이 일었고, 시장은 하락세였다. 유리는 어째서 어제 자기가 지시를 내렸는데도 특정 주식들이 매매되지 않았느냐고 열을 올렸다. 결국 화낼 기운도 다 떨어지자 엄지로 포악하게 핸드폰 화면을 누르며 전화를 끊었다.

"50만. 네 갤러리에 작별 인사라도 하든지."

유리는 격분하고 상처 입은 채 마샤를 노려보았다. '갤러리'라는 말에 아내는 드디어 그를 마주 보았다. 좋아. 그래서 그 말을 뱉은 거다. 이 여자의 관심을 확 끌어낼 수 있는 말이니까! 그가 마샤를 위해, 둘을 위해, 미래를 위해 뭐든 악착같이 그러모으려고 고군분투해 봤자, 마샤는 절대로 지지해 줄 리가 없다. 그녀가 관심을 기울이는 건 오로지 예술뿐이었다―수집하고, 자랑하고, 후기 인상주의라는 단어를 입에 담고, 그런 자신이 얼마나 똑똑한지 실감하게 해 주는 사람들과 어울리면서 말이다. 그러자면 다들 그녀를 여신처럼 떠받들어 주기도 하고. 뭐, 유리도 몇 년 동안은 그러려고 했었다. 정말 여신이었던 마샤를 처음 발견했을 때부터. 당시 17살이던 마샤는 딱 붙는 티셔츠와 지저분한 청바지를 입고서 눈부시게 빛을 뿜어냈다. 하지만 그는 점점 지쳐 갔다. 더구나 마샤가 오로지 유리만 바라봐 주는 것도 아니었다.

"그건 그렇고." 유리는 미리 연습해 본 대로 무심히 말했다. "막심이 죽었어."

"응?"

그는 마샤의 얼굴이 굳어지는 모습을 지켜보았다.

"오늘 아침에 죽었대. 아마 심장 마비였다나 봐. 네가 좋아하던 애였는데. 맞지?"

잠시 동안 마샤는 뭐라 말을 할 수가 없었다. 그러다 간신히 들릴락 말락 작은 소리로 이렇게 내뱉었다. "약간."

"피아노 레슨을 그렇게나 많이 받았잖아. 이제까지 배운 것 중에 몇 곡이라도 내 앞에서 연주해 줘야 해."

마샤는 소름 끼친다는 듯 유리를 쳐다보고 있었다. 그가 지금 터무니없는 짓을 하고 있다는 듯이. 그녀는 종종 그렇게 아무 말 없이 그를 쳐다봤다. 하늘 높이 우뚝 솟은 여신의 대좌에서 내려다보는 시선이었다. 그 높은 대좌에서 내려와 그에게 손을 뻗어 주기만 하면 더 바랄 것 없을 순간에. 유리는 그녀가 부끄러움에 잔뜩 움츠러든 채 여리고 겸손한 자태로 그에게 다가와서 손잡아 주기를 바랐다. 어째서 저 여자는 이해를 못 할까? 둘 사이에서 악당은 마샤였다. 그런데 왜 마샤는 항상 모든 문제를 유리의 잘 못으로 몰아갈까? 그는 아직도 머리가 깨질 듯 지끈거렸다. 왜 마샤는 그가 그렇게나 술을 퍼마시게 내버려 뒀을까? 혹시 다음에 무슨 일이 일어날지 알고 있었나?

마샤는 이어폰을 뺐다. 무슨 말을 해야 하나 고민하는 사이, 침묵이 둘 사이를 수의처럼 감쌌다.

"뭔가 좀 연주해 줄게." 마침내 그녀가 중얼거렸다. "집에 돌아가면." 반짝이는 천상의 눈에서 눈물이 왈칵 쏟아질 것 같았지만, 그녀는 꾹 참았다.

유리는 마샤를 보며 얼음으로 빚은 여자라고 생각했다. 하지만 언젠가 저 여자를 녹이고 말리라.

여왕은 원저성에서 경주마 관리인과 함께 즐거운 오후를 보내며 로열 애스콧애스콧 경마장에서 매년 6월 열리는 왕실 경마 대회. 엘리자베스 2세 여왕이 각별히 좋아하는 행사로 꼽힌다에 자신의 말들을 내보낼 수 있을까 따져보았다. 사람들도 무사히 성 밖으로 몰아냈으니, 여왕은 소소하게 복구 작업을 거칠 예정인 태피스트리 한 점을 점검하기 위해 대 응접실로 향했다. 그때 관리인 한 명이 길을 가로막으며 사이먼 경과 긴급히 만나 봐야 한다고 알렸다.

"이유도 얘기하던가?"

관리인이 무전기를 톡톡 쳤다. "사태가 새로운 국면에 접어들었다는 말씀을 전해 달라고 했습니다, 폐하." 그는 무미건조하게 답했다. 여왕은 그 호기심 없는 태도를 흡족히 여겼다. 소식을 전하러 와서 고개를 끄덕이고 윙크를 할 지경인 직원만큼은 사절이었다. 그런 부류는 절대 오래가지 못했다.

그녀는 한숨을 쉬며 휙 돌아서서 집무실로 발걸음을 옮겼다. 사이먼 경이 이렇게 급히 찾는 걸 보면 분명 중요한 일일 테지. 랜턴 로비에 당도했을 때 반대쪽에서 몰려오던 몇 사람과 맞닥뜨렸다. 가느다란 줄무늬에 품이 큰 정장을 입고 넥타이를 갖춰 맨 사람이 앞장섰는데, 각진 턱이 도드라지고 기품 있는 중년 남자였다.

"시종장!"

"폐하." 피터 벤 장군이 구두 뒤축을 딱 맞붙이며 짧게 목례했다. 현재 윈저성의 시종장인 그는 성 위쪽 구역여왕의 처소와 국빈관 및 방문객용 숙소 건물이 모여 있는 윈저성 동쪽 구역 입구, 노먼 타워 내에 거처했다. 왕실이 하사한 집이었다. 여왕은 피터 벤 경을 잘 알았다. 사실 그가 전 세계 어느 지역으로 파견을 나갔는지도 순서대로 다 열거할 수 있었고, 그중 절반쯤에서 어떤 훈장을 받았는지도 정확히 말할 수 있었다. 그녀는 피터 경의 삼촌도 알고 지냈다. 왕실 요트 브리타니아호를 타고 홍콩에 갔을 때 열린 파티에서 처음 만났는데, 그가 아직 중위에 불과하던 시절의 얘기다. 훗날 그는 정확히 밝히기엔 너무도 비밀스러운 작전을 수행한 공로로 여왕에게 여러 훈장을 받았다. 벤 일가는 강인한 군인 가문이었다. 만일 혁명이 일어난다면 여왕은 피터에게 등을 기대고 싶을 터였다. 아니면 딱 몇 걸음만 앞세워도 더할 나위 없으리라.

"바빠 보이는군." 사람들이 가까이 다가오자 여왕이 말했다.

"사실 이제 막 마무리하는 참입니다, 폐하. 아주 유익한 회동이었다고 봅니다. 이제 국빈관을 잠깐 둘러볼까 하고 있었죠."

여왕은 사람들을 향해 은은하게 승인하듯 미소 지었다. 대부분 어제 잠시 만나 본 이들이었다. 그녀는 다시 제 갈 길을 가려 했지만, 어쩐지 피터 경의 표정이 심상치 않았다. 만일 그가 어떤 뜻밖의 사태도 견뎌낼 수 있는 꿋꿋한 장군이 아니었더라면, 여왕은 그 얼굴을 보고 잔뜩 들뜬 모양이라고 판단했으리라. 그녀가 잠깐 멈추자 피터 경은 기회를 놓치지 않고 말을 꺼냈다. "폐하께 켈빈 로 씨를 소개해 드려도 좋을까요? 켈빈 씨는 우리를 위해 지부티_{아프리카 북동부 아덴만 기슭에 있는 공화국}에서 흥미로운 작업을 하고 있습니다."

'흥미로운 작업'이란 대외 정보를 의미했다. 피터 경은 MI6_{영국의 비밀정보부. MI6가 대외 정보를 맡는 한편, 국내 보안은 MI5가 담당한다}와 외무부를 대표해 회의를 주관하고 있었다. 이목구비가 동양적인 젊은 남성이 웬 검은 후드 티—그리고 뭘 입은 거야? 아, 그래! 트레이닝복 바지!—차림으로 걸어 나와 수줍게 고개 숙였다. 그 남자는 여왕을 직접 만나는 영광에 완전히 압도된 듯 보였다. 그녀는 남에게 이런 식의 영향을 미치고 싶지 않았다. 물론 수다쟁이나 '관심병'(해리가 알려 준 용어인데—성가신 인간을 일컫기에 아주 유용한 요샛말이었다)보다야 낫지만, 이 역시 정말로 어지간히 괴로운 경우였다.

"어젯밤에도 여기 머무셨나요?" 그녀가 물었다.

"아뇨, 폐—, 어…… 국왕 폐하."

"그래요?"

운동화를 내려다보다 잠시 고개 든 그는 여전히 자신에게 꽂혀 있는 여왕의 시선을 고스란히 마주했다.

"제가 탄 비행기가 늦게 도착했습니다." 그가 간신히 중얼거렸다.

여왕은 포기했다. 아무리 훌륭한 인재라 해도 말을 똑똑히 할 줄 모르는 젊은이에게는 더 많은 시간을 할애할 수 없었다. 다른 일행들도 어젯밤엔 별로 나을 것 없는 태도를 보였고, 지금도 마찬가지였다. 남자 한 명은 버크셔의 산들바람을 맞은 사시나무처럼 떨었고 그 옆에 선 젊은 여자는 확실히 어딘가 아파 보였다. 여왕은 그 무리에게 작별 인사를 건넨 뒤 사이먼 경이 기다리고 있는 집무실로 발길을 재촉했다. 비서가 무슨 말을 하려는지 알고 싶었다.

바깥에 등불이 켜지며 잔디밭과 롱 워크 산책로로 이어지는 길에 오팔 같은 빛을 드리웠다. 그녀는 커튼이 아직 열려 있어 기뻤다. 실내는 따스하고 밝았다. 이제 진을 한잔 마실 시간이었다.

하지만 우선 일부터 해야지.

"그래, 사이먼— 뭔가?"

사이먼 경은 여왕이 책상 앞에 앉을 때까지 기다렸다가 입을 열었다.

"러시아 청년 문제입니다. 폐하. 브로드스키 씨요."

"그럴 것 같더라니."

"단순히 우발적인 사고는 아니었습니다."

잠시 침묵이 흘렀다. "이런. 정말 가련하게 됐군. 그 사실을 어떻게 알아낸 건가?"

"매듭 때문입니다, 폐하. 검시의가 뭔가 이상한 점을 느끼고 살펴보니 목뿔뼈가 부러졌답니다. 목뿔뼈는 목 앞쪽 말굽 모양 뼈입니다, 폐하—"

"목뿔뼈가 어디에 있는지는 나도 아네." 여왕이 많이도 읽었던 딕 프랜시스영국의 스릴러 작가(1920~2010). 경마 기수로 활동한 경험을 바탕으로 경마 스릴러를 여러 권 출간하기도 했다 소설을 보면 번번이 목뿔뼈가 부러지곤 했다. 결코 좋은 징조가 아니었다.

"아. 골절 자체가 뭘 입증해 주는 건 아닙니다. 어차피 목이 매달리면 일어날 수 있는 일이니까요. 하지만 목에 끈이 감긴 자국도 심상치 않았던 겁니다. 심지어 그 역시도 결정적인 단서는 아니었습니다. 우리 쪽에서 어느 정도 안심되는 정보를 요구했기 때문에, 검시의가 오후 내내 이 사건을 들여다봤습니다. 어쨌든 검시의는 현장에서 찍은 사진들을 살펴보았는데…… 그게, 별로 안심시켜 줄 만한 자료는 아니더군요. 매듭에 문제가 있답니다."

"그 청년이 끈을 잘못 묶었나?" 여왕은 깜짝 놀랐다. 가엾은 피아니스트가 우아한 두 손으로 끈을 붙잡고 있는 모습이 떠올랐다. 아마 몸을 빼낼 생각이었겠지만 그럴 수가 없었던 거다. 끔찍하기도 해라.

사이먼 경이 고개를 저었다. "문제는 목에 감긴 매듭이 아니었습니다. 반대편 끝이 문제였어요."

"무슨 끝?"

"음, 혹시…… 혹시 폐하께서 더 듣고 싶지 않으시다면 멈추라고 해 주십시오……."

"아아, 계속 얘기하게, 사이먼."

"예, 폐하. 만약 누군가가…… 재미로…… 목을 조일 생각이라면, 아니 꼭 재미로가 아니더라도, 무너지지 않을 만큼 단단한 데다 끈을 달아야 합니다. 브로드스키의 경우는 벽장 손잡이에 매기로 정하고, 머리 위 가로대에 끈을 걸쳐 자기 목에다 올가미를 씌운 것처럼 보였습니다."

이제는 벽장 안에 들어간 불쌍한 남자를 제대로 그려 볼 수 있었다. 여왕은 어떻게든 이해해 보려고 애썼다. "확실히 발판은 없었던 모양이지?"

"그런 건 필요도 없었을 겁니다." 사이먼 경은 새로 얻은 전문 지식을 풀어놓으며 아주 참담한 표정을 지었다. "올가미가 있으니 무릎만 구부리면 되거든요. 그런 일을…… 재미로 하는……
경우엔 많이들 그런 식으로 즐긴다고 합니다. 충분히 즐긴 다음
에 그저 일어서서 올가미를 풀면 되니 말입니다. 하지만 늘 그렇
게 되지는 않지요. 의식을 잃거나, 결국 매듭을 풀 수가 없어서
그만……."

여왕은 고개를 끄덕였다. 마침 딱 그런 모습을 머릿속에 그려
보던 중이었다. 딱하기 짝이 없는 남자로군.

사이먼 경이 이어서 말했다. "하지만 그런 건 아무 상관이 없습
니다, 폐하. 그 사람은 그렇게 죽은 게 아니니까요."

잠시 정적이 흘렀다.

"그게 무슨 소리지? '그렇게 죽은 게 아니'라니?"

"만약 브로드스키가 고의든 아니든 그런 방식으로 죽었다면,
문에 매단 가운 끈의 매듭이 체중 때문에 팽팽히 잡아당겨졌을
겁니다. 그런데 그 매듭은 꽤 느슨한 채로 남아 있었고요. 떨어지
는 무게로 꽉 조여지는 과정이 없었던 거죠. 검시의는 비슷한 끈
으로 상황을 재현해 본 다음 이쪽이 거의 확실하다고 말했습니
다. 브로드스키를 옥죈 끈이 손잡이에 매달린 건 아마도 그 사람
이 이미 완전히……."

좀 더 긴 정적이 찾아왔다.

"아."

꼬박 30초 동안 방 안에서는 고급스러운 금속 장식 시계가 째
깍대는 소리만 울렸다.

끈에 관한 얘기를 처음 들었을 때 여왕은 자살이라고 생각했고, 그야 끔찍한 일이었다. 그다음엔 사고사라고 생각했고, 이 역시도 충분히 애석했다……. 하지만 이제는 상상도 못 했던 새로운 가능성을 어쩔 수 없이 따져 봐야만 했다.

"누가 그랬는지는……?"

"모릅니다, 폐하. 전혀요. 일단 최대한 빨리 폐하께 말씀드리고 싶었습니다. 이미 라운드 타워에 수사 팀이 꾸려졌고, 이제 막 수사에 착수한 상황입니다."

3장

여왕은 진과 듀보네를 마셨다. 둘이 섞이니 독했다. 그녀는 필립이 그리웠다. 그가 곁에 있었다면 뭔가 무례한 말을 해서 그녀를 웃겼을 테고, 그러면서도 속으로는 그녀가 얼마나 심란한지 다 알고 세심히 살폈을 텐데.

궁중 직원들이 세심히 살피지 않았다는 얘기는 아니다. 현재 여왕의 시녀로 일하는 레이디 캐럴라인 캐드월러더 역시 여왕이 그 얘기를 전해 주는 내내 공감하며 경청했다. 진실을 아는 몇 안 되는 이들의 눈길엔 끔찍한 연민이 담겨 있었는데, 여왕은 이를 도저히 감당할 수 없었다. 여왕 자신이 참담한 일을 당한 게 아니었다. 성과 공동체, 그리고 이 사건의 중심인 러시아 청년, 너무도 잔혹하고 불명예스럽게 목숨을 빼앗긴 그 청년 때문에 슬플 뿐. 그녀는 살짝 불안하기도 했다.

윈저성에 살인자가 돌아다니고 있었다. 적어도 어젯밤에는 그랬다.

여왕은 저녁 식사에 나설 채비를 하며—오늘 저녁은 친구와 가족이 조촐히 모이는 자리였다—태연한 표정을 띄웠다. 경찰 및 관련 정부 기관에서 나온 최고의 두뇌들이 오늘 밤 이 사건을 열심히 조사할 테니, 여왕이 할 수 있는 일은 그들이 최대한 빨리 사건을 해결하리라고 믿는 것뿐이었다. 그러는 사이, 진이나 또 한 차례 슬쩍 마실 수도 있겠지.

경찰들이 하인 숙소로 꾸준히 오락가락했다. 왕실 직원들은 하녀든 객실 담당원이든 집사든 할 것 없이 호기심과 짜증이 뒤섞인 채로 그 모습을 지켜보았다.

"저 사람들은 왜 이 밤중까지 여기 있는 걸까?" 부급사장이 곁을 지나가던 파티시에에게 중얼거렸다. 두 사람은 친구 사이였다.

브로드스키는 손님이 아니라 공연자였으므로, 미어터질 듯 복작대는 오거스타 타워의 지붕 밑 침실을 배정받았었다. 이제 그쪽 복도 출입이 통제된 탓에 관련자들은 몹시 짜증이 났다. 이렇게 되면 침실이 필요한 사람들 모두를 수용할 만큼의 공간이 나오지 않았기 때문이다. 대신 그곳은 모자 달린 흰색 작업복을 입고 장갑을 낀 이런저런 사람들에게 점령당했다. 그들은 저마다 거대한 가방을 들고 왔고, 누구와도 말을 나누지 않았다. 시신이 어떤 상태로 발견되었는지에 대한 소식이 퍼져 나갔다. 이는 어쩔 수 없는 수순이었다. 하지만 두 번째 매듭에 대한 추가 정보는 알려지지 않았다.

"저 양반들은 여기를 피비린내 나는 범죄 현장처럼 취급하고 있어." 파티시에가 투덜거렸다. "뭐, 변태적인 비밀이야 누구나 가지고 있는 건데. 그 남자는 죽었고. 라스베이거스에서 일어난 일은 라스베이거스에만 묻어 두자는 말도 있잖아. 무슨 소리인지 알지? 이런 문제는 괜히 들쑤시지 말아야 된단 얘기야."

"변태적인 비밀이라니?" 집사 보조가 복도에 잠시 멈춰 서서 귀를 기울이다 물었다. 그 여자는 막 휴가를 보내고 돌아온 터라 아직 소문을 다 주워듣지 못한 상태였다.

"음, 내가 세탁 담당 하녀와 사귀는 경비한테 들은 게 있거든. 하녀가 절대 아무한테도 말하지 말라고 신신당부했다는데. 글쎄 그 남자가 여자 속옷을 입고 립스틱까지 바르고서 자기 몸을 끈으로 칭칭—"

날랜 발걸음 소리가 들렸다. 일동은 선임이 다가오는 것을 보고 바쁜 척하려 애썼다.

"어떻게 여자 속옷을 입고 그런 짓을 할 수가 있겠어?" 집사 보조가 진심으로 당혹스러워하며 물었다. 파티시에는 어깨를 으쓱했다. 정확성을 중시하는 사람인 집사 보조에겐 이 얘기가 먹히지 않았다. "에이, 그럴 리가. 아무래도 그 경비한테 속아 넘어간 거 같은데."

"아니야, 진짜라니까!"

"하지만 만약에 그게 정말이라 해도—" 부급사장이 꼿꼿이 밀고 나갔다. "왜 저 사람들이 지금 이 시간까지—" 그는 잠시 주머니에서 핸드폰을 슥 꺼내 시간을 확인한 뒤 말을 이었다. "9시 반까지 여기서 어슬렁거리는 거냐고? 이런다고 그 남자를 다시 살려 낼 수 있는 것도 아니잖아?"

"혹시 그 희한한 섹스에 다른 사람도 얽혀 있다고 보는 건 아닐까?" 집사 보조가 의견을 내놓았다. 그녀는 두뇌 회전이 빠르고 상상력도 풍부했다.

"도대체 누구랑?" 부급사장이 이의를 제기했다. "성에 갓 들어온 사람이었는데! 여기서 딱 하룻밤 지냈다고. 그쪽 침실들이 어떤지 보기나 했어? 비좁은 감방 같단 말이야."

"그 정도쯤이야 문제도 아니지." 파티시에도 의견을 밝혔다. "같이 들어온 여자들 중 하나랑 잤을 수도 있지. 그 여자들 봤어? 발레리나 말야. 다리가 어찌나 쭉 뻗었는지 봤어?"

몸매에 자신 있던 두 명의 발레리나는 공연할 때 말고는 최고로 딱 붙는 스키니 진에 더없이 짧은 크롭 티를 입고 다녔다. 윈저성에서 흔히 볼 수 없는 복장이었다. 아침 식사 때 왕실 직원들 절반쯤은 몹시 경탄하며 두 사람을 바라보았다.

"뭐야— 그럼 그 여자들이 여기서, 윈저성에서 철저히 변태적인 짓을 하기로 작정했다는 거야?" 부급사장이 비아냥댔다. 그리고 잠시 생각해 보더니 덧붙였다. "그렇담 둘이 같이 했겠네." 여전히 냉소를 머금은 말투였다.

"어? 왜?"

"둘이서 한 방을 썼으니까. 지난번에 우리가 준비 작업을 좀 서둘러서 했거든. 난 매리언을 도와서 방문자들을 전부 싹 밀어 넣는 작업을 마쳐야 했고. 그때 그 여자들을 침대 두 개짜리 방에 넣었어. 뭐, 한 명 지내기에도 좁은 방에 싱글 베드 두 개를 욱여넣은 거였지. 둘 중 하나가 그 짓을 하러 나갔다가 몰래 돌아왔다면 다른 한쪽이 눈치챘을 거야."

"은행가 부인의 하녀였을지도 몰라." 집사 보조가 추측했다. "아니면 남자거나."

"자네들 셋은 여기 옹기종기 모여서 뭐 하나?"

세 명이 일제히 고개를 획 돌려 보니 1미터쯤 떨어진 데 야간 객실 담당 부장이 우뚝 서 있었다. 우레와도 같은 위용이 있었다. 그녀는 호된 질책을 퍼붓거나 난데없이 불쑥 나타나기로 유명했다. 경고음도 없이 작동하는 타디스영국의 드라마〈닥터 후〉시리즈에 등장하는 전화 부스 형태의 시공간 이동 장치 같았다.

세 사람이 결백을 주장해 봐도 부장은 믿어 주지 않았다. 그리고 제 할 일은 제대로 안 하면서 입방아나 찧고 이러쿵저러쿵 억측에 열 올리던 직원들이 어떻게 됐는지 들먹이며 매섭게 경고하고는 일동을 뿔뿔이 해산시켰다.

그날 저녁 또 다른 직원이 휴가를 마치고 돌아왔다. 사촌 결혼식에 참석하려고 나이지리아에 다녀온 로지 오쇼디는 잠시 숨 돌리며 다시 이곳에 적응해 나가고 있었다. 리듬이 통통 튀는 아프로비트나이지리아 전통 음악 리듬에 재즈와 펑크가 혼합된 음악 양식와 라고스의 선명한 색채를 피부로 느낀 뒤 윈저성의 돌담과 고요한 밤 시간을 마주하자니 비현실적인 느낌이 들었다. 로지의 침실은 한때 초서가 머물던 공간과도 가까운 중간 구역에 있었다. 중앙에 문설주가 있는 창문 밖으로 저 아래 템스강에 반짝반짝 비치는 달빛을 바라보았다. 그러자 자신이 탑 안의 공주가 된 듯한 기분이었다. 어릴 적부터 아무리 머리를 길러서 땋아 봤자 왕자가 붙들고 올라와 줄 만큼 길게 늘어뜨린 순 없을 흑인 공주 말이다. 하지만 로지는 열심히 노력해 여왕의 보조 비서 일자리를 쟁취했으니 왕자님의 도움 따위는 필요치 않았다.

그보다 당장 필요한 건, 지금 대체 무슨 일이 벌어지고 있느냐 하는 정보였다. 사이먼 경에게서 전화해 달라는 메시지가 다섯 통이나 와 있었다. 로지는 오래 연착된 비행기가 착륙하자마자 연락하려고 했지만, 이제 사이먼 경의 전화는 음성 사서함으로 연결되었다. 사이먼 경은 놀라울 정도로 평온하고 침착한 사람이라 공황 상태에 빠질 리 없었다. 더욱이 이번 주는 여왕의 일상이 틀림없이 잔잔하게 흘러갈 시기였다. 그래서 사촌 프랜의 결혼식 때 휴가를 낼 수 있었던 거다. (보다 정확히 말하자면, 로지의 업무 일정에 맞추어 프랜 쪽에서 결혼식 날짜를 조정한 것이다― 그 사실을 알게 된 로지는 너무 민망해서 그곳에 오래 머물 수가 없을 정도였다. 왕실이 언제나 최우선이었기에, 로지를 라고스로 부르려면 사촌이 바로 이번 주에 결혼식을 올리는 수밖에 없었다. 버킹엄 궁전에서 막 신입 생활을 마친 로지가 잠시 짬을 낼 수 있는 시점이었으니까.)

로지는 핸드폰을 들고 열 번째로 뉴스를 확인했다. 별다른 소식은 없었다. 추워서 몸이 부들부들 떨렸다. 잠옷을 꿰어 입고 침대에 드러누우면 어떨까 하는 생각도 잠시 해 봤다. 내일 아침 일찍 일어나 하루 종일 일해야 하는 데다 며칠간 이어진 파티 때문에 지친 몸도 회복해야 하니 말이다. 푹 자고 일어나 생생해진 뒤 사이먼 경에게 그간의 소식을 들어도 상관없으리라.

하지만 시차 적응이 덜 되어 피로한 탓에 잠깐 스친 생각이었을 뿐이다. 왕실에서는 일이 그런 식으로 흘러가지 않는다는 사실을 로지도 잘 알았다. 이곳에서 일하겠다고 지원할 때는 바로 이 점을 받아들여야 한다. 항상 만반의 준비를 갖추고, 항상 속속들이 숙지하고 있을 것.

그래서 로지는 라고스의 어느 나이트클럽에서든 흘러나오던 노래 한 곡을 흥얼거리며 짐을 풀었다. 그러다 자신을 향해 활짝 웃는 신랑 신부의 얼굴 사진이 들어 있는 열쇠고리를 보고 미소지었다. 이제 그 열쇠고리에는 자기가 가장 아끼는 귀중품, 즉 미니 쿠퍼의 열쇠가 달려 있었다. 그다음에 로지는 옷을 갖춰 입은 것은 물론이고 코트도 벗지 않은 채로 좁은 침대에 걸터앉았다. 그리고 사이먼 경의 전화를 기다리는 동안 핸드폰 화면을 스크롤하며 자기가 찍은 사진 수백 장 가운데 신랑 신부가 제일 잘 나온 사진들을 추렸다.

사이먼 경의 일과가 끝나는 새벽 1시, 드디어 전화가 걸려 왔다. 로지는 그의 숙소로 건너갔다. 사이먼 경은 여왕의 처소와 가까운 위쪽 구역의 동편에서 지냈다. 방이 여러 칸인 그 집에는 그림과 고가구가 즐비했지만, 그럼에도 왠지 티 없이 깔끔해 보였다. 로지는 그 모습이 꼭 사이먼 경의 마음속 같다고 생각했다.

사이먼 경은 문을 열어 주면서 잠시 로지를 응시했다. 로지도 시선을 마주했다.

"혹시 무슨 문제라도 있나요?"

"머리요. 헤어스타일을 바꿨군요."

로지는 라고스에서 충동적으로 자른 머리카락을 한 손으로 초조하게 만졌다. 군인 시절부터 짧고 산뜻한 헤어스타일을 고수하긴 했지만, 이번엔 비대칭으로 잘랐더니 한층 더 날카로워 보였다. 그래서 윈저성의 나이 먹은 동료들이 어떤 반응을 보일지 알 수 없었다.

"괜찮은가요?"

"좀…… 달라졌네요. 나는…… 이런. 괜찮아요. 미안합니다, 어서 들어와요."

사이먼 경과 로지는 이따금 어색할 때가 있었지만, 적어도 그 어색함엔 우호적인 기류가 흘렀다. 로지가 보기에 둘의 상호 작용에서 사이먼 경은 자신이 나이 들었다는 기분을 느끼는 듯했다. 한편 로지는 자신의 무지함—왕실이나 법, 거의 모든 방면으로—을 느꼈다. 그래도 그들은 그럭저럭 잘 맞춰 나갔다. 하지만 오늘 밤엔 둘 다 피곤했다. 광택 나는 사라사 커버를 씌운 의자에 마주 앉자, 사이먼 경은 졸음을 쫓기 위해 커다란 컷글라스에 담긴 싱글 몰트 위스키를 홀짝였다. 로지의 경우엔 위스키를 마시면 오히려 졸릴까 봐 걱정되어 탄산수만 마셨다. 사이먼 경이 새로운 경찰 수사에 관해 알려 주는 동안 로지는 노트북에 메모를 했다.

"아주 엉망진창이에요." 사이먼 경이 한숨을 쉬었다. "완전히 악몽이네. 용의자가 50명쯤인데 동기는 없고요. 세상에, 형사들이 안됐다니까요. 《데일리메일》이 이 정보를 입수하면 어떤 헤드라인을 뽑을지 상상이 가죠?"

사이먼 경에게 사건의 얼개를 대략 듣고 나니, 로지도 눈앞에 헤드라인이 생생히 보이는 것만 같았다.

러시아 남자, 여왕의 파티에서 섹스에 탐닉하다 사망해

그 밖에도 비슷한 효과를 주는 말이라면 뭐든지. 헤드라인을 뽑는 기자들은 역대 최고의 낚시 기사를 터뜨릴 기회 앞에서 군침을 흘리겠지.

"그 남자가 정확히 어떤 인물이었죠?" 로지가 물었다.

사이먼 경은 수사단이 넘겨준 최신 정보를 훑어보았다.

"막심 브로드스키. 24세. 런던을 기반으로 활동한 음악가. 전업 피아니스트는 아니었고─술집과 호텔에서 연주하고, 학생을 가르치고, 업계 친구들의 공연에 가끔 피아노 반주를 해 주며 근근이 살아갔다는군요. 집세를 어떻게 냈는지는 분명치가 않아요. 코번트 가든런던 중심의 시장 지구. 레스토랑과 문화 공간, 각종 브랜드 상점이 즐비하다의 번듯한 아파트에서 룸메이트와 함께 살고 있었거든요. 경찰이 지금 그 부분을 조사하고 있습니다. 그분이 브로드스키의 가족

관계에 대해 알고 싶어 하실 겁니다."

"누가요?"

"국왕 폐하죠. 정신 차려요, 로지 씨! 보스가 알고자 하실 겁니다. 조의를 표하고 싶어 하실 거예요. 우리는 대사관에서 자세한 정보를 주기만 기다리고 있습니다."

로지는 무안한 표정을 지었다. "알겠습니다."

"하지만 지금까지는 일이 잘 안 풀리네요. 막심 브로드스키의 아버지는 사망했습니다. 1996년에 모스크바에서 살해됐다네요. 그때 막심은 세 살이었고요." 로지의 얼굴에 놀라움이 스쳐 지나갔다. "로지 씨는 그때 태어나지도 않았겠군요." 사이먼 경이 중얼거렸다. 그리고 로지를 보며 입술 한쪽이 축 처지게 미소 지었다.

"그때 저는 10살이었습니다."

"어이쿠." 그가 한숨 쉬었다. "어쨌든 90년대에는 모스크바 길거리에서 살인이 비일비재하게 일어났습니다. 옐친이 집권했던 때이고, 소련이 붕괴하면서 자본주의 광풍이 불던 시절이었죠. 1920년대 시카고랑 비슷했어요—폭력 조직이나 불량배, 부정부패가 넘쳐 났으니 말이에요. 돈이 좀 있는 사람이라면 누구나 이쪽 편에게든 저쪽 편에게든 살해당할까 봐 두려움에 떨었습니다. 런던 금융가에서 일하던 내 친구들 중에는 가족들을 모스크바에 두고 온 경우도 있었는데, 그러면 온 가족이 끊임없는 공포에 시달리며 살았죠."

"그때 막심 브로드스키의 아버지는 어떻게 된 건가요?"

"자기 집 앞에서 칼에 찔렸습니다. 그 사람은 당시 벤처 캐피털 펀드에서 일하는 변호사였어요. 당국에서는 길거리 갱단의 소행이라고 밝혔고요. 하지만 12년 뒤 열다섯 살 된 막심이 영국 기숙학교에 음악 장학생으로 들어갈 때, 버뮤다에 본부를 둔 어떤 회사가 나머지 학비를 대 주거든요. 경찰이 캐낸 바에 따르면 막심의 휴가용 숙소도 마찬가지였습니다. 막심은 켄싱턴의 고급 민박집에서 크리스마스와 여름방학을 보냈습니다."

"열다섯 살짜리가요?"

"그렇다는군요. 부활절 연휴 두어 번은 머스티크섬에 거처를 둔 학교 친구와 함께 보내기도 했다는데, 그보다는 버뮤다에 더 주목하게 되네요. 현재 가설은 이렇습니다. 막심 브로드스키의 아버지를 죽인 사람이 누구든 그 뒤 떼돈을 벌어들였고, 세월이 흐르며 양심의 가책에 짓눌린 겁니다. 그래서 추적이 안 되는 돈으로 그 소년의 영국 생활을 지원하면서 자기 몸속 깊이 새겨진 러시아인의 혼을 구원하려 했던 거죠. 아마 푸틴의 눈 밖에 나는 일을 피해 여기로 온 재벌 중 하나일 겁니다."

"페이롭스키?"

"그 사람은 21세기에 들어서며 막대한 돈을 벌어들였습니다. 옐친 시절 험악한 세계에 발을 담갔던 사람은 아니에요."

로지는 내일 아침 여왕이 던질 만한 질문을 떠올렸다.

"브로드스키의 어머니는요?"

사이먼 경은 한숨을 푹 쉬었다. "대사관에서도 못 찾겠다고 하네요. 막심 브로드스키의 모친은 정신 건강에 문제가 있었습니다. 막심은 영국에 올 때까지 여러 친척과 이웃들 손에서 컸어요. 확인할 수 있는 마지막 행적은 그 여성이 모스크바 교외의 어느 병원에 입원했다는 건데, 현재 어디 있는지는 모릅니다."

"그럼 브로드스키는 사실상 고아였던 건가요?"

"그런 것 같군요."

사이먼 경은 생각에 잠긴 듯 자기 위스키 잔을 묵묵히 바라보았고, 로지는 막심 브로드스키의 어린 시절이 전형적인 스파이 일대기와 얼마나 빼닮았는지 생각해 보았다. 진짜 스파이들은 그렇게 성장했을까? 하지만 바보 같은 질문을 했다가 자신의 무지함만 드러낼 것 같아서 그냥 잠자코 있었다.

"그럴 수도 있죠." 사이먼 경이 말했다.

"네?"

"그 남자가 러시아 연방 보안국 소속인지 궁금하죠? 가능한 일입니다. 우리 명단에는 없는 인물이에요."

로지는 그저 고개를 끄덕이고 담담한 표정을 유지하려고 애썼다. 하지만 아직 초짜였던 만큼, 머릿속으로는 이게 얼마나 믿기지 않는 상황인지 감탄하고 있었다. 1년 전만 해도 은행에서 자그마한 전략 팀을 이끌던 자신이 이제 여기 앉아서, 어떤 인물을 두고 러시아 스파이인지 아닌지 무심히 논의하고 있다니. 그것도 진실을 꿰고 있거나, 최소한 관련 정보를 쥐고 있을 만한 사람과 함께 말이다. 로지는 무시무시한 공직자 비밀 엄수법을 지키겠노라 맹세했는데, 이제는 온갖 비밀들이 매일같이 쏟아져 내리는 듯했다. 아직은 이 새로운 생활에 익숙해지려고 노력하는 중이었다.

"그럼 다른 살인범은요? 그러니까, 어젯밤에 살인을 저지른 범인 말이죠."

사이먼 경은 글렌모렌지 위스키를 한 모금 더 홀짝였다. "여기서부터 끔찍한 악몽이 펼쳐지거든요. 발가벗은 러시아인 한 명이 성안에서 사체로 발견되는 바람에 최고의 탐정이 넷이나 투입됐습니다. 성은 무장 경비병들로 둘러싸여 있고 해가 진 뒤엔 보안 절차를 거치지 않고서는 누구도 출입할 수 없단 말이지요. 로지 씨나 나도 예외가 아니고요. 모든 곳이 감시되고 녹화돼요. 모든 사람을 샅샅이 조사하고, 새로운 방문객이 들어오면 반드시 여권을 확인합니다. 실제로 그렇게 했고요. 수사단은 티타임까지 이 문제가 해결될 거라고 봤는데, 아직도……." 그는 어깨를 으쓱했다. 몹시 지쳐 보였다. 로지는 자기 상관이 얼마나 격무에 시달리는지 잘 알았다.

"브로드스키는 페이롭스키를 따라 들어왔어요." 사이먼 경이 말을 이었다. "그러니까, 범인은 페이롭스키의 수행원 중 하나일 가능성이 크겠죠. 먼저 브로드스키의 옆방을 썼던 하인이 있습니다. 파티가 끝난 뒤 그 하인은 페이롭스키 부부의 부름을 받고 부부가 쓰던 방으로 올라갔는데, 그리 이상한 일은 아니죠. 경찰이 확인한 바로 그 하인은 브로드스키를 거의 몰랐다더군요. 모종의 관계나 다툼이 있었다는 소문 같은 건 전혀 없고요. 페이롭스카야 부인이 데려온 하녀는 브로드스키를 꽤 잘 알고 있었지만, 한눈에 봐도 몸집이 아주 작아요. 건장한 청년을 제압해 교살하기는 고사하고 손수건을 쥐어짤 힘도 없어 보이거든요. 그리고 끈이 묶인 모양을 보건대 그 남자는 일단 누운 채로 교살된 다음에 목매달린 것 같아요. 미안합니다. 그다지 좋은 표현은 아니네요. 정말 고단한 하루를 보냈더니."

로지는 노트북을 보다 고개를 들고 말했다. "괜찮습니다. 그럼 다른 용의자들도 있나요?"

"음, 발레리나 두 명이 저녁 식사 뒤 공연을 했습니다. 둘 다 황소처럼 튼튼해 보이긴 하지만, 여기 오는 길에 차 안에서 브로드스키와 살짝 안면을 텄을 뿐이라고 하더군요. 두 여자는 한 방을 썼고, 그중 한 명은 거의 밤새 남자 친구와 영상 통화를 했습니다. 둘 다 화장실에 가거나 가볍게 샤워하러 갈 때 빼고는 방에서 나간 적이 없다고 단언했고요—어느 쪽이든 낯선 사람과 섹스한 다음 상대를 살해하고 고의성 없는 자살로 위장할 만한 시간을 내기는 어려웠을 겁니다. 궁지에 몰리면 그런 일을 벌일 수도 있겠지만, 뚜렷한 혐의점은 없어요. 어젯밤 방문객용 숙소에 묵은 사람들이 수십 명쯤 더 있습니다. 회의든 모임이든 온갖 행사가 진행됐고요. 피커딜리 광장처럼 엄청나게 복작거렸단 말이에요. 아니, 내가 전혀 모르는 사이에 방문자들끼리 만나는 틴더 서

비스손쉽게 상대를 찾을 수 있는 소셜 데이팅 앱라도 생겼나? 그다음엔 브로드스키가 새벽 2시에 담배를 피웠다는 정보도 있죠."

로지가 미간을 찡그리며 올려다보았다. 사이먼 경은 전등 쪽으로 잔을 들어 올려 호박색으로 빛나는 위스키를 바라보았다.

"그래요. 근무 중이던 경관 한 명이 동쪽 테라스에서 담배를 피우던 브로드스키를 발견했다는군요. 거의 국왕 폐하의 침실 바로 아래쪽이었죠. 그 남자는 밤공기를 쐬러 나왔다가 길을 잃었다고 하더랍니다. 폐하께서 머물고 계신 윈저성에서 어떻게 헤매고 다닐 수가 있죠? 참, 머리카락 문제도 있네요."

로지가 다시 한 번 올려다보았다. "머리카락이요?"

사이먼 경은 생각에 깊이 잠긴 듯한 표정으로 답했다. "가운 끈과 브로드스키의 목 사이에 낀 검은 머리카락 한 가닥이 발견됐어요. 15센티미터 정도 되고요. 페이롭스키 일행 중 누구와도 DNA가 정확히 일치하지 않습니다. 아무튼 의심 가는 대로 유전자를 대조해 볼 수 있으니 금광이나 마찬가지죠. 그분께 머리카락에 대해서도 전해 드리세요. 그 얘기를 들으시면 기운이 좀 나실 테니까요."

"기운을 북돋아 드리는 게 좋을까요?" 로지가 물었다. 심기 불편한 여왕이라니, 초조함이 밀려들었다.

"네." 사이먼 경이 대답하고는 잔에 남은 위스키를 마저 꿀꺽 삼켰다. "아마 그럴 것 같네요."

4장

여왕은 머리카락에 관해 듣고도 기운이 나지 않았다. 무슨 얘기로도 기운을 북돋울 수 없었다. 현대적 요새로 거듭났다고 여겨지는 고궁에서 한 젊은이가―처참하게―죽었다. 그런데도 누가 어떻게 범행한 건지 48시간이 지나도록 아무도 알아내지 못하는 모양이었다. 그러니 온전히 안전하다는 기분이 들지 않았다. 하지만 여왕이 불안하고 초조해한다는 인상을 주면 좋지 않기 때문에, 한 주가 더 흘러가는 내내 평소처럼 지내며 로지나 사이먼 경에게 별 진전도 없는 상황을 보고받을 때마다 근엄하게 고개를 끄덕이기만 했다.

그래도 사이먼 경과 홍보 팀이 언론만큼은 잘 처리했다. '유출된' 이야기는 별 특징 없이 밋밋했다. '원저성 방문객 한 명이 밤중에 돌연사했다. 여왕이 초청한 손님은 아니었다. 여왕 폐하는 유족에게 애도를 표했다. 사망자가 수면 중에 심장 마비를 일으켰다는 소문이 처음에 퍼졌는데, 왕실에서도 별다른 부정은 내놓지 않았다.' 이 정도였다. 몇몇 쓰레기 같은 인터넷 뉴스는 사망한 남성이 왕실 근위 기병대원과 낮 뜨거운 행위를 하다 발각되었다는 근거 없는 소문을 퍼뜨렸다―하지만 이런 소문은 지나치게 기괴한 데다, 솔직히 말해 수상쩍은 웹 사이트에서 지어낼 법한 추잡한 기사여서, 신뢰성 있는 언론사에서는 이를 전혀 받아들이지 않았다.

한편 보안정보국 소속인 형사 세 명과 경찰관 두 명은 잔뜩 찌푸린 하늘 아래, 저 높은 라운드 타워 안의 좁은 방에서 바삐 일하고 있었다. 원래는 왕실 기록 보관인들을 위해 마련해 둔 방이었다. 점점 더 많은 고위직들이 이슬비 젖은 오솔길을 오갔다. 주방으로는 끊임없이 샌드위치 주문이 들어왔다. 성안 구석구석에 소문이 무성했다. 여왕의 의상 담당자에 따르면 사망자가 페이롭스키의 하인과 은밀히 동성 간 섹스를 즐기던 중 일이 잘못된 것이라는 추측이 대부분이었다. 다만 경주마 관리인이 마부들에게서 들은 이야기는 달랐다. 풍문들을 종합하건대, 남자가 사고로 혼자 사망한 게 맞지만 경찰이 그저 신중히 접근하고 있을 뿐이라는 데 내기를 건 쪽이 7대 4 정도로 우세하더라는 것이었다.

다들 두 번째 매듭에 대해서 모르니까 그렇지. 여왕은 속으로 생각했다. 경주마들에 대해 샅샅이 꿰고 있지도 않으면서 거하게 내기를 걸면 위험한 법이다. 영 고상하지 못한 일이긴 했지만, 내기에 이끌리는 기질이 윈저 가문의 혈통에 흐른다는 점도 자인해야 했다. 애초에 애스콧까지 이어지는 고작 10킬로미터 남짓한 길도 경마라는 내기를 위해 닦아 놓았거니와, 이제 경마 대회도 머지않은 시점이었다.

어쨌든 인간은 그저 인간일 따름이다. 그녀는 생각했다. 사람들은 그저 언제나 그래 왔듯 무언가에 탐닉하는 것뿐. 튜더 시대—공개 처형식이라는 게 일종의 축제를 벌일 만한 볼거리였던 때—에 사람들이 여흥을 위해 무슨 짓을 했던가 생각해 보면 내기도박 정도야 꽤 온건한 편이었다.

라운드 타워에 박혀 있던 수사 팀은 금요일이 되어서야 창문도 없는 갑갑한 방에서 빠져나왔다. 시신이 발견되고 사흘 만이었다. 수사관들은 자기 상관의 상관을 만났고, 그렇게 차례차례올라가 마침내 여왕에게 보고할 때가 왔다. 점심시간 한 시간 전, 개들을 산책시키려고 채비하던 여왕에게 시종무관이 오더니 대표단이 잠시 뵙고자 한다고 전했다.

"그분들께 장화를 신으라고 해." 여왕이 말했다. "온통 흙탕물이네."

10분 뒤, 빌린 우비와 장화로 무장한 떼거리가 초라한 몰골로동쪽 테라스에 도착했다. 데이비드 스트롱 경감이라고 소개된 사람이 세 명 중 가장 낮은 직급이었는데, 며칠 동안 잠도 못 잔 듯보였다. 경감은 라운드 타워에서 경찰 팀을 이끌어 왔다. 눈 밑에퍼런 기가 도는 다크서클이 생겼고 안색은 끔찍이도 창백했다. 햇볕과 운동이 필요하겠군. 여왕이 진단 내렸다. 산책을 좀 하면저 친구에게 도움이 될 거야.

다른 두 사람은 컨디션이 훨씬 나았고 따로 소개할 필요도 없었다. 런던 경찰청장인 라비 싱은 노련하고 유능한 인물이었으나, 최근엔 통제 불가능한 사건들이 너무 많이 벌어지는 바람에여론의 질타를 심하게 받고 있었다. 여왕은 그의 손을 맞잡으며위로를 표하고 싶은 충동을 느꼈지만 물론 그렇게 하진 않았다.

나머지 한 명은 작년에 MI5, 동료들끼리 '박스_{전시에 공식 주소가} 'Box_(사서함) 500'이었던 데서 유래한 별칭'라고들 부르는 보안정보국의 신임 국장으로 임명된 개빈 험프리스였다. 원래는 그 자리에 필요한 자격을 제대로 갖춘 출중한 후보자가 두 명 있었는데, 두 후보의 열렬한 지지자들이 나서서 부지런히 로비 활동을 했다. 이 과정에서 격한 암투가 벌어지는 사이 논란의 여지가 별로 없는 제3의 후보가 어둠 속에서 홀연히 나타났으니 그게 바로 험프리스였다.

누구도 그의 성격이나 지도자로서의 자질을 들여다볼 만큼 깊은 관심을 기울이지 않았기에 논란의 여지가 없었던 거다. 험프리스는 새로운 부류, 즉 특정 분야에 정통한 전문가 출신 관료 중 하나였다. 여왕은 사이버 공간에 대해 속속들이 논의하며 좌중을 사로잡는 전문가들도 몇 명 만난 적이 있었다. 하지만 험프리스는 그런 타입이 아니었다. 차근차근 승진해 국장 자리까지 오른 그와 여러 번 만나 본 뒤 내린 판단이었다. 말하자면 험프리스는 머리카락도, 정장도, 정신도, 무미건조한 회색빛이었다. 또한 89세나 된 여왕이야 도무지 현대 사회의 복잡성을 이해할 수 없으리라고 확신하는 사람이었다. 이 남자는 현대 사회를 이룬 수십 년의 세월을 여왕이 몸소 겪어 왔기에 어쩌면 자기보다도 더 미묘한 차이를 잘 이해할지 모른다는 점을 깨닫지 못하는 것 같았다.

한마디로, 여왕은 험프리스를 좋아하지 않았다. 개들이 곁에 있어서 정말 다행이었다.

"윌로! 홀리! 자, 이리 와."

마지막 남은 웰시 코기들^{엘리자베스 2세 여왕은 웰시 코기를 각별히 좋아하여 수십 년에 걸쳐 여러 마리를 키워 왔다}과 두 마리의 붙임성 좋은 도기^{닥스훈트와 코기의 혼혈 견종}가 여왕의 발목 주위로 종종거리며 모여들었다. 그리고 곧 다 같이 출발했다.

"너무 오래 걸려서 죄송합니다." 정원까지 이어지는 내리막길로 향하는 동안 험프리스가 말했다. "알고 보니 이 사건은 생각보다 훨씬 더 복잡한 문제였습니다. 저희는 퍼즐 조각을 맞추느라고 밤을 꼬박 새웠죠."

여왕은 스트롱 경감을 슬쩍 쳐다보았다. 창백한 안색과 칙칙한 눈 밑을 보면 밤늦도록 컴퓨터 화면 앞에 앉아 있던 게 분명했다. 생생하게 홍조가 감도는 얼굴을 보니 험프리스는 그 자리에 없었던 듯하고.

"그런데 유감스럽게도 나쁜 소식을 전해 드리게 됐습니다."

여왕은 고개 돌려 험프리스를 쳐다보았다. "그래요? 누구의 소행이었죠?"

"아직은 정확히 모릅니다." 라비 싱이 시인했다. "하지만 최소한 누가 지시했는지는 파악했습니다."

"지시했다고요?"

"맞습니다." 험프리스가 말을 받았다. "정부가 제거 명령을 내린 겁니다. 암살이죠."

여왕이 걸음을 딱 멈추었다. 그러자 갑자기 발이 묶여 성난 개들이 요란스레 짖어 댔다. "암살이라니? 그럴 리는 없을 것 같은데."

"아, 그게 그렇지가 않습니다." 험프리스가 넉넉한 미소를 지으며 말했다. "푸틴 대통령을 과소평가하시는군요."

여왕은 아무리 봐도 자신이 푸틴 대통령을 과소평가하진 않는다는 생각이 들었기에, 험프리스에게 그런 소리를 들은 게 분했다. 그럼에도 이렇게만 말했다. "설명해 주시죠."

일행은 다시 걷기 시작했다. 험프리스의 걸음이 꽤 빨라서, 사람 나이로 치면 이제 90대에 들어선 홀리와 윌로가 따라잡기엔 조금 버거울 정도였다. 경찰청장은 험프리스 옆에 딱 붙어서 걸었지만 기진맥진한 스트롱 경감은 딱하게도 약간 뒤로 처졌다. 이슬비가 지평선에 옅은 안개를 드리웠고 그 사이로 아래쪽 공원의 거목들이 어렴풋이 보였다. 개들을 따라 비탈길을 내려가는 동안, 발아래로 자갈이 버적버적 밟히더니 이내 축축한 풀밭에 발이 푹푹 빠졌다. 여왕은 원래 이런 날 산책하기를 좋아했다─하지만 이번만큼은 즐겁지가 않았다.

"브로드스키는 아주 뛰어난 피아니스트였던 것 같습니다." 험프리스가 운을 뗐다.

"압니다. 연주를 직접 들어 봤지요."

"아, 참, 그러셨죠. 하지만 그건 그저 위장일 뿐이었습니다. 저희는 그 남자가 익명의 블로그를 운영하며 푸틴 정권을 맹비난해 왔다는 사실을 알아냈습니다. 블로그란 일종의 웹 사이트입니다.

'웹 로그$_{web log}$'의 준말이죠…….”

여왕은 얼굴을 찡그렸다. 나를 보면 늙어서 기력이 다 빠진 자기 할머니가 떠오르는 모양이군. 여왕은 확신했다. 오늘 아침에도 숱한 공문서를 결재했으며 아프리카의 모든 국가명을 알파벳순으로 읊거나 애설레드부터 자신까지 모든 영국 왕을 꼽을 수도 있다는 사실을 험프리스에게 똑똑히 알려 주고 싶어 입이 근지러웠다. 하지만 그녀는 잠자코 있었다. 대신 이대로 괄시받을 각오를 하며 엄숙한 표정으로 이슬비를 바라보았다.

“브로드스키는 아바타, 그러니까 인터넷상의 가짜 이름을 사용해 블로그를 운영했기 때문에 저희가 바로 찾아내지는 못했습니다. 하지만 고인의 노트북을 분석하자 생전에 푸틴을 비판하는 인물로 유명했다는 사실이 금세 확인됐습니다. 브로드스키는 푸틴이 집권한 이래 구소련에서 의문사한 기자들을 전부 기록해 두었습니다. 수십 명이나 되죠. 물론 가장 유명한 사람은 10년 전에 살해된 안나 폴릿콥스카야인데, 그 밖에도 명단이 줄줄이 이어집니다. 아마추어치고는 상당히 명민하게 조사를 했더군요. 사망한 이들의 대의명분을 강조하며 자신도 그 일원이라고 여겼고요. 하지만 이는 물론 매우 위태로운 행동이었죠. 런던에서라고 해도요. 푸틴은 러시아인들을 외국에서 살해하는 데에 거부감이 없거든요. 전에도 이 땅에서 그런 일을 감행했고 말입니다.”

“내 궁전 안에서 벌어진 적은 없는 일이죠.”

“푸틴의 기술이 한층 더 노련해진 것으로 보입니다, 폐하. 아마도 우리에게 어떤 메시지를 보내고 싶었던 것 같습니다." 험프리스가 역설했다. "'이봐, 나는 그 인간들을 언제 어디서든 해치울 수 있다니까.' 철면피하고 무자비하기가 딱 푸틴다운 짓이죠."

"여기에서까지?"

"특히나 바로 여기, 영국 체제의 심장부에서 말이지요. 푸틴의 전형적인 행태입니다."

여왕은 싱에게 고개를 돌렸다. "청장도 같은 의견이신가요?"

"사실 납득하기가 쉽지는 않았습니다만, 동기가 강력합니다. 또 푸틴은 종잡을 수 없는 사람이기도 하니까요."

"캔디! 그만해!"

나이 든 도기가 진흙탕에서 뒹굴다가 당황한 듯 올려다보더니 사람들 곁으로 조용히 돌아왔다. 그리고 험프리스의 바지 여기저기에다 힘차게 몸을 털었다. 여왕은 남들이 부러워할 만한 침착함을 발휘해 흐뭇한 마음을 감추었다.

"미안하게 됐군요."

"마음 쓰지 마십시오, 폐하." 험프리스는 허리를 굽혀 흙탕물 몇 방울을 손으로 털어 냈다. 무릎 주위가 흠뻑 젖어 있었다. "그리고 물론, 폐하께서도 그게 무슨 뜻인지 아시겠지요." 그가 자세를 바로 하며 덧붙였다.

"뭐죠?"

"그게 말이죠, 저희가 페이롭스키의 수행원과 발레리나들의 행적을 철두철미하게 조사해 봤거든요. 하지만 이 임무를 수행하는

데 필요한 역량은 고사하고, 그 사람들이 요원이라는 징후도 전혀 없습니다. 그렇다 보니—유감스럽게도, 살인범이 한동안 여기 머물렀을 가능성이 더 큽니다."

"브로드스키가 여기 오게 될 줄은 아무도 몰랐을 때부터 말인가요?" 여왕은 의아한 시선으로 싱 쪽을 힐끗 보았다. 하지만 험프리스가 열띠게 이야기를 잇는 바람에 경찰청장은 대답할 기회를 잡지 못했다.

"그쪽에서는 무슨 일에든 대비해 놓으려던 겁니다. 그게 이 사람들이 움직이는 방식입니다, 폐하. 몇 년 전부터 미리 잠복하고 있던 거죠. 적절한 시점에 지령이 떨어지기만 기다리며 그때까지 다른 나라에서 평범하게 생활하는 스파이 말입니다. 상상해 보십시오. 여기 윈저성에서, 말하자면 폐하의 코앞에서 살인을 저질렀습니다. '이제 누구도 안전하지 않다'는 메시지를 보낸 겁니다."

"잠복 스파이라." 여왕은 수긍이 안 되는 듯 되뇌었다.

"그렇습니다, 폐하. 내부자입니다. 이곳 직원들 사이에 섞여 있겠지요. 최소 한 명인데, 더 많을 수도 있습니다. 물론 범인이 다른 방문객 중 하나일 가능성도 있지만, 이 장소를 고른 만큼 성 내부를 잘 아는 인물에게 임무가 주어졌을 가능성이 더 높아 보입니다."

"미안하지만, 그럴 리는 없을 것 같군요."

풀밭 한가운데, 여왕이 가장 좋아하는 너도밤나무 중 한 그루가 드리운 그늘 아래 서서 험프리스는 측은한 눈길로 여왕을 바라보았다.

"유감스럽지만 그럴 가능성이 높습니다, 폐하. 우리는 현실을 직시해야만 합니다. 그래야만 하는 경우가 지금이 처음도 아닐 테고요."

여왕은 입술을 오므리고 성 쪽으로 향했다. 개들이 덤불에서 튀어나와 앞장서서 달려가고, 비에 흠뻑 젖은 남자들이 뒤에서 따라왔다.

"이제 어떻게 하실 건가요?" 결국 여왕은 이렇게 물었다.

"범인을 추적해야죠. 만만치 않은 일일 겁니다. 물론 저희는 신중을 기할 거고요."

험프리스가 푸틴에 심취한 나머지 몇 가지 맥락을 빠뜨리고 넘어갔기에, 라비 싱이 나서서 보충 설명을 해 주었다.

"브로드스키는 파티가 끝난 뒤 범인을 만나기로 약속했던 것 같습니다, 폐하. 새벽 2시경 그와 인상착의가 일치하는 남성이 밖에서 담배를 피우다 경관의 인도를 받아 방문객용 숙소로 돌아갔는데요. 일종의 접선 장소로 나갔던 게 분명합니다. 이런 나쁜 소식을 전해 드리게 되어 송구합니다."

경찰청장은 진심으로 애석해하는 기색이었다. 험프리스와 달리 싱의 태도에서는 이 사건을 흥미진진한 스파이 게임처럼 다룬다는 느낌이 들지 않았다. 그는 이 성을 하나의 집으로 여겨 주는 듯했다. 이제부터 이 집에 사는 많은 사람들이 혐의를 받으며 생활해야 할 텐데, 그래서야 누구에게도 좋을 게 없었다.

"고마워요, 싱 씨."

"계속해서 보고드리겠습니다."

"그래 주세요." 여왕은 싱에게 점심 식사까지 함께하면 어떨지 묻고 싶었지만, 그러면 험프리스도 초대하는 셈이 될 테니 선뜻 청할 수 없었다.

가장 기분이 상하는 부분은 바로 "지금이 처음도 아닐 테고요"라는 간단한 말이었다. 아주 정확한 말이었으나, 여왕은 이를 용서할 수가 없었다.

5장

그날 저녁, 사이먼 경은 오바마 대통령 방문 건으로 몇몇 세부 사항을 여왕과 상의해야 했다. 백악관 팀에서 보안 관련 우려 사항을 새로 찾아냈던 것이다. 그는 여왕이 윈저성에서 지낼 때치고는 유난히 의기소침하다는 점을 눈치챘다. 여왕 폐하는 바람과 추위에 휘둘리지 않는 분이었다. 만일 그가 그 사실을 몰랐더라면 날씨 탓이려니 짐작했을지도 모른다.

아무래도 이제 살인범 때문에 신경이 쓰이시는 건지도 모르지. 사이먼 경은 생각했다. 여왕은 무쇠처럼 강인했지만, 그렇다 해도 한도가 있으니까. 여왕에게는 이번 사건의 불쾌한 부분까지 자세히 설명해 주지 않는 편이 나았을지도 모른다. 여왕이 꼬치꼬치 묻긴 했지만, 그분을 보호하는 일 또한 섬기는 일 못지않게 중요했다. 어쨌든 지금은 MI5가 수사에 매달리고 있었다. 사이먼 경이 그간 개빈 험프리스의 수사에 얼마만큼 진전이 있었는지 조심스레 알렸지만, 여왕은 그가 바랐던 만큼 안심하는 기색을 보이지 않았다.

"지금 로지도 있나?" 여왕이 물었다.

"물론입니다, 폐하."

"들어오라고 해 주겠나? 로지에게 하고 싶은 이야기가 있네."

"폐하…… 혹시 로지가 뭔가 실수한 게 있다면…….” 사이먼 경은 어안이 벙벙했다. 신입이라는 점을 감안힐 때 로지 정도면 상당히 잘 적응해 나가는 축으로 보였건만. 무슨 문제가 됐든지 정말로 조금도 알아차리지 못했으니, 그는 곧바로 스스로를 탓했다. "제가 어떻게든 도움이 될 수 있다면─"

"아냐, 아닐세. 사소한 일이야. 걱정할 것 없네. 들여보내 주게."

10분 뒤 로지가 얼떨떨한 표정으로 들어왔다.

"폐하, 찾으셨습니까?"

"그랬네." 여왕이 말했다. 그리고 골똘히 생각하며 잠시 펜을 만지작거렸다. "자네가 날 좀 도와줄 수 있을까 해서 말이야."

"뭐든 말씀해 주십시오……." 로지의 대답은 의도했던 것보다 더 열렬한 목소리로 울려 퍼졌다. 하지만 진심이었다. 보스가 무엇을 원하든 따를 터였다. 로지는 왕실에서 일하는 사람들이 대부분 이런 마음이라는 사실을 알고 있었다. 여왕의 지위 때문이 아니라 여왕이라는 *사람* 때문이었다. 여왕은 거의 불가능한 과업을 떠맡아 감내하면서도 결코 불평해 본 적 없으며, 대다수 국민이 태어나기 전부터도 그 과업을 훌륭하게 수행해 온 특별한 인간이었다. 사람들은 여왕을 흠모했다. 분명 모두들 그녀를 두려워했지만, 그보다는 흠모하는 마음이 더 컸다. 만약 여왕이 떠난다면…….

"어떤 사람을 좀 불러다 줄 수 있겠나?"

로지는 공상을 털어 버릴 수 있어 다행스러웠다. 자신을 보는 여왕의 시선이 뭔가 기묘했다. 마치 이번엔 거절하는 대답이 나오리라고 보는 듯했다. 보통은 그저 의례적인 지시 사항뿐이었는데, 이번 요청은 좀 더 심오하게 느껴졌다.

"물론입니다, 폐하." 로지는 밝게 대답했다. "누구입니까?"

"아주 잘 아는 사이는 아니네. 전에 만난 적 있는 사람인데—육군 사관학교나 참모 대학 교수였던 걸로 기억하네. 구소련 전문가였어. 부스스한 머리에 붉은 수염을 길렀고 이름은 헨리나 윌리엄이야. 그 사람을 티타임에 초대하고 싶네. 사적으로. 사실, 그 사람이 내 친구 피오나, 다시 말해 헵번 부인을 만나고 싶어할 것 같아서 말이지. 피오나는 헨리에 살고 있는데, 기꺼이 다과회 자리를 마련해 줄 거라고 믿네. 피오나가 *나를* 초대하면서 그 남자도 초대하면 우리가 이야기를 나눌 수 있겠지."

로지는 책상 앞에 서서 이게 무슨 상황인지 파악해 보려고 애썼다. 자기가 지금 무슨 일을 부탁받은 건지 정확히 알 순 없었지만, 어쨌든 자잘한 일이니 어떻게 처리할지는 차차 생각해 보리라.

"언제가 편하실까요?"

"최대한 빨리. 내 일정은 자네도 알 테고." 여왕이 잠시 말을 멈췄다. "그리고 로지—"

"네, 폐하?"

여왕은 또 한 번 기묘한 시선으로 로지를 바라보았다. 조금 전과는 또 결이 달랐다. 아까는 애매모호한 느낌이었지만, 지금은 뭔가 시험하는 듯한 눈빛이었다. "*사적인 자리여야 하네.*"

자기 자리로 돌아온 로지는 여왕과 나눈 이야기를 머릿속으로 전부 되짚어 보았다.

사적이라는 게 무슨 뜻일까? 레이디 헵번의 집에서 차를 마시는 시간은 당연히 사적일 터였다. 그 전문가—로지가 그를 찾아낸다고 가정할 때—가 여왕 폐하와 만나는 일을 비밀로 해야만 하는 건가? 그렇다면 왜 그냥 시원스레 지시하시지 않은 걸까? 로지가 그 사람에게 확실히 함구해 달라고 주의를 주면 될 텐데. 여왕과의 관계는 지금까지 꽤나 간단명료했다. 로지는 그저 보스가 시키는 대로 따랐고, 뭔가 의문이 생길 땐 사이먼 경과 상의했다. 사이먼 경은 비서 경력이 거의 20년에 달하고 만사를 다 꿰고 있었으니까. 그리고······

그리고 불현듯 로지는 여왕의 말이 무슨 뜻인지 깨달았다. 왜 결코 시원스럽게 말할 수가 없었는지도. 또 왜 이것이 로지에게 주어진 시험인지도. 로지가 느끼기에 여왕은 이런 시험을 던져 주고 싶지 않은 듯했지만 말이다.

이 모든 일이 좀 무서웠고, 아주 살짝 흥분되기도 했다.

로지는 각 분야 전문가가 정리된 정부 데이터베이스에 접속해서 티타임에 초대해야 하는 남자를 찾기 시작했다.

여왕은 침대에 앉아서 일기를 썼다. 구구절절 적는 일은 절대 없었고, 지금 무슨 생각을 하는지 적는 일도 물론 없었다. 여왕이 매일 밤 성실히 손수 써 내려간 일기는 언젠가 라운드 타워의 왕실 기록 보관소로 옮겨져 빅토리아 여왕의 일기와 나란히 보존되리라. 그 일기를 손에 넣을 기회가 올까 싶어 안달복달하는 역사학자들도 많겠지만, 막상 들여다보면 필시 실망하고 말 것이다. 22세기에 이 문서를 열람하는 이라면 누구든 여왕의 일기엔 경마에 대한 정보, 특정 총리들의 아둔함에 대한 논평, 가족 간에 있었던 사소한 일들만 빼곡히 적혀 있다는 사실을 알게 될 테지. 가장 내밀한 생각은 모두 자기 자신과 신만이 알도록 숨겨 두었으니.

그리고 블라디미르 푸틴이 단연 잔인한 기질을 지녔으며 짜증 나는 인물이긴 하지만 바보는 아니라는 사실이야 신도 아실 게다. 태만하게 실수나 저질러서는 세계에서 가장 부유하다고 소문날 만한 자리에 오를 수 없는 법이다. 또한 푸틴은 지배층 사이에 맺은 무언의 합의를 무시할 사람도 아니었다. 요사이엔 자신도 그 일원이라며 매우 자랑스럽게 여기니, 모름지기 지배층은 다른 권력자의 텃밭을 직접 짓밟지 않는다. 가능하기만 하다면 상대편에 스파이를 심으려 들 것이다. 협상이나 선거에 개입해 상대의 입지를 무너뜨리려 할지도 모른다. 하지만 불경한 짓을 저지르며 남의 궁전을 아수라장으로 만들 성격은 아니었다. 만일 그런 짓을 벌인다면 언젠가 남들에게 똑같은 짓을 당할지도 모를 일 아닌가. 이 정도쯤은 독재자들도 이해하는 이치였다.

MI5의 기술 관료들은 이를 이해하지 못하는 모양이지만.

여왕은 굳이 험프리스를 깨우쳐 주려 들지 않았다. 정보국장은 너무도 자신만만한 데다 여왕의 의견에는 관심이 거의 없어 보였다. 여왕은 푸틴을 직접 만나 보기도 한 데다 시간적으로 볼 때도 수십 년 동안 그와 나란히 권좌에 있었는데 말이다.

개. 개들은 다 알았다. 오늘 아침 홀리가 그랬듯. 코기들은 국빈 방문 중인 푸틴을 보자마자 질색하며 그의 발목을 물려고 했다. 어느 장관의 안내견조차도 그를 보고 짖었던 기억이 났다. 개들에게는 타고난 본능이 있었다. 푸틴은 자신에게 유리한 쪽으로 개들을 이용했다. 예컨대 그는 독일 총리 앙겔라 메르켈이 개를 무서워한다는 사실을 알고 있었다. 개들이 반려동물보다는 경비견으로 훈련받는 경우가 더 많은 동독에서 자랐기 때문일까? 여왕은 그 부분을 궁금히 여겼다. 아무튼 그러한 정보를 손에 쥔 푸틴은 메르켈이 크렘린 궁전에 방문했을 때 공격적인 저먼 셰퍼드 두 마리와 딱 마주치도록 조치해 두었다. 가엾은 여자가 겁먹도록. 이는 푸틴이라는 남자의 옹졸함을 드러내는 증거였다. 여왕이 메르켈의 정치 철학에 늘 동의하는 건 아니었다. 그래도 인간적으로는 호감을 느꼈다. 메르켈은 어떻게든 수십 년 동안 위대한 민주주의의 키를 잡고 버텨 왔다. 남자들의 세계—메르켈이 정치에 입문했던 시절엔 분명히 그러했다—에 우뚝 선 여자. 국가 원수들이 모여서 찍은 사진을 보면 남성복 일색인 자리에 메르켈의 바지 정장만 도드라지니, 지금도 상황은 크게 다르지 않다고 볼 수 있었다. 여왕도 그게 어떤 기분인지 아주 잘 알았다—

물론 게르만족 특유의 패션 감각에는 공감할 수 없었지만.

그녀는 거의 10분이 지나도록 일기장에 아무것도 적지 않았다는 사실을 깨닫고 반쯤 쓰다 만 문장을 마무리 지으려고 했다. 하지만 상념이 꼬리에 꼬리를 물고 이어졌다.

확실히 푸틴은 메르켈과 같은 여성을 거북하게 만들려고 벼르는 타입의 남자였다. 그는 불량배였고, 살인자일 가능성도 높았다. 그 남자가 개를 대하는 태도, 또한 개들이 그를 대하는 태도를 보면 분명히 알 수 있었다. 그렇다고 그가 여왕의 본거지에서 새파랗게 젊은 이주민이 죽어 나가게끔 음모를 꾸몄으리란 얘기는 아니었다. 그런 짓이 전혀 불필요한 상황에서 말이다.

험프리스의 주장에 따르면, 냉혹하고 계산적인 이 남자는 자신의 적들 중 한 명—실로 하찮은 적—이 언제 방문할지 모르니 만일에 대비해 여왕의 궁전에 스파이를 심어 놨다. 그저 자기 권력이 얼마나 널리 뻗칠 수 있는지 과시하기 위해서. 그리고 바로 그 순간이 왔을 때, 이 '잠복 스파이'—몇 년씩이나 마냥 기다리면서 자리를 지키고 있었을 터—는 피해자가 자살한 것처럼 위장하려고 공을 들였지만 지극히 간단한 매듭조차 제대로 확인하지 못했다. 자기 소행이라고 버젓이 알릴 작정이었다면 대체 왜 자살로 위장하겠는가? 경찰이 조사하면 결국 살인 사건으로 밝혀지리라 예상했던 걸까? 만약 그렇다면, 어설프게 망쳐 버린 꼴로 추잡한 소동을 일으키는 대신 더 절묘하게 처리할 방법도 필시 있었을 텐데. 여왕은 정말로 왕실 안에 배반자가 있다면 적어도 제법 유능한 인간일 거라 믿는 쪽이었다. 아, 모든 게 형언할 수 없이 우스꽝스러웠다.

그렇다 하더라도, "지금이 처음도 아닐 테고요……"라니.

뭐, 그래, 처음도 아니지. 좀처럼 믿기지 않는 상황도 처음 겪는 게 아니고.

앤서니 블런트 경은 아버지 대에서부터 일했던 왕실 미술 수집품 조사관이었다. 얼마나 매력 넘치고, 박식하고, 교양 있는 사람이었는지. 신하들 중에서 특히나 편안한 느낌을 주었고 말이다. 케임브리지 교수에, MI5의 일원이었으며, 미술사학자이자 시칠리아 바로크 양식 전문가이기도 했다. 그는 전쟁이 끝나 갈 무렵 에드워드 8세^{퇴위 이후 윈저 공으로 불린 영국의 왕(1894~1972). 이혼 경력이 있는 여성과 결혼하기 위해 국왕 자리를 버린 뒤 해외에 거주했다}가 작성한 서신 일부를 회수해 곤란한 상황이 생기지 않게끔 도와준 적도 있었다.

동시에 블런트 경은, 훗날 자백했듯 오랫동안 열성적인 공산주의자이자 소련 요원으로 활동한 인물이었다. 그와 그 동료들은 여왕이 가장 소중히 여기는 사람들에게 막대한 피해를 끼쳤다. 그는 여왕이 그 사실을 알게 된 뒤로도 몇 년 동안 왕실에 남아 일했다. 그러면서 자신이 무슨 짓을 했던가 시인해야 하는 수치스럽고 당혹스러운 상황을 피할 수 있었다—결국 총리가 아무렇지도 않게 비밀을 누설하고 말았을 때에야 어쩔 수 없이 왕실을 떠났다. 블런트 경은 자기 죄 일부를 뉘우치는 듯했지만, 실제로 어땠는지야 결코 알 수 없는 일이었다.

여왕은 모든 종복이 나무랄 데 없이 훌륭하다는 듯 연기할 수 없었다. 희극 배우가 여왕 역을 맡아 시대에 뒤떨어진 옷을 입고 도덕군자인 양 뽐내는 연극도 나왔고, BBC에서 영화로도 제작했다지만 말이다. 어떻게 보더라도 지금은 왕실의 황금기라 하기 어려운 때였다.

개빈 험프리스 경의 발언은 불쾌한 기억을 일깨워 주었고, 그러자 스스로에 대한 불신이 고개를 들었다. 그녀가 썩 좋아하지 않는 상태였다. 로지 오쇼디에게 의지해야만 하는 상황 역시도 달갑지 않았다. 너무도 젊은 데다 왕실에 들어온 지 얼마 되지도 않은 직원이었으니까. 하지만 여왕은 자기가 해야만 하는 일을 했다. 부디 뜻밖의 기쁨을 맞이할 수 있기를.

그녀는 완전히 다른 주제로 한 문단을 더 쓴 뒤 간신히 잠이 들었다.

2 부
—
마지막 춤

6장

"수첩에 내일 일정으로 뭐가 적혀 있는 거죠?"

사이먼 경이 사무실 건너편 커다란 책상 앞에 앉아 질문을 던졌다. 로지는 키보드에서 눈을 들어 상관을 올려다보았다. 그리고 목소리에 긴장한 기색이 조금이라도 묻어나지 않도록 조심조심 대답했다.

"오후 말씀이신가요?"

"그래요. 점심 식사 후에 사촌을 만나 뵈러 그레이트 파크에 방문하시기로 되어 있었는데. 벌써 몇 주 전에 잡아 둔 일정이에요."

"저도 알아요. 하지만 국왕 폐하께서 헵번 부인을 한번 만나러 가면 좋겠다고 하셨습니다. 최근에 헵번 부인의 오라버님이 작고 했으니 유감을 전할 겸 해서요. 그래서 제게 헵번 부인의 다과회 초대장에 수락 의사를 전하라고 분부하셨습니다."

"언제요?"

"어제 그러셨습니다."

"나한테는 그런 얘기 안 했잖아요."

"그리 중요한 사항이 아닌 것 같았습니다."

사이먼 경이 한숨을 쉬었다. 총체적인 계획에서는 그리 중요치 않은 부분이라 할 수 있었다. 하지만 그는 만사를 통제해야 직성이 풀리는 성격이었다. 그리고 바로 그런 면 덕택에 자기 업무에 아주 뛰어난 것이기도 했다. 그는 마음을 느긋이 먹고 로지에게 맡겨 두자고 다짐했다. 자기 수하를 신뢰하지 못하면 어찌 되겠는가? 그렇기는 하지만, 뭔가가 찜찜했다. 그냥 넘어갈 수가 없었다.

"국왕 폐하께서 어떻게 아셨죠? 그 초대장 말인데. 나는 아무것도 못 봤거든요."

로지는 아주 잠깐 머뭇거렸다. 사이먼 경은 이메일이든 통화 기록이든, 무슨 종류의 메시지든 전부 다 살펴보았다. 그리고 못 본 게 있다면 얼마든지 확인해 볼 수 있었다. 아마도 굳이 그렇게까지 하진 않겠지만, 혹시 확인하려 든다면 어쩌지?

"캐럴라인 부인이 제게 헵번 부인의 오라버님 소식을 알려 주었습니다." 로지는 즉흥적으로 둘러댔다.

사이먼 경은 여왕의 시녀와 친밀하지 않았다. 로지로서는 그저 사이먼 경이 당사자에게 직접 확인하지 않기를 기도할 수밖에 없었다. 로지가 오늘 아침 일찍 레이디 캐럴라인을 만나 레이디 헵번에 대한 이야기를 짧게 나눈 건 사실이지만, 이야기가 오간 방향은 정반대였다. 로지는 두 여자가 가까이 산다는 사실을 파악하고 교묘하게 판을 짰다. 부유한 귀족 계층도 이웃 간에 잘 알고 지낼까? 그렇게 지레짐작하고 얘기를 꺼내면 혹시 주제넘은 짓이 되려나 걱정했는데, 다행히 딱 들어맞았다. 두 사람은 친구 사이였던 것이다.

"헵번 부인의 오라버님이 몇 주 전에 돌아가셨죠? 케냐에서 심장 마비로요." 사이먼 경은 만사를 다 꿰고 있었다.

"네. 캐럴라인 부인 얘기를 들어 보니(사실 그런 얘기는 전혀 안 했지만) 헵번 부인이 여전히 그 문제로 무척 속상해한다네요. 폐하께서는 제게 그 소식을 듣고 진심 어린 애도를 전해 달라고 명하셨고, 저는 분부대로 했죠. 그러자 헵번 부인이 폐하를 티타임에 초대했는데, 폐하께서도 흔쾌히 수락하신 거예요."

이런 일이 가능하긴 할까? 전에도 비슷한 경우가 있었을까? 로지는 숨을 죽였다. 옷 아래서 심장이 어찌나 거세게 쿵쿵 뛰던지, 그 꼴이 필시 사이먼 경의 눈에도 띌 듯했다.

사이먼 경은 혼자서 얼굴을 찌푸렸다. 이건 이를 데 없이 별난 일이었다. 여왕이 피오나 헵번의 집에 즐겨 방문하긴 했지만, 즉

흥적으로 찾아가는 일은 없었으니까. 보스는 변덕스러운 사람이 아니었다. 정말 이상하네. 아마 연로해져 가는 징후이리라. 설마 치매는 아니겠지? 아니, 그건 전혀 말도 안 된다. 하지만 로지의 태도엔 뭔가……

사이먼 경은 잠시 로지를 물끄러미 바라보았다. 설마 보시가 이야기를 *지어내지야* 않았겠지? 뭐 하러 그러겠는가? 그는 여왕이 정말로 위로의 방문을 하고 싶어 하는지 직접 의중을 확인해 봐야겠다고 다짐하고 일정표의 다음 항목으로 넘어갔다.

쿵쿵대던 로지의 심장은 한 시간쯤 뒤에야 가라앉았다. 한껏 자부심을 느껴야 할지, 아니면 깊은 수치심을 느껴야 할지 알 수가 없었다. 방금 전 그녀는 직속상관에게 거짓말을 하고 말았다. 그것도 두 귀부인과 국왕 폐하의 언행을 두고. 아무도 없는 여자 화장실에 피신해 동생에게 스냅챗으로 눈이 휘둥그레진 표정 여러 개를 보내고 나니 기분이 좀 나아졌다. 플리스는 로지가 뭐 때문에 이러는지 영문을 몰랐겠지만.

토요일 일정은 여러 활동으로 빽빽했으나, 여왕은 잠시 한산한 틈에 어떤 변화를 눈치챘다. MI5가 왕실 연못에 떨어뜨린 조약돌 때문에 이제 파문이 번지기 시작했다는 것을.

오늘 아침 침대 옆으로 차와 비스킷을 나르던 하녀는 미심쩍은 표정으로 입술을 깨물었다. 불안으로 요동치는 마음을 좀 안정시키는 게 좋을 듯했다. 만일 여왕이 사태의 심각성을 잘 몰랐더라면 질문을 던지고 대화를 텄으리라. 평소 여왕은 문제의 싹을 미리 잘라서 금세 해결하곤 했다. 하지만 오늘은 상대를 안심시켜 줄 수가 없었다.

마찬가지로, 그 뒤 거실에서 다즐링 홍차를 따라 주던 시종도 불만이 가득한 표정을 지었다. 여왕은 그 시종을 수년간 알고 지냈기에(샌디 로버트슨은 밸모럴에서 사냥감 몰이꾼으로 일을 시작했으며, 두 자녀를 둔 홀아비인데 그중 한 아이는 에든버러 대학에서 천체 물리학을 공부하고 있었다) 그의 눈빛에 담긴 무언의 메시지를 쉬이 읽을 수 있었다. '저들이 제게 이것저것 캐물었습니다. 저뿐만이 아니고요. 저희 모두 걱정하고 있습니다. 이게 다 무슨 일인가요, 폐하?'

그런 그에게 여왕이 보낸 눈빛 역시도 쉽게 해석할 수 있었다. '미안하네. 내 손을 떠난 일이야. 내가 할 수 있는 일이 아무것도 없다네.' 시종은 마치 실제로 대화를 나눈 것처럼 슬프게 고개를 끄덕였고, 그 밖에는 평소대로 차분하고 능률적인 몸가짐을 보였다. 하지만 여왕은 그가 하인 숙소와 사교 클럽에 돌아가 영 좋지 않은 소식을 전하리라는 점을 알고 있었다. '덴마크라는 나라 어딘가에서 썩은 내가 나고「햄릿」 1막 4장에 등장하는 대사' 보스조차도 금방 다 잠잠해질 거라 장담할 수 없다는 것.

그날 내내 여왕은 성에 드리워지는 두려움과 불확실성의 그림자를 느꼈다. 여왕과 왕실 사람들은 절대적인 신뢰와 충실함이라는 규약으로 움직였다. 그 신뢰와 충실함은 일방향이 아니라 상호적인 원칙이었다. 왕실 사람들은 입 싸게 나불거리지 않았고, 《선》이나 《데일리메일》에 기삿거리를 팔아넘기지 않았다. 또 페이롭스키 같은 고용주라면 선뜻 제시할 수 있을 엄청난 봉급을 요구하거나 기대하지도 않았고, 무례한 질문을 던지지도 않았다. 개인적인 걱정거리가 있거나 하인들 구역에서 피치 못하게 소동이 일어나더라도 여왕의 순조로운 업무 진행에 방해되는 일은 없도록—아무튼 웬만해선 그런 일 없도록—신경 썼다. 그에 화답하여 여왕은 이들을 존중하고 보호했으며, 이들의 희생을 소중히 여겼고, 일생을 바쳐 봉사해 준 보상으로 금보다도 훨씬 더 값진 훈장과 작위 등을 수여했다.

외국의 고위 관리든 대통령이든 왕자든 이곳에 방문하면 모든 면이 조화롭도록 세세한 부분까지 빈틈없이 주의를 기울여 시계처럼 정확히 움직이는 왕실 사람들의 모습에 경탄을 보냈다. 여왕과 함께하는 가족들은 결코 방심하지 않았고, 때로는 그야말로 각별한 성취를 이루고자 노력했으며, 실제로 간간이 그 목표를 달성하기도 했다.

밸모럴에서 버킹엄까지, 윈저에서 샌드링엄까지(그리고 여왕이 지금껏 무척이나 간절히 그리워하는 브리타니아호도), 수백 명이나 되는 하인 집단은 정말로 하나의 가족이었다. 그들은 복잡다단했던 90년 동안 여왕을 보살폈고, 때로 백성들이 신나게 불만을 터뜨릴 때면 적대적인 여론의 흐름을 막는 완충제 역할을 해 주었다. 그리고 왕실 업무란 정말로 까다로울 때가 많은데도 불구하고 하나같이 수월하고 매끄럽게 흘러가도록 쉼 없이 손발을 움직였다. 그들은 상호 신뢰를 기반으로 일했다. 그런데 지금 보안국이 한 사람씩 차례차례 데려가 음험한 심문을 하며 그 기반을 약화시키고 있었다.

하지만 여전히 의문점이 남아 있었다. 정말로 왕실 구성원이 브로드스키를 살해했을까? 만일 그렇다면, 왜? 이 질문에 스스로 대답을 내놓을 수 있을 때까지, 여왕은 험프리스가 자기 방식으로 수사를 해 나가도록 놔둬야 했다.

일요일이 오자, 여왕은 파국으로 치닫는 성안 분위기에서 잠시나마 탈출할 수 있어 매우 기뻤다. 다정하게도 레이디 헵번이 티타임에 초대해 준 덕택이었다. 레이디 헵번의 아담한 사유지인 던스든 플레이스는 윈저성에서 서쪽으로 몇 킬로미터쯤 떨어진 헨리 지역에 있었다. 여왕과 피오나 헵번은 수십 년 동안 친구로 지내 왔다. 그사이 피오나는 50년대와 60년대에 세실 팔리와 질풍노도 같은 결혼 생활을 하다 70년대에는 여러 듬직한 남자들과 팔짱 끼고 세계 여행을 다니며 매력적인 독신 생활을 즐겼다. 그러다 80년대에 헵번 경과 조용히 재혼했으며 이제는 과부가 되어 잔잔하게 지냈다.

피오나는 여왕보다 족히 열 살은 어렸다. 하지만 이제 여왕의 또래 친구들—더욱이 또렷한 정신을 유지하고 있는 사람—이란 닭의 이빨만큼이나 보기 어려웠으니, 누가 됐든 진쟁을 직접 겪어 봤으며 국난을 극복하게 해 준 가치관도 공유하는 사람과 만나 이야기 나눈다는 것 자체가 복된 일이었다.

피오나는 훌륭한 정원사이기도 했다. 앤 여왕 시대 양식을 반영한 저택의 한쪽 끝엔 17세기 영국 르네상스풍 장식품이 몇 점서 있고, 다른 쪽 끝엔 빅토리아풍 장식이 애처로이 이어졌다. 새롭게 살짝 손볼 필요가 있는 저택이었으나 정원만큼은 멋들어졌다. 거의 흰색에 가까운 금발 머리를 느슨하게 높이 틀어 올린 안주인이 변함없이 어여쁜 모습으로 손님들을 맞아들였다. 헐렁한바지엔 흙 묻은 흔적이 아주 희미하게 비쳤다.

거센 바람이 부는 4월의 주말, 커다란 화병에 담긴 색색의 수선화가 선명한 노란색과 흰색을 뿜냈고, 그 뒤로는 장식적으로 전지한 주목나무와 산울타리가 파릇파릇한 배경을 이뤘다. 나무들 너머로는 언뜻언뜻 강이 보였다. 웬만한 사람들이라면 야외에 앉아 있기에는 날이 너무 쌀쌀하다고 생각했겠지만, 피오나는 오늘의 손님인 여왕의 성향을 잘 알았기에 화단이 내려다보이는 테라스에 갓 구운 스콘과 상 받아 마땅한 라즈베리 잼을 차리도록 지시해 두었다. 무릎을 덮을 두터운 카슈미르 담요와 넉넉한 양의 따끈한 차도 함께.

여왕의 운전기사는 부엌에서 기다렸고, 경호 팀은 다과를 들라는 제안을 전부 거절하고 말소리가 들리지 않을 만큼 뒤로 물러났다. 여왕 외에 바깥에 앉은 인원은 피오나 헵번과 로지 오쇼디, 그리고 턱수염 난 40대 중반 남성뿐이었다. 그 남자는 트위드 정장에 넥타이를 맨 차림으로 테라스의 커다란 티크 테이블 앞에 앉아 있다가 여왕 일행이 도착하자마자 자리에서 일어났다.

"제가 헨리 에번스 씨를 초대했어요." 피오나는 마치 그게 원래부터 자기 아이디어였던 것처럼 쾌활하게 말했다. "두 분이 서로 아시리라고 생각해요."

에번스 박사가 허리 굽혀 인사하더니 다시 똑바로 서며 미소 지었다. 여왕은 문득 그가 얼마나 소년처럼 앳되고 맑은 표정을 짓는 사람인지, 또 그의 전문 분야를 감안할 때 얼마나 순수한 매력의 소유자인지 기억해 냈다. "알다마다. 안녕하십니까. 다시 만나 정말 반갑군요."

"다시 뵈어 영광입니다, 국왕 폐하."

"여기 찾아오는 길이 너무 번거롭지 않았다면 좋겠네요."

"그 반대입니다. 아주 즐거운 여정이었습니다. 특히나 이곳, 헨리에 올 수 있어서 좋네요. 정말 아름다운 집입니다, 헵번 부인."

"아, 헨리 씨. 어쩜 그리 매력이 넘치시는지." 피오나가 환히 웃었다. "스콘 좀 드세요."

세 사람은 다정하고도 우아하게 한담을 나눴다. 그동안 로지는 바로 옆 테이블에 앉아 자기 노트를 들여다보는 데 열중하는 척했다. 헨리 에번스는 자신이 교수로 재직 중인 샌드허스트의 왕립 육군 사관학교에서 여기까지 어떻게 왔는지 활기차게 이야기했다. 대체 왜 여기로 불려 온 걸까 고민하는 티는 조금도 드러내지 않았다. 로지는 그 평정심에 탄복했다. 전화보는 자세히 설명할 수가 없었다—로지가 장교 훈련을 받던 때 개인적으로 그의 강의를 얼마나 즐겁게 들었는지는 언급할 계제도 아니었고 말이다. 아무튼 그런 얘기야 오늘 모임과는 관련이 없으니, 로지는 그저 잠시 미소 지으며 인사 나눈 것만으로도 만족하고 떨어져 앉아 있었다.

잠시 뒤 레이디 헵번은 부엌일을 도우러 온 이웃 여인과 상의할 게 있다는 핑계를 대며 일어났고, 여왕과 에번스 박사만 자리에 남았다.

"자, 헨리 씨. 물어보고 싶은 게 있어요." 여왕이 지체 없이 말했다.

"네?"

"영국에서 일어난 러시아인들의 의문사. 한동안 그 주제로 연구해 오지 않았나요?"

"몇십 년 동안 연구해 왔습니다, 폐하."

"작년에 내게 제출한 보고서에 선생이 크게 기여했지요. 장관과 함께 궁에 들어왔던 걸로 기억하는데요."

"그렇습니다."

"그리고 선생은 러시아 정부가 여기 영국에 사는 적들을 버젓이 살해해 왔다고 믿는 거죠?"

"정확히 말하자면 러시아 정부는 아닙니다, 폐하. 구체적으로 푸틴과 그 협력자들이죠. 요즘 들어 푸틴은 국가 정부 자체를 상징한다고 볼 수도 있겠지만요. 죄다 좀 혼탁합니다."

"의문사 명단에 언론인도 포함되어 있나요?"

"BBC에서 일했던 마르코프뿐입니다. 그 사람은 불가리아 반체제 작가였고, 1978년에 우산에서 발사된 리친피마자에 들어 있는 독성이 있는 단백질 총알을 맞고 사망했습니다. 물론 푸틴이 집권하기 전이죠—하지만 그게 전례가 되었습니다."

여왕이 고개를 끄덕였다. "워털루 다리에서였지. 기억나네요."

"바로 그렇습니다, 폐하. 사실이라기엔 너무 존 르 카레「추운 나라에서 돌아온 스파이」 등 첩보 소설로 명성을 떨친 영국 작가(1931~2020) 소설 같을 정도죠."

여왕은 그 예시를 듣고 고개를 끄덕였다. 사람들은 여왕이 글을 안 읽을 거라고 생각한다—왜 그런지는 모를 일이다. 하지만 여왕은 대부분의 사람들이 평생을 들여서도 다 못 읽을 만한 분량을 한 달이면 읽었고, 그중에서도 탁월한 첩보물을 좋아했다. 에번스 박사는 여왕의 그런 면을 숱한 가신들보다도 더 잘 이해했다.

"그 이후로 얼마나 많은 사망자가 생겼죠?"

"영국 땅에서요? 대여섯 명 됩니다. 첫 번째는 2006년 리트비넨코였습니다. 그 사람은 전직 러시아 정보부 요원이었고, 폴로늄-210맹독성 방사능 물질. 리트비넨코는 이 물질이 들어간 녹차를 마시고 사망했다에 중독됐습니다. 끔찍한 일이죠."

"정말 그렇군요. 그런데 누구도 체포되거나 기소되지 않았지요. 그중 어느 사건도 말이에요."

"그렇습니다, 폐하." 박사가 동의했다. "리트비넨코 독살 혐의가 있는 요원을 러시아로부터 인도받으려 했던 때 이래로요."

"미국 측에서도 어찌나 분개하는지, 우리 쪽 사절을 만날 때면 그 이야기를 종종 꺼내곤 하지요."

에번스 박사는 쓴웃음을 지었다. "그쪽에서 증거를 제공해 준다면야 얼마든지 환영이지만요."

그가 차를 한 모금 마시는 동안 잠시 말이 끊겼다. 로지는 여왕이 찻주전자를 들고 상대방의 잔을 채워 주는 모습이 얼마나 자연스러워 보이는지 새삼 깨달았다. 여왕은 시중들어 줄 하인이 3백 명이나 되는 데다 사실상 군대까지 거느리고 있었지만, 그런 것치고는 놀랍도록 손이 야무진 사람이었다. (전직 군인인 로지도 잘 알고 있듯, 영국 군대는 정확히 말해 정부가 아니라 여왕 폐하께 진심을 다해 충성을 맹세했다.)

에번스 박사는 따뜻한 차를 한 모금 더 마신 뒤 말을 이었다. "푸틴이 요새 유능해졌거든요. 리트비넨코 때 엉성하게 실수한 뒤로는 모든 사망 사건에서 매우 노련한 솜씨가 엿보입니다. 그리고 보리스 베레좁스키의 경우는 자살인지 타살인지 여전히 의문이 남아 있는데요."

"선생은 어떻게 생각하나요?"

"아, 확실히 타살이죠. 얼굴색과 부러진 갈빗대, 끈이 묶인 모양을 보건대……. 하지만 물론 저쪽 주장대로, 문이 잠긴 화장실 안에서 사망자가 발견된 데다 평소 우울증을 앓았다는 명백한 증거도 있다며 반박할 수도 있겠죠. 베레좁스키 사망 사건은 까다로운 문제입니다. 푸틴의 비판 세력 중에서 베레좁스키는 세간의 이목을 가장 많이 끌었고, 아브라모비치와의 소송으로 파산하기 전까지는 가장 부유한 사람이었죠. 또 분명 푸틴이 가장 주시하던 인물이기도 했습니다. 제가 말씀드릴 수 있는 부분은 만약 그 사건이 정말 자살로 조작된 거라면, 누가 그렇게 위장해 놓았든 기막히게 잘 처리했다는 것 정도입니다. 그 밖의 사건들은 모스크바의 소행이라고 지목하기가 더욱 어려웠고요."

"계속 이야기해 주세요."

"음, 4년 전 페레필리치니는 야외에서 달리던 중에 심장 마비로 사망했습니다. 체내에서 미량의 독극물이 검출됐지만, 어쩌다 그렇게 된 건지 도무지 증거를 찾을 수 없었죠. 같은 해 메이페어에서 고르분초프 암살 미수 사건이 일어났는데요. 이 경우 피해자가 살아남았지만, 암살 미수범은 그대로 도주했습니다. 또 스콧 영은—베레좁스키와 관련이 있는 인물이었는데—우울증을 앓던 중 뾰족한 철책에 떨어져 사망했습니다. 러시아의 개입을 의심하지 않는다는 얘기는 아니고요. 다만 우리가 나설 만한 명백한 증거도 없이 외교 전쟁을 불러일으키고 싶지 않다는 것이죠."

"물론 그렇겠지요. 다들 자기 집이나 공공장소에서 사망했나요?"

"네."

"모두 모스크바 쪽 인사들과 긴밀하게 관련이 있었고요? 선생이 작성한 보고서에 그렇게 적혀 있었던 것 같은데요."

"물론입니다."

"그럼, 모스크바에서 순전히 메시지를 전달하기 위해서 살인 사건을 일으킨다는 의견에 대해서는 어떻게 생각하시나요?"

"어떤 메시지 말입니까?"

"그저 자기네가 이런 일까지도 벌일 수 있다고 선언하는 거라면? 긴밀한 관련도 없는 사람을 표적으로 삼아서 말이에요. 말하자면, 엉뚱한 곳에서 엉뚱한 사람을 살해한달까요."

헨리 에번스는 그 문제를 고민하며 묵묵히 청회색 구름을 응시했다. 구름의 윤곽선은 그 아래서 굽이치는 주목나무와 닮은꼴을 하고 있었다. 그는 맨체스터에서 고등학교에 다니던 시절 처음 관심을 기울인 이래로 20년간 연구해 온 문제, 즉 한때는 철의 장막^{제2차 세계 대전 이후 소련 진영 국가들이 보인 폐쇄성을 비판하는 표현} 뒤에서, 이후 이곳 영국에서도 일어난 여러 의문사에 대해 찬찬히 숙고해 보았다.

"푸틴의 스타일은 아닙니다." 마침내 그가 말했다. "비슷한 사례가 마땅히 떠오르지 않네요. 뭔가 염두에 둔 사건이라도 있으신지요?"

여왕은 그의 질문을 무시했다. "러시아에서 방침을 바꿨다고 생각해 보세요. 누군지가 중요한 게 아니라, 어딘지가 문제라고 말이에요."

에번스 박사가 이맛살을 찌푸렸다. "무슨 뜻인지 잘 모르겠습니다."

여왕은 최대한 객관적으로 개빈 험프리스의 관점을 전하려고 노력했다. "그쪽에서 과거에는 독극물을 이용하지 않았나요? 가끔은 자기네 소행임을 분명히 드러내려는 듯이 희귀한 방사성 독극물을 쓰기도 했죠. 심지어 법의 심판도 받지 않으면서 말이에요."

"맞습니다. 하지만 그건 보복을 위해서였습니다. 특정 행위를 한 개개인에게 보복을 가하고, 그 같은 행동을 하지 말라는 메시지를 다른 사람들에게 전달하기 위해서 말입니다. 중요한 게 단지 장소뿐이라면 어떻게 돌아가는 건지 잘 모르겠습니다." 그는 여왕이 내놓은 추리에 여전히 곤혹스러운 듯했다.

"만약 그 장소가 아주…… 특수하다면 어떨까요? 자기네가 마음먹으면 얼마나 후안무치해질 수 있는지 보여 주도록 설계된 범죄라면?"

"그게…… 저는……." 에번스 박사는 낙담하여 말을 흐렸다. 진정으로 국왕을 지지하고, 그분의 논지를 이해하고, 가능하면 그에 동의하고 싶었건만. 그가 알기로 국왕 폐하는 결코 이런 이야기를 늘어놓을 분이 아니었다. 다른 자리에서라면 단호히 '개소리'라 치부될 이야기 말이다. 그래서 여왕이 주장하는 바를 듣고 크게 놀랄 수밖에 없었다. 장소를 기준으로 삼아 암살한다는 얘기는 들어 본 적도 없는데? 대체 무슨 말씀을 하시는 거지?

"선생은 리트비넨코를 살해한 수법이 엉성했다고 했지요." 여왕이 덧붙였다. "요원들이 항상 전문가답게 처신하지는 못할 텐데요. 가끔 공황 상태에 빠지기도 하나요? 그런 경우도 접해 본 적 있으신가요?"

에번스 박사는 다시금 여왕을 바라보며 무례하게 보이지 않으려 애썼다. "공황 상태라고 하셨습니까, 폐하?"

"그래요. 베레좁스키 사건도요. 끈이 묶인 모양에 문제가 있었다고 하셨잖아요."

"음, 분명 모양이 잘못됐죠. 목이 매달렸을 때는 V자일 거라 예상하기 마련인데, 그땐 원형이었거든요. 하지만 누구 소행이든─그들이 벌인 짓이 맞는다면 말이지만, 용케도 화장실 문을 안쪽에서 잠가 두었습니다. 딱히 공황 상태에 빠진 기미는 없다고 보는데……."

"그럼 리트비넨코는?"

"그 경우도 범인들이 공황에 빠졌다고 볼 순 없습니다, 폐하. 범인들은 호텔 찻집에서 리트비넨코에게 냉혹하게 독을 먹인 후 현장을 빠져나갔습니다." 박사가 어깨를 으쓱했다. "그보다 일찍, 영국에 오기 전 독일 호텔에 방사성 물질 흔적을 남긴 데서 엉성한 부분이 드러났던 거고요. 아마 그런 물질이 얼마나 쉽게 추적되는지 잘 몰랐을 겁니다. 일반적으로 무기 훈련 과정에 폴로늄까지 포함시키지는 않으니……." 그는 자기가 여왕의 주장에 또다시 차근차근 반증을 내놓고 있음을 깨달았다. 이래서야 예의 바른 태도라고 보기 힘들었다. 그리하여 여전히 곤혹스러워하며 또 한 번 말끝을 흐렸다.

"고마워요." 여왕이 이렇게 말하자 박사는 더더욱 혼란스러워졌다.

"죄송합니다, 폐하. 아무래도 제가 별 도움이—"

"정말 큰 도움이 되었어요, 에번스 박사."

"정말로 저는 아무런—"

"선생이 생각하는 것 이상으로 도움이 됐답니다. 부탁 하나만 해도 될지요……?"

"물론입니다."

"음, 이렇게 다시 만나서 무척 반가웠어요. 하지만 아주 민감한 사안이라서 말인데, 선생이 내 부탁을 들어준다면 대단히 고마울 겁니다. 혹시 오늘 일에 대해 질문을 받는다면……"

여왕이 적절한 표현을 신중히 고르느라 잠시 고민하는 사이, 에번스 박사가 얼른 끼어들었다. "아무 일도 없었던 겁니다, 폐하."

"고마워요."

"저는 오늘 이 자리에 없었습니다."

"정말 사려 깊으시군요." 여왕은 고개를 끄덕이며 고마움을 담아 미소 지었다. 가까이 앉아 있던 로지는 두 사람 사이에 암묵적 합의가 오가는 분위기를 감지했다. 경험상 로지도 이 무언의 교감에 어떤 의미가 담겼는지 해석할 수 있었다. 헨리는 누구에게 질문을 받든 굳세 함구하리라. 육군 사관학교 교장도, MI5나 MI6

의 연락책들도 그의 입을 열 수 없을 터였다. 이 대화는 전적으로 내밀한 것이었다.

잠시 동안 로지는 어째서 에번스 박사가 이다지도 쉽게 무언의 협정을 맺을 수 있는 건지 의아해했다. 로지 자신은 더 골치 아픈 문제로 받아들였는데 말이다. 하지만 곰곰이 생각해 보니 자신의 경우는 실제로 사정이 더 복잡했다. 헨리 에번스는 단순히 여왕에게 온전한 충성을 바치면 되는 문제였다. 하지만 로지는 여왕의 심복인 사이먼 경에게 이 대화를 숨겨야—필요하다면 거짓말까지 해야—했고, 그 때문에 비밀 엄수를 해야 하는 상황이 너무도 기묘하고 불편했다. 로지는 여왕이 사이먼 경을 불신해서 이렇게 행동하는 건 아니라고 확신했다. 두 사람이 오래 함께해 오며 따스한 관계를 맺고 있다는 사실은 로지도 두 눈으로 확인했으므로. 이건 다른 문제였다……. 대체 뭘까? 로지는 알 수 없었다.

때마침 무슨 텔레파시라도 통한 것처럼 레이디 헵번이 따끈한 찻주전자와 커피, 아침에 직접 구운 호두 케이크를 들고 돌아왔다. 화제는 영국이 크리켓 월드컵에서 선전하고 있다는 얘기로 넘어갔다. 지금껏 완전히 스스로의 문제에만 집중하는 듯했던 여왕은 이제 자기 친구의 이야기에도 귀를 기울였다. 마치 어깨를 묵직하게 짓누르던 뜻밖의 짐에서 홀가분히 벗어난 듯, 확연히 생기 넘치는 모습이었다.

"제 화분들 좀 보실래요?" 피오나가 제안했다. "세라 레이븐엥

국의 원예가이자 작가에게 예쁜 수선화들을 받아 왔는데 아주 잘 자라고 있거든요."

퍼디와 패치라는 골든레트리버 두 마리도 화단까지 테라스 계단을 달려 내려와 일동에 합류했다. 아내와 어머니가 정원 가꾸기를 좋아했기에, 헨리 에번스는 '라자냐'처럼 층층이 씨앗을 심는 방법에 놀랄 만큼 관심을 기울였다. 고작 몇 걸음만 발을 떼도 발코니에 둔 토마토 묘목을 밟아 죽일 정도였던 어머니 밑에서 자란 로지는 그쪽 방면에 별 관심이 없었다. 하지만 레이디 헵번이 갑자기 여왕을 보고 방긋 미소 지으며 화제를 바꾸었기에 로지도 퍼뜩 정신을 차렸다.

"월요일 저녁에 즐거운 시간을 보내셨다고 들었어요."

"으응?" 여왕은 놀란 듯했다.

"캐럴라인이 전해 주더라고요. 벤의 추도식에 관해 얘기할 게 있어서 전화 통화를 했거든요. 세상에, 참, 그리고 보니까— 그 젊은이도 있었겠네요. 뭐라더라…… 심장 마비였나요? 행사 다음 날에? '만찬과 숙박' 행사와는 무관한 일이었으면 좋겠어요. 설마 내빈은 아니었겠지요? 폐하와 아는 사이도 아닐 테고요."

"아니, 아니지." 여왕은 조심스럽게 말했다. 친구는 정보를 캐내려는 게 아니라, 그저 본의 아니게 말실수를 하지 않으려 애쓰고 있을 뿐이었다—안타깝게도 실언이 되고 말았지만. 그러나 브로드스키라는 젊은이가 초대 손님이 아니었던 것만큼은 엄연한 사실이었다. 또한 여왕이 그 남자를 안다고 말하기도 애매했다.

정확히 따지자면 말이다.

"아아, 정말 다행이에요. 요즘엔 건장한 젊은이들도 아무 이유 없이 죽는 것 같아서 참 무서워요. 그게 아니라도 뜻밖의 심장 질환이니 뭐니 별일이 다 있잖아요. 아마 늘 그래 왔는데 전에는 그런 얘기를 많이 듣지 못했던 것뿐인지도 모르죠. 어쨌든, 좀 더 밝은 얘기로 돌아가면, 캐럴라인 말로는 그날 저녁 파티가 대성공이었다던데요. 저녁 만찬 후에 한바탕 신나게 춤을 췄다고요. 멋들어지게 춤추는 건 정말 즐거운 일이에요. 그렇지 않아요? 마지막으로 제대로 춤춰 본 게 언제였는지 잘 기억도 안 나네요. 듣자 하니 바로 그 섹시한 러시아 청년이 거기 있던 여자들 모두와 춤을 췄다던데요."

"그랬지."

"폐하와도 짝을 맞췄나요?"

"사실 그랬어."

"우와, 굉장하네요! 캐럴라인 말대로 그 청년이 그렇게 춤을 잘 추던가요?"

"음⋯⋯." 여왕은 시녀가 얼마나 호들갑스럽게 과장을 보태 설명했을지 궁금했다.

"하! 폐하의 표정을 보니 정말이라는 걸 알겠네요. 그러고서 청년이 그 여자의 마음을 확 사로잡아 버린 거군요."

"어떤 여자?" 여왕이 물었다. "발레리나와 춤을 췄던 걸로 기억하는데."

"캐럴라인한테 듣기론 발레리나 두 명과 춤을 췄다네요. 완벽한 춤사위로—〈스트릭틀리BBC의 춤 경연 프로그램〉의 한 장면처럼 말이에요. 하지만 그다음에 '만찬과 숙박'에 초청된 숙녀 한 명과 만나 정말 *미친* 듯 춤을 췄대요. 폐하께서 주무시러 간 다음에 일어난 일이었을지도 몰라요. 캐럴라인은 그걸 정확히 춤이라 부를 수 있을지 모르겠대요. 탱고를 추긴 했는데, 둘 사이에 뭔가 있었던 거죠. 전기가 통하듯 짜릿한 느낌이랄지." 레이디 헵번은 손목을 빙글 돌리더니 손가락을 펼쳤다. "너무 내밀해서 지켜보고 있기도 민망할 정도로요. 폰테인과 누레예프발레 역사상 최고의 콤비로 불리는 무용수들. 폰테인은 발레리나로서의 전성기가 지나 은퇴를 결심했던 시점에 19세 연하인 누레예프와 호흡을 맞추며 20년 이상 새로이 전성기를 구가했다처럼."

"에이, 그건 아니지!" 여왕이 비웃었다.

"뭐, 대강은요. 생각해 보니 캐럴라인이 누레예프 운운하진 않은 것도 같은데, 제가 상상하기론 그런 모습이라니까요."

"자네 상상력은 늘 나를 놀라게 해, 피오나. 봐, 딱한 에번스 씨가 귓불까지 새빨개졌네."

헨리는 허둥대며 부정하려 했지만 허사였다.

"요즘 제게 기운을 불어넣어 주는 건 공상밖에 없어요." 피오나가 힘주어 말했다. "정원 꾸미는 일이랑요. 매력적인 학자들이 찾아와 주는 것도 빼놓을 수 없겠네요. 또 들르겠다고 말해 주세요, 헨리 씨. 언제든 환영이랍니다."

"감사합니다, 헵번 부인."

"이제 가야겠군."

여왕이 로지에게 말했다. 로지는 시계를 흘끗 보고 여기 온 뒤로 정확히 한 시간이 지났다는 사실을 깨달았다. 로지가 이제껏 지켜본 바, 보스는 단 한 번도 시계를 확인하는 모습을 내보인 적이 없었다. 그럼에도 여왕의 시간 엄수 능력은 가히 전설적이었다.

"차를 불러오겠습니다, 폐하." 로지가 대답했다. 곧 그들은 차에 올라 윈저성으로 향했다. 여왕은 벤틀리 뒷좌석에 꼿꼿이 앉아 무릎에 두 손을 가지런히 얹었다. 그리고 감은 눈꺼풀을 파르르 떨며 정석대로 짧고 개운한 낮잠을 청했다.

7장

아침에 상자들을 들고 온 사이먼 경은 기분이 좋아 보였다.

"이 소식 들으시면 흡족하실 겁니다, 폐하. 수사 팀이 오늘이나 내일 사이에 직원 대면 조사를 끝낸다고 합니다."

"정말 좋은 소식이군. 이제 수사 방향을 바꾸는 건가?"

"그런 건 아닙니다, 폐하. 보아하니 그날 밤 성에서 묵었던 인원 가운데 러시아와 뜻밖의 연결 고리가 있는 직원 두 명이 적발된 모양입니다. 어떤 면에서는 이런 일이 일어난 게 행운입니다. 물론 억울하게 희생된 브로드스키에게는 비극적인 일이죠. 하지만 저들이 때를 노려 무슨 대참사를 일으켰을지 모를 일이니까요."

"저런. 어떤 직원들이지?"

사이먼 경이 수첩을 들여다보았다.

"시종 알렉산더 로버트슨과 애덤 도시-존스라는 기록 보관인입니다. 둘 다 버킹엄 궁전에 근무하지만 샌디 로버트슨은 부활절 기간 동안 폐하와 함께 여기 머물고 있습니다. 애덤 도시-존스는 장서를 참고하기 위해 라운드 타워에 방문한 참이었고요. 그 사람은 조지 왕조 시대 기록물을 디지털화하는 작업을 하고 있거든요. 제 기억엔 5년 전에 합류한 직원 같은데요. 원하시면 제가 정확히 확인해 보겠습니다."

"그래 주게."

"예, 폐하." 그가 재빨리 메모하고 말을 이었다. "경찰이 알리바이를 확인하고 '박스'가 신원 조사를 더 자세히 해 보는 동안 두 직원을 직위 해제하고 장기 휴가로 처리했습니다. 그 밖에도 수사 팀이 심문하고 싶어 하는 사람들이 몇 명 더 있습니다. 그저 만전을 기하기 위해서지요. 하지만 험프리스 씨는 범인을 잡았다고 거의 확신하고 있습니다."

"샌디는 아냐!" 여왕은 화가 치밀어 소리쳤다. "샌디를 잘 알잖나, 사이먼. 샌디의 아버지는 밸모럴에서 안내인 일까지 했던 사람이야. 앤드루가 어렸을 때부터 우리와 함께해 온 가족이라고."

"그렇습니다, 폐하. 하지만 바로 그 점 때문에 이상적인 표적이 됐을지도 모르죠. 보아하니 로버트슨의 아내는 오랫동안 몹시 아팠나 봅니다. 병원비가 어마어마했다네요."

"건강 보험은 어쩌고?"

"아마 그래서 외국에 나간 것 같기도 하고요. 잘 모르겠습니다. 험프리스 국장이 보여 준 보고서에서 확인할 수 있는 내용은 그게 다입니다. 아직은 개략적인 수준이거든요. 그리고 애덤 도시-존스는……" 그는 다시 수첩을 들여다보았다. "……대학에서 역사와 러시아어를 전공했고, 애덤과 동거하는 파트너는 러시아 미술품을 매매한다는군요."

"그렇군."

"애덤 도시-존스는 편지 몇 점을 살펴보러 윈저성에 오겠다고 막판에 갑자기 요청했습니다. 그래서 저들이 페이롭스키 일행에 브로드스키가 포함되어 있다는 정보를 파악한 다음에 도시-존스에게 원저로 이동하라는 지령을 내렸을지도 모른다는 가설이 나온 거죠."

"'저들'이라는 게 러시아 배후 세력인가?"

"그렇습니다. 폐하."

"그 직원이 5년 전에 합류했다고 했지?"

"맞습니다."

"5년이라." 여왕이 생각에 잠겨 중얼거렸다. "사이먼, 무명의 웹 사이트를 운영하는 젊은 음악가가 그렇게 장기적으로 계획한 음모의 표적이 된다는 게 좀 이상하다는 생각 안 드나?"

사이먼 경은 여왕의 지적에 대해 몇 초 정도 숙고해 본 뒤 대답했다.

"저야 뭐라 판단할 수 있는 입장이 못 됩니다, 폐하. '박스'는 이 문제를 어떻게 풀어 나가야 할지 제대로 알고 있지요. 우리에겐 러시아식 외교술에 정통한 세계 최고의 전문가들이 있습니다."

"그래. 그런데 험프리스 씨가 그 전문가들과 *상의*하고 있나?"

"물론 그럴 거라고 봅니다, 폐하. 만약 성내에 외부의 적이 있다면, 험프리스 국장은 무슨 수를 써서라도 그자를 찾아낼 겁니다."

사이먼 경은 국왕을 안심시키기 위해 최선을 다했지만 내내 완고한 저항에 부딪히고 말았다. 여왕이 얼마나 자기 사람들에게 충실한지 고려하면 이해할 만도 했다. 반역죄가 이토록 가까이에

도사릴 수 있다는 사실을 깨달으면 분명 충격을 받으리라—솔직히 예전에야 빈번한 일이었지만. 사이먼 경은 열성적인 사학자였기에, 어떤 간악한 신하들이 이 나라를 주름잡았는지 시대를 통틀어 스무 명쯤은 단숨에 읊을 수 있었다. 여왕이 안전하다고 느끼는 이유는 사이먼 경처럼 자신을 섬기고 보호해 줄 사람들을 곁에 둔 덕분이었다.

새삼 그는 여왕이 얼마나 연약해 보이는지 실감했다. 마치 깨지기 쉬운 도자기 같았다. 여왕 폐하를 지키기 위해서라면 그는 기꺼이 목숨을 바칠 터였다. 분명 개빈 험프리스도 같은 마음이리라.

그 뒤 사이먼 경은 앞으로 종복을 들일 때 어떻게 하면 더 종합적으로 신원을 조사할 수 있을지 5분에 걸쳐 새로운 계획을 설명했다. 열이 오른 채로, 뭐랄까 그들 앞에 진창이라도 나타나 주길 바랄 지경이었다. 그 위에 자기 재킷을 벗어서 깔아 드릴 수 있도록 말이다(새빌 로고급 맞춤 양복점들이 모여 있는 런던 거리에서 맞춘 재킷이면 되려나?). 하지만 그는 여왕이 듣는 둥 마는 둥 하고 있음을 느낄 수 있었다. 안심은커녕 여왕의 얼굴엔 암담한 기색이 역력했다.

"로지더러 이리 와서 서류를 가져가라고 해 주겠나?" 여왕이 명했다. "그리 오래 걸리지 않을 거야."

"언제든 제가 와도 되는데—"

"자네가 얼마나 바쁜지는 잘 아네, 사이먼. 로지가 처리해 줄 거야."

"예, 폐하."

드디어 혼자 남은 여왕은 거실 창밖을 내다보았다. 옅은 파란색 하늘 아래로 착륙장에 선 비행기 한 대가 보였다. 그녀는 몹시화나고 낙담했다. 몇십 년 전이었다면 자신의 무력함을 탓했을지도 모른다. 하지만 이제는 그러지 않았다. 여왕은 경험으로 배웠다. 언제나 옳은 일을 할 수는 없지만, 적어도 노력은 해 볼 수 있지.

로지는 심장이 갈빗대를 때리는 듯 쿵쾅대는 느낌에 점점 익숙해져 갔다. 이제 어둑어둑해질 무렵이었다. 지금은 미니 쿠페 앞유리를 두드리는 빗방울 너머를 응시하며 '킹스클리어'라 적힌 표지판을 찾고 있었다. 그러면서 지금 하려는 일이 인생 최대의 실수가 되지 않길 간절히 기원했다.

그녀는 사이먼 경에게 어머니 핑계를 댔다. 런던 아파트에서가족들과 함께 지내는 어머니가 침대에서 떨어져 엉덩이뼈를 다쳤다고 말이다. 사이먼 경은 아주 배려심 깊고 인자한 태도로, 어서 병원으로 달려가 뭐든 필요한 조치를 취하라고 했다. 서둘러돌아올 생각은 안 해도 된다는 말도 덧붙였다. 왕실에서 통용되는 의미로는 스물네 시간쯤 개인 용무를 봐도 좋다는 얘기였다.

로지의 어머니는 여전히 라고스에 남아 여기저기 퍼져 있는 형제자매의 집을 두루 들르는 중이었고, 다친 데 없이 아주 팔팔했다. 마음 한구석에는 혹시 사이먼 경이 지난 며칠간의 갖가지 비행 편을 확인하고 이 사실을 알아채지 않을까 하는 걱정도 들었다. 로지는 그렇게 강박적으로 굴지 말라고 스스로를 얼른 꾸짖었다. 사이먼 경은 훌륭한 사람이었고 여러모로 이상적인 상관이었다. 상관을 설득하려고 상습적으로 거짓말을 지어낸 건 로지인데, 사이먼 경에게 무슨 잘못이 있겠는가. 하지만 더 이상은 무리였다. 적어도 자기가 왜 이런 일을 하고 있는지 정도는 알아야만 했다.

오늘 아침 여왕은 러시아 청년과 아주 친밀하게 춤을 추었던 여자가 누군지 레이디 캐럴라인에게 물어보라고 지시했다. 로지는 '만찬과 숙박' 행사가 있던 밤에 대해 더 상세히 알아보기 위해 내일 두 건의 대면 일정을 잡아 놓았다. 그리고 사이먼 경에게는 이 모든 일을 함구했다.

오만 가지 생각이 다 들었다. 보스가 무슨 일을 꾸미고 있었다. 이런 임무는 왕실 기마 포병대에서 고작 3년 복무했을 뿐인 전직 은행원에게 맡길 게 아니라, 마땅히 전문가들의 손에 일임해야 하지 않을까? 여왕은 MI5와 런던 경찰청 전원에게 명을 내릴 수 있었다. 아니면 총리라든지. 내밀하게 유지하는 쪽이 좋다면 사이먼 경이나 시종무관에게 맡길 수도 있었다.

그런데 왜 하필 나지?

문득 몇 달 전 인수인계를 받던 때 전임자가 툭 던졌던 말이 기억났다. 자세한 사정은 알려진 바 없지만, 케이티 브리그스는 5년 동안 보조 비서로 일하다 정신 건강 문제가 심각해져 물러나게 됐다. 로지는 케이티의 사생활이 쭉 보호되었다는 점, 사이먼 경과 여왕이 그녀에 대해 늘 자애롭게 이야기한다는 점, 또 그녀가 회복하는 동안 주거 문제로 스트레스 받을 일 없도록 왕실에서 샌드링엄에 조용히 거처를 마련해 주었다는 점에 탄복했다. 인수인계 마지막 날 잠시 단둘만 남았을 때 케이티는 말했다.

"언젠가 그분이 로지 씨에게 뭔가 이상한 일을 부탁할 거예요. 뭐, *매일매일*이 이상하긴 하지만 그건 차차 익숙해질 텐데, 어느 날엔가 이건 진짜 이상하다 싶은 일이 생길 거란 얘기예요. 나중에 로지 씨도 알게 될 거예요."

"어떻게 이상한데요?"

"그냥 알게 될 거예요. 내 말 믿어요. 그리고 그때가 오면 에일린 재거드에게 가 봐요. 내 전임자였거든요. 주소록에 정보가 있을 거예요. 에일린이 나한테 전부 다 설명해 줬는데, 로지 씨에게도 설명해 줄 거예요."

"이해가 안 돼요. 지금 얘기해 주시면 안 될까요?"

"안 돼요. 나도 똑같은 부탁을 했었죠. 그분이 직접 시작하셔야만 하는 일이에요. 보스 말이에요. 그날이 오면, 에일린을 찾아가요. 가능하면 직접 만나 봐요. 그냥 '그 일이 일어났어요'라고만 말하면 알아들을 거예요."

그 순간 사이먼 경이 점심 식사를 함께하자고 나타나는 바람에 둘의 대화가 끊겼고, 케이티는 방금 전까지 일정 입력 시스템에 대해 얘기하고 있던 것처럼 철저히 연기했다. 뭔지는 몰라도 사이먼 경과는 무관한 일인 게 분명했다.

유리창 밖으로 빗줄기가 더 세차게 떨어지며 차 보닛에 튕겨 나갔다. 저 앞에 로지가 찾고 있던 표지판이 헤드라이트에 언뜻 잡혔다. 본능적인 위치 감각으로는 분기점이 있을 리 없는 곳이었는데, 실제로는 뜻밖에도 갈림길이 나타났다. 로지는 대로를 벗어나 가로등 없는 좁은 길로 달렸다. 완만한 언덕을 오르자 킹스클리어 마을 주택가에 다다랐다. 에일린의 아담한 주택은 중심가 중간쯤에 있었고, 땅딸막한 교회 석탑이 보이는 위치였다. 로지는 교회 맞은편에 차를 대고 걸어 돌아가다, 자신이 받은 주소가 미술관이라는 사실을 깨닫고 깜짝 놀랐다. 오래된 조지 왕조풍 창문을 들여다보니 안쪽 레이스 커튼 틈으로 산뜻한 흰색 벽에 걸린 현대 회화 몇 점이 언뜻언뜻 보였다. 로지는 초인종을 누르고 기다렸다.

"아, 오셨군요."

문을 열어 준 여자는 키가 크고 아주 날씬했으며, 위키백과에는 67세라 적혀 있었지만 그보다 훨씬 더 젊어 보였다. 부분 염색한 머리는 부스스하게 쪽을 져서 젓가락으로 고정시켰고, 헐렁한 티셔츠와 캐시미어 요가복처럼 보이는 바지를 입고 있었다. 맨얼굴에 맨발이라는 점도 눈에 띄었다.

"제가 괜히 귀찮게 시간 빼앗는 게 아니라면 좋겠네요." 물론 귀찮으리란 점은 알지만, 로지는 예의를 차려 말했다.

"아뇨, 만나서 반가워요. 들어와서 저랑 와인이나 한잔해요. 여기까지 운전해서 왔으니 술 한 잔이 간절할 텐데. 그래, 당신이 신입이군요. 어디 좀 봅시다."

로지는 나이 든 여자가 잠시 가만히 서서 자신을 살펴볼 동안 좁다란 복도에 서 있었다. 상대는 조용히 미소 지으며 로지의 전신을 훑어보았다. 날카롭게 자른 단발부터 말끔한 눈썹, 음영을 넣어 입체감을 살린 메이크업, 펜슬 스커트와 딱 달라붙는 재킷에 감싸인 탄탄한 몸, 날렵한 하이힐까지.

"나 때랑은 많이 달라졌네." 에일린이 여전히 미소 지으며 말했다.

"더 좋은 쪽으로요?" 로지는 도전적인 기미가 다분히 담긴 목소리로 받아쳤다.

이미 캄캄한 빗길을 뚫고 한참 운전해 온 데다, 기득권층의 은은한 인종 차별만큼은 절대 원치 않았으니까—솔직히 여왕의 비서실에서는 이런 일을 겪는 경우가 거의 없었다. 《데일리메일》이나 《익스프레스》는 여왕의 '개성 있는 새 보좌진'의 '이국적인 외모'를 지적하는 데 공들인 기사를 두어 편 내보냈다. 왕실에서 지내는 사이, 자신을 보며 깜짝 놀라 기묘하게 치켜뜨는 눈썹이라든지 과장되게 정중한 태도 같은 데는 익숙해졌다. 하지만 꽉 끼는 치마를 입으면 빠른 걸음으로 걷기 힘들 수 있다고(사실 전혀 문제없었다) 사이먼 경이 지적했던 것 말고는 비서실의 그 누구도 로지의 외모에 대해 언급하지 않았다. 이렇게 노골적으로 빈가 꼬집은 건 에일린이 처음이었다.

"확실히 더 좋은 쪽으로요." 나이 든 전임자가 동의했다. "들어와요. 구두 신었으니 계단 조심히 올라오세요—매트에 걸리지만 않으면 돼요. 나는 가게 위층에 살아요. 진짜 웃기지 뭐예요, 폐하께서 딱 그렇게 말하곤 했는데. 자, 여기예요."

두 사람은 조명이 은은한 방에 다다랐다. 흰색과 크림색 가구를 들여놓은 기다란 방에 아래층과 같은 종류의 그림들이 걸려 있었다. 텔레비전 화면엔 넷플릭스가 떠 있었는데 소리는 꺼 둔 상태였다. 에일린은 한쪽 구석의 작은 부엌으로 조용히 걸어가더니, 묻지도 않고 레드와인 한 병의 3분의 1쯤을 커다란 잔에 부은 다음 로지에게 건네주었다.

"아까 말한 것처럼 이젠 많은 게 달라졌어요. 내 생각엔, 진작 좀 바뀌어야 했고요. 그나저나 일은 좀 어때요?"

"지금까지는 괜찮았어요. 사실 아주 좋았죠. 그런데 갑자기 상황이 복잡해졌어요. 케이티 씨가 '그 일이 일어났다'고만 말하라던데요."

에일린이 눈썹을 치켜올렸다.

"전부 다 얘기해 봐요." 그리고 물컹물컹한 크림색 소파 한구석을 가리키더니, 자신은 근처 바닥에 다리를 꼬고 앉아 와인을 홀짝였다.

"제가 어디까지 얘기할 수 있을지 잘 모르겠네요."

"자, 나는 아주 오래전에 왕실에 들어가서 10년 넘게 일했던 사람이에요. 어느 궁에서 일어난 일이든지 하나도 빠짐없이 다 알죠. 스캔들이든 이혼이든 말 못할 참사든. 그리고 다른 부분에 대해서도 알아요. 그분이 사이먼 경에게 말하지 않는 것들 말이에요. 지금 어떤 사건을 조사 중이신 거죠?"

"그분이…… 뭐라고요?"

에일린이 씩 웃었다. 그리고 도리토스와 과카몰리를 먹음직스레 차려 놓은 사이드 테이블을 가리켰다. 로지는 문득 자기가 얼마나 배고픈지 깨달았다. "어서 드세요. 그분이 로지 씨에게 무슨 일을 좀 캐내라고 시켰기 때문에 날 찾아온 거죠. 맞죠?"

로지는 혀에서 살살 녹는 듯한 아보카도와 도리토스를 입속 한가득 넣은 채 고개를 끄덕였다.

"아무에게도 말하면 안 되는 거야 대강 알지만 뭔가 심각하게 잘못됐다는 기분이 들죠?"

로지는 다시 고개를 끄덕였다.

"윈저성에서 죽은 청년 때문인가?"

로지가 음식을 꿀꺽 삼켰다. "어떻게 아셨어요?"

"사실 그 문제는 아니길 바랐는데." 에일린이 메를로 와인을 쭉 들이켜고 말했다. "뉴스를 보니 심장 마비였다고 짤막하게 나오길래 정말 그런 거면 좋겠다고 생각했거든요. 하지만 로지 씨가 어제 전화했을 때……"

"그 남자는 자연히 사망한 게 아니었어요."

"에잇! 하필 윈저성에서!"

"'하필' 윈저성이라니, 왜요?"

"그분이 가장 좋아하시는 곳이니까요. 경찰은 어쩌고 있나요?"

"경찰이 많이 나서는 것 같진 않아요. 주로 MI5가—. 저기요, 우리가 정말로 이런 얘기를 나눠도 된다고 보세요?"

에일린은 동정 어린 눈길로 로지를 바라보며 어깨를 으쓱했다. "당신이 나한테 전화했잖아요. 우리는 지금 도청당하고 있지 않아요. 케이티가 당신에게 뭔가 이상한 일이 일어날 거라고 경고했었죠?"

"네."

"그 일이 실제로 일어나서 여기 찾아온 거고요. 나를 믿어 볼지 말지는 로지 씨가 결정해야 해요. 하지만 나랑 당신은 같은 입장이라는 거 잊지 말아요. 우리가 서로를 못 믿는다면, 또 누가 있죠?"

이에 대해서라면 로지도 이미 고민해 보았다. 이제 그녀는 공직자 비밀 엄수법만 떠올리면 늘 몰려오는 공포감을 가라앉히고 심호흡을 했다.

"MI5 수장은 푸틴이 암살 명령을 내린 거라 생각하지만, 폐하께서는 완전히 다른 방향으로 가고 계세요. 희생자는 '만찬과 숙박' 내빈의 수행인이었는데요. 폐하께서는 제게 다른 내빈 한두 명과 이야기해 보라고 하시네요."

"'박스'는요?"

"그쪽에서는 왕실 직원을 의심하고 있어요. 잠복 요원의 소행

일 거라고요."

"세상에, 그분이 진절머리 내실 텐데!"

"그러신 것 같아요."

"잠깐만, 내가 맞혀 볼게요. 사이먼은 그런 가설을 듣고도 아무렇지 않죠?"

"네, 괜찮으신 것 같아요. 물론 직원들 모두와 면담 일정을 잡아야 한다는 건 악몽 같은 일이고, 궁전 분위기도 끔찍하고, 여러 모로 참 착잡한 상황이지만, 사이먼 경은 어떻게든 진행해 나가고 계세요."

"그렇겠지." 에일린이 좀 단정적인 말투로 대꾸했다.

로지는 갈피를 잡을 수 없었다. "그러니까— 맞아요. 당연한 일 아닌가요?"

에일린은 잠시 와인 잔을 물끄러미 응시했다. "나도 정확히는 몰라요. 하지만 이건 알죠. 현재 수사 방향이 좋지 않다는 게 보스의 판단이라면, 실제로 그럴 가능성이 높다는 것. 그분이 뭔가 직접 시험해 보셨나요?"

"음…… 그게, 네, 그러셨어요."

이제야 헨리 에번스와 왜 만났던 건지 이해가 갔다. 로지는 에일린에게 그날 일을 설명해 주었다.

"폐하께서는 그 문제를 오랫동안 연구해 온 학자를 만나 보셨어요. 윈저성에서 일어난 사망 사건은 전혀 러시아 쪽 패턴에 들어맞지 않는 것 같았어요. 희생자는 대중의 이목을 끄는 사람도 아니고 유력한 연줄이 있는 것도 아니었거든요. 자기 집에 있다 변을 당하지도 않았고요. 더구나 살해 방식도 어설펐지요. 그분은 세세한 부분들이 부합하지 않는다는 점을 잘 헤아리시는 것 같았어요."

에일린이 웃었다.

"그럼요. 그냥 본인의 직감만 믿는 게 아니라 전문가들도 신뢰하시는 분이니까요. 그리고 적임자를 골라 자문을 구하는 데는 그분만큼 촉이 좋은 사람이 또 없을걸요. 우리도 70년쯤 그런 일을 계속하면 그분처럼 될 수 있으려나요?"

"그럴지도요." 로지가 말했다. "65년이겠네요. 정식으로는."

"아, 그분은 그보다 훨씬 더 오랫동안 이 일을 해 오셨어요."

"무슨 말씀이신가요?"

에일린은 잠시 눈을 감고 근육을 풀듯 어깨를 으쓱했다. 그러더니 잔을 내려놓고 침착한 눈빛으로 로지를 빤히 쳐다보았다. "폐하께서는 미스터리를 푸신답니다. 12살이나 13살 때쯤 처음으로 문제를 해결하셨던 것 같아요. 오로지 혼자 힘으로요. 그분은 다른 사람들이 보지 못하는 것들에 주목하시죠—다들 그분만 보고 있기 때문에 그런 일이 가능한 경우도 많고요. 폐하께서는 정말 많은 것들을 두루두루 알고 계세요. 매처럼 예리한 눈, 헛소리를 단박에 알아채는 후각, 비상한 기억력을 갖고 계시고요. 왕실 직원들은 그분을 더 믿어야 해요. 사이먼 경 같은 사람들 말이에요."

"하지만 사이먼 경은 폐하를 전적으로 신뢰하는데요!"

"아뇨, 그렇지 않아요. 사이먼도 그렇게 생각은 하겠지만, 본 인만큼 만사를 환히 아는 사람은 없다고도 자신하니까요. 그분의 비서들은 다 그래요. 항상 그랬죠. 다들 자기가 명석하다 여기고, 사실 대부분 그렇긴 하거든요. 그래서 자기네와 같은 클럽에 속한 남자들이나, 자기네와 함께 옥스퍼드나 케임브리지를 다닌 거대 조직의 수뇌부도 똑같이 명석하다고 생각하고요. 자기네들 모두가 그토록 똑똑하니 여왕은 그냥 잠자코 앉아서 고마워하라 이거죠."

로지가 큰 소리로 웃었다. 그녀는 사이먼 경을 정말 많이 좋아하고 존경해 마지않았지만, 이야말로 그의 스타일을 정확하게 꼬집는 말이었다. "그래요." 동의할 수밖에 없었다.

"그 사람들은 *폐하*를 믿어야만 해요. 하지만 그러지 않죠. 그분은 아마 세상에서 가장 영향력 강한 여성 중 하나일 텐데도, 허구한 날 남들 말에 잠자코 귀를 기울여야만 한다고요. 저쪽에서는 그분 말씀을 듣지도 않는데. 그래서 미칠 지경이신 거예요. 뭐랄까, 그분은 그렇게 성장한 거죠. 남성 중심주의가 표준이던 시절, 30대밖에 안 된 젊은 여성이 왕위에 올랐으니까요. 참 나, 요즘 사람인 로지 씨도 분명 겪는 일일 테지만, 적어도 우리는 그게 잘못됐다는 걸 알잖아요. 폐하는 자신이 얼마나 유능한지, 무엇을 할 수 있는지 혼자서 깨우쳐야만 했어요. 그리고 그분은 뭔가를 알아채는 데에 일가견이 있으세요. '어긋난' 것을 발견하고 이유를 알아내고 문제를 해결하는 일 말이에요. 사실 그 방면에서 천재라고 할 수 있을걸요. 하지만 도움의 손길이 좀 필요하시죠."

로지는 생각에 잠긴 채 아보카도를 잔뜩 얹은 도리토스 한 조각을 마지막으로 베어 먹고는 섭섭한 표정으로 텅 빈 그릇을 쳐다보았다. 그리고 곰곰이 따져 보다 말했다. "여성의 도움이 필요하신 거군요."

"맞아요. 끊임없이 그분의 기운을 북돋아 드리려고 애쓰는 사람 말고, 조심스럽게 경청하는 사람이 도와야 하죠. 우리의 도움이 필요한 거예요. 아아, 맞다, 아직 배고프죠? 파스타 좀 만들어 줄게요."

둘은 부엌 쪽으로 갔다. 로지는 에일린이 꺼내 놓은 잎사귀 채소와 토마토로 간단한 샐러드를 만들었고, 집주인은 탈리아텔레_{납작하고 기다란 파스타 면}로 훈제 연어 크림 파스타를 눈 깜짝할 사이에 휙 만들어 냈다.

"그분을 많이 도와드리셨나요?" 로지가 부엌 바에 마주 앉으며 물었다. 에일린은 촛불을 켠 다음 두 사람의 와인 잔을 가득 채우고 있었다.

"몇 번쯤요. 알 수 없는 사건이 맨날 불쑥 터지지는 않으니 천만다행이죠. 하지만 내 전임자의 전임자였던 메리라면 대사들이 실종된 사건이라든지 진귀한 가구를 도난당한 경우라든지 별별 머리칼이 쭈뼛 설 만한 이야기를 보따리로 풀어놓을 수 있을걸요. 폐하와 메리, 그 둘은 진짜 한 팀이었거든요. 폐하께서는 분명 메리를 그리워하실 거예요. 인생의 50대 시절이 벌써 40년 전이라면 기분이 참 이상할 거야. 그렇지 않아요?"

로지는 어깨를 으쓱했다. 50대가 되려면 거의 20년이나 남았다. 정말이지 그녀는 50대의 삶도 상상할 수가 없었으니, 그 뒤야 말할 것도 없었다. 더욱이 지금은 다른 문제가 궁금했다. "폐하께서 온갖 미스터리를 다 해결하셨다면, 어째서 아무도 그 얘기를 하지 않는 거죠? 궁전에서조차 말이에요. 귓속말이라도 오가는 게 없잖아요."

에일린의 얼굴이 환해졌다. "아, 좋아요! 그 생각을 하니 정말 즐겁네요. 그게 그분 스타일이라서 그래요. 난 그 부분이 제일 마음에 들더라. 당신은 폐하의 명을 받아 미친 듯이 뛰어다니고, 자질구레한 정보를 주워 모으고, 필요하다면 거짓말도 천연덕스럽게 해야 할 거예요. 그러다 드디어 중대한 막판이 닥쳐오면…… 아무 일도 일어난 적이 없는 거죠."

"그게 무슨 뜻이죠?"

"두고 보면 알아요. 그 순간을 만끽해야 돼요."

"하지만 저는—. 무슨 말씀이신지 정말 이해가 안 되는데요."

"알게 될 거예요. 날 믿어요. 아, 로지 씨가 살짝 부럽네요." 에일린은 손을 뻗어 가느다란 유리잔 손잡이를 잡고 촛불을 받은 와인이 핏빛으로 빛날 때까지 들어 올렸다.

"진정한 범죄 해결사, 여왕 폐하를 위하여."

로지도 잔을 들어 올렸다.

"진정한 범죄 해결사, 여왕 폐하를 위하여."

"여왕 폐하 만세."

8장

다음 날 아침, 시신이 발견된 지 일주일 지난 시점에, 로지는 래드브로크 그로브 부근에 한 줄로 늘어선 작은 상점들 앞 적재 구역에 차를 댔다. 딱 봐도 딱지를 끊어 달라고 사정하는 듯한 자리에 미니 쿠페를 아무렇게나 대 놓는 건 평소라면 꿈도 꾸지 않을 일이지만, 지금은 적당한 주차 공간을 찾아 20분 동안 빙빙 돌 여유가 없었다. 그리고 이 동네는 로지의 앞마당이나 다름없었다. 그녀는 이 근처에서 자랐고, 모든 샛길을 다 알았다―그러니 지금 같은 화요일 오전 시간대엔 차 댈 자리 구하기가 '만찬과 숙박' 초대장을 얻는 것만큼 어렵다는 사실도 잘 알았다.

로지는 비에 안 젖게 스카프로 꽁꽁 싸맨 머리를 재빨리 거울로 확인한 다음(스카프는 제자리에 잘 고정되어 있었다), 차에서 내려 '코스타 커피'로 달려갔다. 먼저 와서 기다리고 있던 마이클이 곧바로 로지를 발견하고 활짝 웃었다.

"안녕, 땅꼬마! 오랜만이야. 쫙 빼입었네."

로지는 약간 겸연쩍게 미소 지으며 빈 의자에 슬그머니 앉았다. "챙겨 왔어?"

"당연하지." 마이클이 작고 까만 물건을 배낭에서 꺼내 넘겨주었다. 저렴한 플라스틱 핸드폰이었다. "바로 쓰면 되는 전화기야. 선물로 50파운드 냈어. 기계 구입하는 데 50파운드 더 들었고."

로지는 전화기를 잽싸게 핸드백에 감추었다. 그 모습을 지켜보던 마이클이 말했다. "그 핸드폰이 왜 필요한지 물어볼 것도 없겠지? 반듯하게 잘 자란 우리 로즈메리 그레이스 오쇼디 아가씨께서 말야. 여왕 폐하의 군대에서 복무했던 데다, 잘난 체하는 귀한 집 자제들만 한가득한 투자 은행 직원이었던 네가? 마약 밀매라도 하는 거야 뭐야?"

"그래, 맞아." 로지가 무덤덤한 표정으로 받아쳤다. "여왕 폐하께서 나더러 윈저 그레이트 파크 뒤쪽을 돌면서 찻잎을 팔라고 하시네."

"이봐, 그런 은어는 들어 본 적도 없는데. 대체 무슨 TV 프로에 나오는 소리야? 너한테 이걸 구해 주려고 나는 휴가도 냈다고."

로지의 삶에는 세 층위의 사촌들이 있었다. 우선 나이지리아와 미국에 사는 친척이 제일 바깥쪽 층이었다. 갓 결혼한 프랜도 그 중 하나였다. 프랜은 라고스에서 요가 교실을 운영하고, 프랜의 남편 페미는 나이트클럽 몇 군데를 경영했다. 프랜의 신혼여행 때 로지는 동생 플리스와 함께 그 클럽들에서 밤새 춤을 추었다. 그다음, 중간층에는 로지와 플리스가 태어난 런던 남부에서 성장한 페컴 사촌들이 자리 잡았다. 마지막으로 마이키와 래프 형제가 있었다.

로지는 가장 안쪽 층에 자리한 이 둘과 친남매처럼 자랐다. 로지의 어머니와 마이키네 어머니는 늘 친밀하게 지냈다. 두 분은 비어 이모가 제프 이모부와 결혼했을 무렵 페컴에서 노스켄싱턴으로 함께 이사했다. 이모의 결혼은 로지 가족에게 대격변이나 마찬가지였다. 제프 이모부는 교인도 아니었고 페컴 출신도 아니었으며, 요루바어나이지리아 남부에서 쓰는 언어도 할 줄 몰랐다. 그리고 백인이었다. 하지만 이모부는 탁월한 화가이자 음악가였고 비어 이모를 무척 아꼈다. 로지의 어머니는 이모 내외와 가까이 살기 위해 어린 자녀들을 데리고 정든 동네를 떠났다. 그때 로지는 사랑과 신의가 무엇인지 배웠다. 노팅 힐의 슬럼가에서 자라며 마이키와 래프는 로지와 플리스 자매를 보살폈고, 한두 번쯤 로지를 구해 주기도 했다. 로지가 건방진 말재간만큼이나 호신술도 갈고닦을 때까지는 말이다.

이제 보니 마이키도 그사이에 헤어스타일을 바꾸었다. 바싹 깎은 머리에 날카롭게 스크래치를 세 줄 넣었다. 로지는 샘이 났다. 입대 전에는 정수리를 금발로 염색하고 다니는 게 로지만의 스타일이었는데. 이제는 전혀 염색하지 않은 상태로 지내니, 아무리 새로 머리 손질을 한다 해도 예전의 극적인 효과가 그리운 건 별수 없었다.

"내 부탁 들어줘서 고마워. 얼굴 보니까 좋다, 마이키." 로지는 지갑을 꺼내 그날 아침 킹스클리어 편의점 바깥의 현금 인출기에서 뽑아 온 20파운드 지폐 5장을 꺼냈다. "여기 있어."

"좋아."

"일은 어때?" 로지가 좀 더 차분하게 숨을 내쉬며 물었다.

"무지 재밌지. 어제는 창문도 없는 방에서 4시간 동안 판매 목표액에 대해 떠들었다니까."

"어휴."

"승진했을 때는 이제 고상한 호텔에서 노닥거리듯이 지내면 될 줄 알았지. 에지웨어 로드에서 좀 떨어진 데 있는 퀴퀴한 지하실에 앉아 파워포인트 슬라이드를 4시간씩 들여다볼 거라고 상상이나 했겠어? 그리고 가게로 돌아가니 웬 놈이 컴퓨터에 연결해서 게임이든 뭐든 할 수 있는 스마트 TV에 대해 물어보는 거야. 그래서 30분 동안 죄다 설명해 주니까 이놈이 주문은 아마존에서 해 버리네. 내가 보는 앞에서 자기 핸드폰으로 말이지. 내 코 앞에서! 그럼 100파운드를 절약할 수 있으니까. 잘했어, 친구. 하고 싶은 대로 다 하고, 걸어 다니는 위키백과처럼 날 사용해 달라고."

"너무 힘들겠다. 미안해, 마이키."

"네 탓이 아니야. 너라면 제프 베이조스^{온라인 쇼핑 플랫폼인 아마존의 창업자}한테 물건을 주문하기 전에, 적어도 내 가게 밖으로 나가 주기는 할 테니까."

"나는—"

"농담이야, 로지. 그런데 그거, 꼭 나한테 부탁할 필요도 없는 일이었어." 마이키는 로지가 핸드백 안에 숨겨 놓은 핸드폰을 가리켰다. "선불 핸드폰 정도야 누구나 살 수 있으니 말야. 너 혼자서도 구할 수 있었다는 거지."

"나를 추적할 수 없게 하고 싶었거든."

"그래서 *사촌*한테 부탁했다? 'PC 월드'에서 일하는 사촌한테?"

"내가 좀 급했어." 스파이의 기술이라기엔 너무 형편없었다. 그 정도는 로지도 알았다—하지만 적어도 마이클과의 통화 내역 자체는 이상할 것 없어 보이리라. "내가 널 이만큼 신뢰한다는 사실에 우쭐해야 해."

"대포폰을 구해 달라고 할 만큼은 말이지."

마이키가 눈썹을 치켜올리며 씩 웃었다. 로지는 그동안 자기가 마이키를 얼마나 그리워했는지 새삼 깨달았다. 마이키는 요즘 시간제 학위 과정을 이수하고 있었다. 여자 친구도 있었는데 로지는 아직 만나 보지 못했다. 현재 마이키네 커플에게는 프랜의 결혼식에 맞춰 비행기를 타고 오갈 만한 여력이 없었기 때문이다. 로지가 미처 따라잡지 못한 새 소식이 너무 많았다.

"그분은……?" 로지는 우물쭈물 물었다.

"재닛 말이야?"

여자 친구 이름이 재닛이었구나. 로지는 고개를 끄덕였다.

"멋진 사람이지. 항상 바쁘고. 아마 너도 그 애가 마음에 들 거야."

"보나 마나 그럴 거야."

"플리스는?" 마이키가 물었다. "잘 지내? 독일에서 지낼 만하대?"

로지는 웃는 얼굴을 유지하려고 애썼다. 플리스가 최근 프랑크푸르트로 이주했다는 사실이 마치 벌어진 상처처럼 쓰라렸다. "잘 지내고 있어. 아주 만족스럽대."

그건 사실이었다. 플리스는 가족 상담 및 치료 전문가인데, 작년에 어느 상담을 진행하다 독일인과 사랑에 빠졌다. 플리스처럼 실력이 탁월한 전문가는 여기저기서 찾는 이가 많았기 때문에 어디든 자기가 원하는 곳에서 일할 수 있었다. 그 당시에는 아주 기본적인 의사소통밖에 할 줄 몰랐지만, 그래도 별 문제없었다─물론 플리스답게 이제는 독일어도 거의 물 흐르듯 유창했다.

로지는 플리스가 자기 계획을 들려주었던 날 세상이 얼마나 핑핑 도는 것 같았는지 기억했다. "하지만 언니는 새 직장을 잡았잖아." 플리스가 힘주어 말했다. "정말 화려한 경력을 쌓게 됐고. 내가 옆에 있는지 없는지 거의 알아채지도 못할걸." 로지가 궁전에서 일한 지 두 달 지난 크리스마스 때였다. 기억나는 한 최악의 크리스마스였다. 요점만 말하자면…… 로지는 플리스의 빈자리를 그대로 느꼈다. 또 로지는 방금 마이키가 자기한테 누구 만나는 사람은 없는지 물어보지 않았다는 점도 알아차렸다. 그리고 굳이 묻지 않은 건 현명한 행동이었다. 그런 일은 절대 일어날 리 없었으니까. 로지가 이 직업을 포기하지 않는 한.

마이키가 로지의 손을 쳐다보고 있었다. 로지는 자기가 자동차 열쇠를 만지작대고 있었음을 깨달았다.

"나도 그거 있어." 그가 말했다. "프랜이 보내 줬어. 자기네의 완벽한 사랑을 늘 떠올리라고 말이야." 그리고 맥없이 웃으며 주머니를 뒤적거리더니 로지가 쓰는 것과 똑같은 열쇠고리를 꺼내 보였다. 결혼식 날 행복하게 미소 짓는 한 쌍의 사진이 든 하트 모양 열쇠고리였다. 로지의 머릿속에 미니 쿠페가 떠올랐다. 그 바람에 인상을 찌푸리며 일어섰다.

"미안, 서둘러야겠어. 주차 금지 도로에다 차를 대 놨거든. 비어 이모에게 안부 전해 줘. 너랑 더 오래 얘기하고 싶은데—"

"임무가 있으시군." 마이키가 고상한 체하는 억양을 기막히게 흉내 내며 대신 말을 끝맺었다. "여왕 폐하와 국가를 위하여."

로지는 고개를 끄덕였다.

마이키가 로지를 끌어당겨 꼭 껴안았다. "여왕 폐하와 공작님께 마이키가 하이 파이브를 보낸다고 전해 줘."

"그럴게."

차로 돌아온 로지는 조수석 발치에 둔 핸드백 속 전화기를 떠올렸다. 마치 폭발하지 않은 폭탄 같았다.

대포폰이라니! 이게 대체 뭔 일인지! 거의 제이슨 본소설과 영화로 인기를 끈 첩보물 〈제이슨 본〉 시리즈의 주인공이 되어 가는 기분이었다.

로지는 선불 핸드폰이라는 도구가 없던 시절에는 여왕의 '조력자'들이 어떻게 각자의 '사이먼 경'에게 들키지 않고 상황을 잘 타개했는지 궁금해하면서, 이 문제에 관해 어제 밤늦게까지 에일린과 이야기를 나누었다. 에일린 말로는 그때가 더 쉬웠다고 했다. 남들 눈을 피해 슬쩍 숨어들 수 있는 방들이 여러 거처에 널린 데다, 방마다 유선 전화가 있었으며 누가 전화를 걸었는지도 정확히 추적할 수 없었기 때문이다. 이젠 사정이 달라졌다. 사무용 스마트폰은 아주 편리하지만, 그 대가로 추적 가능하다는 위험성을 짊어져야 했다.

로지는 개인 핸드폰으로 해 볼 수 있는 데까지는 벌써 다 했다. 혹시 질문을 받는다면 지금까지의 모든 통화 내역은 무슨 구실이든 얼추 꿰맞출 수 있었다. 하지만 여기서 더 나간다면 명백히 수상쩍어 보이리라. 또한 로지는 무슨 질문이 들어와도 절대로 보스를 곤란하게 만들어선 안 된다는 것도 알고 있었다. 뭐든 전부 로지 혼자 덮어쓸 텐데, *그렇게 되면 MI5의 눈에 누가 잠복 요원처럼 보이겠는가?*

로지는 익숙한 도로, 예전 건물 부지, 번지르르한 신축 아파트와 화려한 외장을 뽐내는 오래된 아파트를 능숙하게 헤쳐 나가며, 앞으로의 면담 일정을 잡기 전에 발신해야 할 전화와 메시지 목록을 머릿속으로 쭉 정리해 보았다. 이건 버킹엄 궁전에 발을 들인 영광스러운 날 사이먼 경이 몹시 우아하고도 친절하게 설명해 주었던 업무와는 전혀 달랐다. 아까 마이키에게 마약상 운운하는 농담도 던져 봤지만, 정말로 그런 느낌이 들었다. 로지는 평생 옳은 일을 하고 안전한 길로만 다니려고 노력했다. 그런데 지금은⋯⋯ 보안국보다 한발 앞서 나가기 위해 말 그대로 가족을 이용해 먹고 있었다.

이제 보니, 집무실에서 처음 헨리 에번스를 언급했을 때 여왕이 이상한 표정으로 로지를 쳐다볼 만도 했다. 여왕은 필연적으로 이런 날이 오리란 것을 다 알고 있었으니까.

웨스트본 그로브는 래드브로크 그로브와 지리적으로 멀지 않았지만, 여기서 마이키와 만나야겠다는 생각은 전혀 들지 않았다. 간결한 스타일의 20세기 중반풍 의자와 양가죽 양탄자로 치장한 카페들, 수백만 파운드는 나가는 이 근방 파스텔 톤 주택에 살며 느긋하게 점심 식사를 즐기는 여자들을 끌어들이려는 소규모 부티크들만 한가득했고, 유일한 자선 상점에도 유명 브랜드 중고 의류가 빼곡했으니. 길을 지나갈수록 검거나 갈색빛 도는 얼굴이 점점 줄어들고 흰 얼굴들만 남았다. 그런 관점에서는 로지의 일터와 다소 비슷한 면이 있었다.

로지는 마침내—이번엔 적절한—주차 공간을 발견한 뒤 시계를 확인했다. 10분 정도 여유가 있었다. 손에 시어 버터를 펴 바른 다음 추상적인 패턴이 들어간 앙카라 패브릭_{아프리카에서 널리 쓰이는 원단. 밀랍 염색 처리로 강렬한 색상과 무늬를 낸다} 노트를 펼쳐 보았다. 라고스에서 프랜과 플리스와 함께 쇼핑하러 갔을 때 기념품으로 산 노트였다.

건성으로 훑어보는 사람을 따돌리기 위해 형편없는 시로 몇 페이지를 채운 뒤, 브로드스키 사건과 관련된 모든 정보를 옛날식으로, 유선 노트에 연필로 한 줄 한 줄 적어 놓았다. 디지털 증거를 남길까 봐 걱정되었으니까. 다행히 사이먼 경은 사무실에서 그런 걱정을 전혀 안 하고 지냈다. 그 덕택에 왕실 운영 총책임자가 경찰의 요구를 받고 제출한 스프레드시트도 그대로 남아 있었다. 그날 밤 성에서 머문 모든 초내 손님의 이름, 주소, 연락처가 정확히 기재된 파일이었다. 로지는 어제 아침 그 파일을 열어 복사해 두었다. 지금 그중 한 군데로 연락이 닿았고(어제는 응답이 없었다), 전화받은 젊은 남자와 오후 늦게 만나기로 약속도 잡았다. 이젠 메러디스 알렉산더를 만나러 쳅스토 빌라스의 아파트로 갈 시간이었다.

계단 꼭대기에서 기다리고 있던 여자는 불안하고 산만한 기색이었다. 복고풍의 커다란 운동화 위로 바닥에 끌릴 만큼 긴 에메랄드빛 가운을 걸쳤으며, 새빨갛고 요란한 터번을 동여맨 이마 위로는 부스스한 머리카락이 삐져나왔다. 맨얼굴에다 터번 색과 똑같은 새빨간 립스틱만 슥슥 칠한 채였다. 하지만 피곤해 보이는 파란 눈 아래로는 다크서클이 생겼고, 어제 칠한 마스카라 흔적도 희미하게 남아 있었다. 그 여자는 눈길을 다른 데로 돌리며 로지를 맞아들였다.

"이쪽으로 오세요. 참…… 뭘 마시고 싶으실지 몰라서요."

메러디스는 검은색과 흰색 타일이 깔린 복도를 지나 그늘진 정원이 내려다보이는 작고 어수선한 부엌으로 앞장서서 들어갔다.

"차 드릴까요?"

"좋죠. 아무거나 괜찮습니다."

집주인이 선반에서 물방울무늬 머그 두 개를 꺼낸 다음, 낡고 찌그러진 깡통에서 빼낸 티백을 하나씩 넣고 주전자에서 물을 콸콸 따랐다. 뭔지는 몰라도 유통 기한이 한참 지난 음식 냄새가 풍기는 냉장고에서 우유도 꺼냈다. 로지는 면담에 앞서 마음을 아주 단단히 먹었기에 뭔가가 자신의 발목을 문지르는 느낌이 들었을 때도 전혀 놀라지 않았다. 내려다보니 삼색 얼룩 고양이가 심드렁한 녹색 눈동자로 빤히 올려다보고 있었다. 아무렴, 정신 나간 노파라면 역시 고양이를 키우겠지.

나이 든 건축가는 머그잔 하나를 들고 다시 복도로 슬슬 걸어갔다. 로지도 자기 몫의 찻잔을 들고 따라갔더니, 벌써 저쪽 열린 문간 너머로 에메랄드색 가운 자락이 휙 사라지려는 참이었다. 그리 뒤쫓아 간 로지는…… 깜짝 놀라 우뚝 섰다.

방은 길고 넓었으며, 붉은빛의 풍성한 비단 커튼이 창문을 둘러싸고 있었다. 회색빛 도는 은은한 파란색으로 칠한 벽은 덕지덕지 걸어 둔 그림들, 안 어울리는 액자에 넣은 석판화와 직물, 거대한 골동품 거울, 바닥부터 천장까지 빈틈없이 짜 넣은 책 선반에 가려져서 거의 보이지도 않았다. 가구는 단순하고 기하학적인 스타일이었지만 고가품이라는 것만큼은 분명했다. 벽에 붙여 놓은 두 개의 테이블 위에는 옥이나 작은 청동 장식품이 진열되어 있었다. 숨 막힐 정도로 멋진 광경이었는데, 숨겨진 조명이라든가 기술적으로 배합한 색감, 다양한 디테일로 끊임없이 시선을 끌어당기는 방식, 자신감, 모든 요소를 완벽하게 마무리한 역량이 어우러져 이런 효과를 자아낸 것이다.

로지는 메러디스 알렉산더가 부엌에는 그냥 신경을 안 썼을 뿐임을 깨달았다. 차 끓이는 것도 마찬가지이고. 그 건축가는 매혹적인 공간에만 신경을 썼고, 그러한 공간을 창조하는 데는 가히 천재적이었다.

"집 안이 어수선해서 미안해요." 메러디스가 소파에서 페이퍼 백 한 권을 집어 들며—이 완벽한 공간에 어울리지 않는 물건은 이것뿐이었다—이렇게 말하더니 푹신한 쿠션들 사이에 편히 앉았다. 삼색 고양이도 곁에 와서 앉았다. 로지는 맞은편 소파에 앉아 둘 사이의 탁자—이 자체가 청동과 유리로 만든 예술 작품이었다—에 찻잔을 올려놓았다.

"이런 공간일 줄은 상상도 못 했어요." 로지는 인정했다.

"그래요? 어떨 줄 알았는데요?"

"잘 모르겠어요. 알고 지내는 건축가가 한 명도 없으니까요. 뭔가 하얗고 미니멀리즘적인 분위기랄까요?"

메러디스가 한숨을 쉬었다. "다들 그러죠. 건축이라는 게 노먼 포스터하이테크 건축 기술의 거장으로 불리는 영국의 건축가(1935~)에서 딱 멈추기라도 한 것처럼요. 그건 너무 따분해요. *맥시멀리즘*은 어때요? '문화 충돌'이라든지 '선명한 기억' 같은 것. 즐겁지 않나요? 고객들이 내게 바라는 게 바로 그거예요." 하지만 메러디스는 즐거워 보이지 않았다. 얼굴에 음울한 기색이 짙게 배어 있었다.

"요즘도 뭔가 작업하고 계신가요?" 로지가 물었다.

"늘 그렇듯이 몇 가지 작업을 진행하고 있죠. 멕시코…… 상트 페테르부르크……. 내가 국내에 있을 때 약속을 딱 잡다니, 운이 좋으시네요. 7시에 히스로 공항으로 가야 하거든요. 이봐요,.우리 얼른 해치우는 게 어때요? 막심 때문에 온 거 같은데. MI5 소속인가요?"

"전혀 아닙니다." 로지는 좀 놀라면서 단언했다. "사실 그 반대라고 할 수 있죠."

"여왕의 비서실에서 나왔다고 하셨는데……."

"네."

"그럼 누가 보낸 건가요?"

이는 지극히 합당한 질문이었고, 아마 앞으로도 똑같은 질문이 꽤나 많이 들어올 것 같았다―운 좋게 내일 이후로도 이 임무를 이어 갈 수 있다면 말이지만. 로지는 영리한 답변을 내놓아야 했다.

"여왕 폐하요." 영리한 대답 같은 건 딱히 없었다. 로지가 가진 거라곤 여왕의 신비감뿐이었다. 마치 마법 가루와도 같은 효과를 지닌 신비로움.

"참 나, 돌겠네." 메러디스가 똑바로 고쳐 앉았다. "정말이에요? 진짜?"

"네." 로지는 메러디스의 회의적인 눈빛에 경이로움이 차오르는 것을 보았다.

"여왕 폐하께서 왜 저랑 얘기하고 싶어 하시는데요?"

"그 부분은 직접적으로 대답해 드릴 수 없지만, 선생님이 무슨 말씀을 해 주시든 철저히 비밀이 보장된다는 것만큼은 약속드릴 수 있습니다. 폐하께서는 파티 이후에 브로드스키 씨가 무엇을 했는지 알고자 하십니다. 선생님께서 브로드스키 씨와 춤을 추셨던 정황으로 보건대, 두 분 사이에 친분이 생겼으리란 생각이 드는데요. 아마 브로드스키 씨가 그날 저녁 선생님께 먼저 말을 붙였겠죠. 아니면 혹시 그 남성분을 이미 알고 계셨나요?"

건축가는 복잡한 감정이 뒤엉킨 표정을 지었다. 열의와 경계심이 엎치락뒤치락하다 좀 더 침착한 감정이 번져 나갔다. 이윽고 차분하게 가라앉은 얼굴로 등받이에 편히 기대앉아 입을 열었다.

"아뇨, 모르는 사람이었어요. 그 사람이 사망한 뒤 훌륭한 경관님께 증언했던 대로요. 우리는 탱고를 췄고, 그게 다예요."

"하지만 그게 다였다고 할 순 없지 않나요?" 로지가 조심스레 물었다.

"그건 그래요."

잠시 침묵이 흘렀다. 로지는 무슨 말을 해야 할지 몰라 고심하다, 레이디 헵번에게 들은 얘기를 다시 떠올려 보았다.

"탱고를 굉장히 멋지게 추셨던 모양이던데요."

"고맙네요." 메러디스는 당연하다는 듯 칭찬을 받아들였다. "젊은 시절 아르헨티나에서 익혔죠. 내가 봐도 근사했어요."

"다들 몹시 감탄했다고 합니다."

"그런데 폐하께서는 진작 자리를 뜨셨잖아요. 먼저 주무시러 가셨는데요."

"맞습니다." 로지가 동의했다.

"그럼 그분께서 왜……? 뭐 문제 될 거라도 있나요?"

"아주 중요한 문제라고 말씀드릴 수밖에 없겠네요. 그렇지 않다면 폐하께서 묻지도 않으셨을 겁니다."

메러디스가 자리에서 일어나 미술품이 걸린 벽을 향해 걸어가더니, 창가로 가서 바깥에 핀 벚꽃을 내다보았다. "내 이야기가 다른 데로 새어 나가지 않을 거라고 약속해 주실 수 있나요?"

"선생님께서 죽이신 건가요?" 로지는 다른 우주로 뚝 떨어진 것만 같은 기분이 들었다. 제이슨 본의 세계. 어떻게 자기 입에서 진지하게 저런 말이 튀어나올 수 있단 말인가?

"당연히 안 죽였죠!" 메러디스가 소리쳤다. "막심이 죽은 거랑은 전혀 상관없는 얘기예요. 말도 안 되는 소리 하지 마세요!"

"그렇다면 확실히 약속드리겠습니다." 로지는 이렇게 답한 뒤 잠잠히 기다렸다. 방 안에는 정적만이 감돌았다.

메러디스는 햇빛에 감싸인 채 잠시 가만히 서 있었다.

"혹시 춤 좀 추시나요? 성함이—?"

"오쇼디입니다." 로지는 본토에서 발음하는 대로 알려 주었다. '오—쇼—디'.

"오쇼디 씨는 춤 좀 추시나요?"

"약간은요." 로지가 인정했다.

"음, 나는 춤을 거하게 추거든요. 자주는 아니지만, 한번 출 때는 혼신의 힘을 다해서 춰요. 어렸을 적엔 발레를 배웠고, 별별 시험을 다 봤죠. 그땐 발레리나가 되고 싶었는데, 누군들 안 그러겠어요? 그러다 이렇게 커지고—" 메러디스는 자기 가슴을 가리켰다. "키도 너무 큰 데다가, 그리고 또…… 누구나 자기 나름대로 핑계가 있는 법이죠. 나는 해외로 나가 남미를 여행하다가 어떤 남자를 만났어요……."

로지가 고개를 끄덕였다. 하지만 메러디스는 상대방이 자기 얘기에 제대로 집중하지 않는다고 느낀 게 분명했다. 그래서 쩌렁쩌렁 울릴 정도로 목소리를 높이며 로지 옆에 다가와 앉았다.

"그 남자가 탱고를 가르쳐 주었죠. 그리고 난 그 춤을 아주 잘 춘답니다, 오쇼디 씨. 그 뒤로 오랫동안 여러 파트너들과 합을 맞춰 봤지만, 내가 얼마나 탱고를 잘 추는 사람인지는 아득히 잊고 지냈네요. 그 경쾌한 몸짓이나 극적인 감정선, 둘 사이에 불꽃이 튀는 느낌도 전혀 포착할 수 없었고요." 메러디스는 한쪽 팔로 동작을 취해 보였다. 그녀가 무대에서 어떻게 관객을 휘어잡을지 로지도 쉽게 상상해 볼 수 있었다. "난 포기했죠. 그렇게 내 두 발이 잠잠해졌어요. 그러다 막심을 만난 거예요. 물론 눈이 번쩍 뜨이게 멋있는 남자였죠—다들 입을 모아 그렇게 얘기했겠지만. 막심이 예쁜 아가씨들과 춤을 췄는데, 그 젊은 여자들의 춤사위는 흠잡을 데 없이 훌륭했지만 거기 영혼이 담겨 있진 않더군요. 온전히 무아지경으로 빠져들지 않더란 얘기예요. 그런데, 모르겠어요. 막심이 내 눈빛에서 뭔가 읽었나 봐요. 나더러 진홍빛 응접실 무대로 나오겠느냐고 청했는데, 나야 일단 사양했죠. 그 발레리나들을 따라갈 사람이 누가 있겠어요? 하지만 막심이 강력히 권하고 또 권하는 데다, 옆에서 누군가 용기를 북돋아 주는 말도 거드는 바람에, 엉겁결에 막심의 품에 몸을 맡겼던 거예요. 막심이 피아니스트에게 뭐라고 말했는데, 누군지 몰라도 〈질투의 탱고제이콥 가데의 춤곡〉를 멋들어지게 연주하기 시작하더군요. 그렇게 우리는 춤을 추기 시작했지요."

"저도 그 자리에 있었더라면 좋았을 텐데."

"난 차라리 거기 없었더라면 좋았겠다 싶은데요." 메러디스가 쉰 목소리로 중얼거렸다. 그러더니 다시 일어나 카펫 위를 서성대기 시작했다. "그 춤은 내 안에 잠들어 있던 18살짜리 아이를 깨웠고, 동시에 막심 안의 영원한 젊음 같은 것도 끌어냈죠. 그때 막심을 봤더라면 22살쯤 된 젊은이가 아니라 천 년은 산 사람 같다는 생각이 들었을 거예요. 이거 봐요, 나는 그 사람이 몇 살인지조차 모른다니까요! 우리는 저녁 식사 중에 말 한마디 안 나눴어요. 춤을 추는 동안에도 아무 말 안 했죠. 그러고 싶지 않았어요. 우린 몸으로 모든 대화를 나눴고, 그래요, 흔히들 춤은 수평적 욕망의 수직적 표현이라고 말하는데……."

로지는 얘기가 어디로 향해 가는지 감을 잡았지만, 곧이곧대로 믿기가 힘들었다. 그래도 중립적인 표정을 유지하려고 애썼다. 그런 일이 과연 가능했을까……?

"두 분이 아주 친밀해지신 건가요?" 로지가 과감하게 던져 보았다.

"우리는 완전히 한 몸처럼 뒤엉켰죠. 탱고를 추면 육체적으로 아주 끈끈해지거든요. 둘이 딱 붙든, 따로 떨어지든 간에요. 그 남자가 끌어당길 때…… 날 원한다는 느낌이 분명히 전해졌어요.

물론 나도 마찬가지였고요. 그게…… 참 황당하게 들리죠? 오쇼디 씨 표정에 빤히 드러나요."

"죄송합니다. 그런 뜻은―"

"57살이나 먹은 여자와 이십 대 남자라니. 더구나 나 같은 여자가." 메러디스가 한심하다는 듯 자기 가슴과 배를 흘낏 내려다보았다. 로지는 메러디스의 에메랄드색 가운과 운동화를 처음 보았을 때 세련된 취향이라고 생각했지만, 메러디스 본인의 눈엔 갱년기에 들어선 뒤 거의 20킬로그램이나 불어난 몸뚱이만 보일 따름이었다. 그녀는 전보다 동작이 더 굼떠졌고, 더 자주 아팠고, 투명 인간 같은 기분을 안 느끼려면 매일 더 열심히 일해야 했다.

"저는 그저…… 어떻게 그런 일을 하셨나 해서요. 성안에서는 쉽지 않은 일일 텐데요?" 로지가 물었다.

"어떻게 그 남자랑 잤냐고요?" 메러디스는 뻐딱하면서도 의기양양하게 미소 지었다. "오쇼디 씨는 살면서 누군가와 기필코 함께해야겠다고 느낀 순간 없었나요? 그게 터무니없고 옳지 못한 일일지도 모르지만 그러든 말든 아무 상관도 없어지는 순간 말이에요."

로지는 침을 삼켰다.

"그런 거 알죠? 그렇죠! 음, 댄스 플로어에서 막심과 나는 이 탱고가 다른 뭔가의 시작일 뿐이라는 걸 깨달았어요. 우리는 쭉 이어 나가야만 했어요. 아주 철저하게 정신 나간 짓이었지만, 요 몇 년 동안 그렇게 짜릿한 기분은 느껴 본 적이 없었죠. 막심은 내 귓가에 추잡한 말을 속삭였고, 내가 똑같이 추잡한 말을 속삭여 주자 웃음 지었어요. 그 남자는 우리의 나이를 의식하지 않았어요. 나의…… 이런 모습도…… 전혀 상관없었죠. 막심은 내 침실이 어딘지 물었고, 내빈실이 어디인지 알려 주자 자기가 어떻게든 해결해 보겠다고 했어요. 그러고서 굉장한 미인인 페이롭스키 부인과 잠깐 얘기를 나눴는데, 딱 봐도 둘이 잘 아는 사이 같았죠. 페이롭스키 부인이 미소 지으며 뭐라고 몇 마디 중얼거리더군요. 그다음에 막심이 나한테 좀 이따 보자고 했어요. 한 시간 안에 갈 테니 내 침실에서 딱 기다리고 있으라고요."

"흠, 그러면 선생님은 그 남성분 방이 아니라 선생님 방으로 돌아가신 건가요?"

"안 그러면요?" 메러디스가 물었다. 거짓말이 들통날까 불안하다기보다는 그저 어리둥절한 기색이었다.

"그럼 어느 시점엔가 그 남성분 방으로 건너가신 건가요?"

"아뇨, 당연히 아니죠! 내 침실이 훨씬 나았는걸요. 나는 섭정시대조지 3세가 정신 질환이 심해져 당시 황태자였던 조지 4세가 섭정했던 시기(1811~1820) 가구가 갖춰진 호화로운 스위트룸을 썼고, 막심은 어딘지 몰라도 웬 토끼 굴 같은 데서 머무는 것 같았거든요. 대체 왜 그 사람 방으로 가겠어요?"

"죄송해요, 말씀하시는 데 방해가 됐네요. 선생님께서는 침실로 돌아가셨군요."

메러디스가 고개를 끄덕였다. "모두에게 잘 사라고 인사한 나음에 여봐란듯이 내 방으로 올라갔어요. 분명 혼자 남자마자 그 기분이 사그라들 거라고 생각했는데 웬걸, 그렇지도 않더군요. 계속 방방 뜨는 기분이었단 말이에요. 나는 원저성에 와 있었고, 내 몸속 세포 하나하나가 살아서 춤추는 듯했죠. 밤새도록 웃고, 사랑을 나누고 싶었어요. 나는⋯⋯" 메러디스는 적절한 표현을 찾느라 잠시 말을 멈추었다. 그새 얼굴에 다시 쓸쓸한 기운이 퍼져 나갔다. "나다운 기분이 들었어요. *지난해 내린 눈은 다 어디로 갔는가*중세 말기 프랑스 시인 프랑수아 비용의 시구. 마치 아주 오랫동안 나다워 본 적이 없는 것만 같았죠."

"그다음에 브로드스키 씨가 방으로 찾아왔나요?"

메러디스는 다시 입을 다물고 로지를 쳐다보다가 얼굴을 찡그리며 미소 지었다. "뭐, 그렇죠. 30분쯤 지나 막심이 문을 두드렸어요. 샴페인도 한 병 들고 왔더라고요. 우리는 술을 좀 마셨고, 아까 얘기 나온 대로⋯⋯"

로지는 테이블 위에 쌓여 있는 화집들을 내려다보았다. 메러디스의 눈을 마주 볼 수가 없었다. "으음."

메러디스가 웃었다. "막심은 한 시간 정도 내 방에 머물다 갔어요. 두 시간인가—잘 모르겠네요. 내가 말하려는 건 이게 다예요. 이 정도로 충분한 거라면 좋겠군요. 어느 순간 막심의 핸드폰이 울렸어요. 문자 메시지였는데. 막심은 돌아누워 메시지를 확인하더니 가 봐야겠다고 말했어요. 내키지 않는 기색이었지만요. 그러고 곧 떠났는데, 나는 미소만 짓고 아무 말도 안 했죠. 다시 만날 거라고 확신했으니까요. 진득이 연애를 할 거라고 생각한 건 아니니 오해 마세요, 오쇼디 씨. 아름다운 인연의 시작이라고는 생각지 않았어요. 그보단 우정이랄까요. 하지만 순식간에 그 사람이 죽었고, 그렇게 모든 게……" 황량함이 다시 깃들었다. 메러디스는 공허해 보였다. "다 끝나 버렸죠."

"선생님이 침실에 올라가 계신 동안 브로드스키 씨가 뭘 했는지 아시나요?"

"잘 모르겠네요. 그러고 보니 샴페인을 들고 왔을 땐 옷이 바뀌어 있긴 했어요. 정장이었는데, 좀 아쉽다고 생각했던 기억이 나네요. 저녁 식사 때 입은 재킷이 너무도 멋지게 어울렸거든요. 뭐, 정장이든 뭐든 금세 벗어 던졌으니 별 상관도 없었지만."

"그 남성분이 선생님 방에서 나간 뒤 누군가를 만나려는 듯한 느낌은 없었나요?"

메러디스는 양쪽 뺨을 홀쭉하게 빨아들이며 곰곰이 생각했다. "네, 별로요. 그랬을지도 모르죠. 막심은 그냥 이렇게만 말했어요. '아무한테도 이 얘기 하지 마요.' 그렇지만 남부끄러워서가 아니라 우리 둘만의 비밀로 간직하고 싶어서 그러는 듯이 밝게 웃으면서 이야기했어요."

"솔직하게 말씀해 주셔서 감사합니다."

"경찰에 말했어야 한다는 건 알지만, 내가 아는 한 그게 막심의 마지막 말이었으니 어쩌겠어요. 아무한테도 얘기 안 하겠다고 소리 내어 대답하진 않았지만 머릿속으로는 약속했거든요. 나는 그

인과의 약속은 꼭 지키는 사람이에요."

그럼에도 메러디스는 이제 그 이야기를 털어놓고 말았다. 여왕의 마법 가루 덕분이었다. 로지는 메러디스가 자신을 얼마나 신뢰해 주었는지 고스란히 느꼈다. 메러디스의 이야기가 브로드스키의 사망 원인을 밝히는 데 어떻게 도움이 될지는 알 수 없었지만, 아마 보스는 로지가 흘려 넘긴 지점을 집어내리라. 자리에서 일어난 로지는 건축가에게 다시 한 번 감사 인사를 했다.

"사실 오쇼디 씨가 내게 도움이 됐어요." 메러디스가 말했다. "소리 내서 말하기 전에는 도무지 이해할 수가 없었거든. 난 내가 끔찍한 짓을 저질러서 벌을 받는다고만 생각했는데, 그날은 참 아름다웠네요. 정말로요."

로지는 미소 지었다. "다행이에요."

"방광염만 빼면요."

두 사람의 눈길이 마주치는 사이 1초쯤 침묵이 흘렀다. 로지는 목구멍에서 터져 나오는 웃음을 꾹 참으려 했지만 실패했다. 메러디스도 고개를 뒤로 젖히고 폭소를 터뜨렸다.

결국 둘은 서로 껴안았다. 메러디스는 다정하게 손님을 데리고 복도로 나갔다. 그리고 문을 열어 주며 말했다. "세상에, 오쇼디 씨가 여왕 폐하께 내 성생활을 보고한다니."

"살살 전할게요." 로지가 약속했다. "핵심적인 사항만요."

"생생하게 말씀드려요." 메러디스는 오히려 이렇게 몰아붙였다. "있는 그대로 옮겨 주세요. 탱고 대목도 빼먹으면 안 돼요."

9장

다음 약속 장소는 무미건조하면서도 고급스러운 메이페어 호텔의 벌꿀색 바였다. 로지는 하얀 난초 뒤쪽 조용한 구석 자리에서 커피를 홀짝였다. 10분 뒤 도착한 여자는 남성용인 듯한 선글라스와 헐렁한 검정 후드 티, 야구 모자로 변장해 보려 했던 모양이다. 그러나 그녀를 아는 사람이라면 누구나 그 트레이드마크와도 같은 삐쭉 내민 입술, 조각 같은 틱, 룰루레몬캐나다에 본사를 둔 프리미엄 요가복 브랜드 레깅스에 감싸인 깡마른 허벅지를 한눈에 알아볼 수 있을 터였다.

마샤 페이롭스카야가 맞은편 자리에 스르륵 앉더니 멀찍이 떨어진 테이블에 편히 자리 잡고 앉은 건장한 경호원 두 명을 힐끗 돌아보았다.

"나한테 전화 걸었던 여자가 당신인가요?"

로지가 고개를 끄덕였다. "맞습니다."

러시아 여자는 선글라스를 벗은 다음 고개를 비스듬히 기울이며 잠시 로지를 쳐다보았다. 로지는 그런 상황에서도 차분한 미소를 잃지 않았다. '네, 제가 바로 여왕의 비서실에서 나온 여자예요. 생각보다 젊죠?'라는 뜻을 내비치는 미소였다.

"좋아요." 마침내 마샤는 어깨를 살짝 으쓱하며 말했다. "저 사람들한테는 미술 관련 블로그에 올릴 인터뷰를 한다고 얘기해 놨어요." 그러면서 저 뒤쪽 경호원들을 가리켰다. "빨리 끝내 수세요. 30분 안에 집에 도착해야 하니까."

로지는 억만장자들이랑은 어떤 식으로 한담을 나눠야 하는지 궁금해한 적이 있었다. 애당초 그럴 일이 전혀 없다는 게 정답일지도 모르지만.

"좋습니다." 로지가 호응했다. "'만찬과 숙박' 행사가 있던 밤에 대해 여쭈려고 합니다."

사이먼 경에 따르면, 그날 밤 성에 초대받거나 딸려 온 이들을 통틀어 마샤와 그녀의 하녀가 막심 브로드스키와 가장 친한 사이였던 모양이다. 로지는 혹시 마샤가 그날 밤 브로드스키의 방에 누가 들어갔을지 밝혀내는 데 작은 실마리라도 던져 주지 않을까 알아보고 싶어서 이 자리를 마련했다. 하지만 이제는 더 깊은 사연이 숨겨져 있다는 느낌이 강하게 들었다. 뭐가 됐든 전부 다 알아내고야 말리라.

"제가 알기로 페이롭스카야 씨는 브로드스키 씨와 꽤 친하셨던 것 같은데요……."

"꽤 친했죠. 그 친구한테 피아노를 배웠어요."

"그날 밤 페이롭스카야 씨가 그 남성분을 도와주셨고요."

"안 그랬거든요." 마샤가 도전적인 눈빛을 번득이며 대꾸했다.

로지는 누가 먼저 눈을 깜빡일지 잠자코 기다렸다. 초등학교 때부터 눈싸움을 해 온 몸이었다. "좀 아까 시간이 별로 없다고 하셨잖아요." 로지가 말했다. "그러니까 말인데, 전 질문을 드리는 게 아니라 사실을 얘기하는 겁니다. 부인이 그 남성분을 도왔다는 사실이요. 부인은 브로드스키 씨가 궁전 직원이나 경찰 눈에 띄지 않고 메러디스 알렉산더를 만나러 갈 수 있도록 주선하셨죠. 그 뒤엔 브로드스키 씨와 따로 만나기도 하셨고요."

마샤가 눈을 빠르게 깜빡거렸다. 여태까지는 침착하게 굴었지만, 이제 노골적으로 반감을 드러내며 고개를 쳐들었다. "그렇지 않아요!" 마샤가 부정했다. "누가 그런 소리를 했죠?"

"브로드스키 씨가 부인의 부름을 받고 찾아간 거잖아요."

무슨 반응이든 이끌어 내려고 툭 던져 본 건데, 전혀 예상치 못한 반응이 나왔다. 마샤는 반쯤 엉거주춤 서서 테이블 너머로 몸을 들이밀며 로지의 얼굴에 대고 식식거렸다.

"당신은 아무것도 몰라! 그 늙은 여자가 그렇게 말했나요? 거짓말하는 거예요! 질투가 나서! 그 여자는 내가 막심과 자는 사이라고 생각하겠지. 다들 그래요. 내 남편도. 무슨 말인지 알아들어요? 남편이 날 죽일지도 모르는 상황이었는데!" 마샤는 다시 뒤로 털썩 주저앉더니, 휘황찬란한 결혼반지에 박힌 보석으로 탁자를 사납게 긁어 대며 투덜거렸다. "그런데도 나는 친구로서 막심을 위해, 그 개년을 위해 위험을 무릅썼다고요. 둘이 서로를 원했으니까. 막심은 웃으면서도 절박하게 부탁했어요. '마샤 씨는 나를 저 위쪽, 메러디스의 침실로 올려 보내 줄 수 있죠. 할 수 있잖아요. 힘 좀 써 주세요.' 그래서 그 말대로 해 준 거예요."

"어떻게 그런 일을 해내셨죠?" 로지가 부드럽게 물었다. 이때쯤 그녀는 상대방이 얼마나 인정 욕구가 강한 사람인지 깨달았다. 그래서 그에 맞춰 자기 태도를 조정해 보았다.

마샤가 눈을 반짝이며 대답했다. "나는 금세 계획을 짰어요. 막심더러 방으로 돌아가 바딤처럼 보이게 옷을 갈아입으라고 했죠. 바딤은 유리의 종자예요. 바딤은—막심보다도 더—번듯하게 정장을 차려입는데, 궁궐 직원들이야 그 차이를 알아보지 못할 테니까요. 막심이 바딤인 척하고 내빈 침실로 이어지는 계단 앞까지 와야 했는데, 거기서 내가 기다리고 있다가 하인들에게 바딤의 도움을 좀 받겠다고 얘기했어요. 샴페인이 보이길래 막심에게 쥐여 주고 같이 위층으로 올라갔죠. 그때 유리는 제이라는 친구랑 밖에 나가서 담배도 피우고 포트와인도 마시며 우주여행이라든지 이런저런 얘기를 자기들끼리 하고 있었고요……."

"우주여행이라고요?" 로지가 참지 못하고 끼어들었다.

"네. 그이는 우주로 나가 보고 싶어 하거든요. 2년 안에 비행하기로 하고 벌써 비용도 지불했는데, 천만 달러가 들었어요." 마샤는 이게 자기 얘기에서 가장 뻔하고 지루한 부분이라는 양 로지를 바라보았다. 마치 남편이 강아지를 분양받고 싶어 한다거나 뉴욕 여행을 가고 싶어 한다고 전해 주는 투였다. "하지만 두 사람이 얼마나 오래 대화를 나눌지 알 수가 없었고, 유리가 위층으로 올라오면 진짜 바딤을 부를지도 모를 일이었죠. 그래서 나는 막심에게 유리가 침실로 올라오면 경고해 주겠다고 말했어요. 실제로 그렇게 했고요. 그게 다예요." 마샤는 마지막 말을 거의 으르렁대듯 내뱉었다.

"그럼 막심은 그 신호를 받으면 자기 방으로 돌아갈 생각이었나요?"

"그런 것 같아요."

"막심이 계단에서 바딤과 마주칠 위험은 없었나요? 그렇다면 막심은 뭐라고 말했을까요?"

"그거야 막심이 알아서 할 문제였죠." 마샤가 어깨를 으쓱했다. "어떻게 대처할지 생각해 볼 시간이야 충분했고."

"결국 바딤이 침실로 불려 왔나요?"

"네. 유리가 너무 취해서 혼자 옷을 벗을 수가 없었으니까요." 마샤는 남편이 인사불성으로 취하든 말든 무덤덤한 듯했다. "하지만 곧바로 바딤을 부른 건 아니에요. 일단은 나랑 잠자리를 해 보려고 했거든요."

마샤는 로지에게 도전하는 차원에서 무심한 표정을 밀고 나갔고, 로지 또한 똑같이 무심한 표정으로 응수했다. "그렇군요."

"나는 그이를 말리지 않았죠. 유리는 침대로 와서 맨날 하는 소리를 늘어놓고 러시아 시를 들먹였죠. 푸시킨이요—푸시킨 아세요?"

"잘 모릅니다."

"꼭 읽어 봐야 해요. 레르몬토프도요. 나는 남편이 시를 읊으면서 내 잠옷 끈을 내리게 놔뒀어요. 그런데 그이는 갑자기 역겹다는 듯 날 쳐다보더니 돌아서 버렸어요. 그때 바딤을 불렀고요."

로지는 어쩐지 이 반항적이고 불안정한 여자에게 자기가 임시 상담사 노릇을 해 주고 있는 것 같다는 묘한 느낌을 받았다. 그녀는 손을 뻗어 상대의 손을 잡고 진짜로 뭐가 문제냐고 묻고 싶었다. 하지만 그 대신 이렇게만 물었다. "부인은 그 일이 막심과 관계가 있다고 생각하십니까? 남편분이 뭔가 의심했나요?"

마샤의 눈이 분노로 이글거렸다. "아무 상관도 없는 일이에요! 대체 왜 의심을 하겠어요?"

"부인 말씀 믿습니다. 하지만—"

"남편은 날 신뢰하지 않아요. 그러면서도 내게 지인이 생기면 전전긍긍하죠. 누가 나를 사람답게 대해 주는 꼴을 보면 말이에요. 하지만 나로서는 그냥 그뿐이에요. 그 친구랑 피아노를 쳤을 뿐이라고요. 라흐마니노프. 사티. 드뷔시. 같이 있으면 우리는 웃곤 했죠. 그거야 막심이 다정한 사람이니 당연한 거잖아요. 방에 우리 둘만 있는 것도 아니고 항상 누군가 동석했어요. 항상. 저쪽에 있는 남자들한테 물어봐요. 나한테서 한시도 떨어지지 않으니까. 내가 외도를 했다면 저 사람들이 알았겠죠……. 이제 가야겠어요. 늦었네요."

"잠깐만요!"

마샤가 다시 선글라스를 끼고 일어나다가 물었다. "뭐예요?"

"그 뒤에 막심이 뭘 했는지는 전혀 모르시나요?"

"당연히 모르죠. 말했잖아요."

"유리 씨는요?"

"그이는 내 옆에서 곯아떨어졌어요. 돼지처럼 코를 골면서요.

뻗어서 자는 거 말고 뭘 하겠어요?"

"바딤은요— 경찰이 바딤에게 그날 밤 부인 방에 들어갔는지 질문하지 않았나요?"

"그런 것 같네요. 내가 바딤한테 침실에 두 번 올라왔다고 증언하라 했어요. 경찰이 그 문제로 유리와 얘기할 일은 없게 하고 싶었으니까. 잘생긴 러시아 청년이 하인 복장을 하고 있으면 누가 누군지 분간할 수 있겠어요? 바딤은 게이예요. 그래서 유리는 그 남자라면 어쨌든 내 곁에 놔둬도 아무 염려 없다고 생각하죠."

로지는 그 말을 듣고 여왕의 하룻밤 손님들을 위해 궁전에서 취한 보호 조치보다도 마샤라는 여자가 한 수 위라는 사실을 깨달았다. 여왕은 세계에서 가장 경호가 철저한 축에 드는 군주였으며, 윈저성은 첨단 기술과 몇 겹의 철통 경비로 꽉 찬 천년 고성이었는데도 말이다. 마샤는 포니테일을 휙 흔들며 몸을 돌리더니 테이블 사이를 요리조리 빠져나갔다. 으스대듯 요염하게 걷는 뒤태는 헐렁한 후드 티로도 가려지지 않았다.

막심에게 닥친 일의 배후에 유리가 있으리라는 상상을 쉬이 해볼 수 있었다. 만약 그렇다면 유리는 사전에 지시를 내렸을 것이다. 마샤 페이롭스카야 같은 여자 때문에 살인을 저지를 남자가 있을까?

그래. 로지는 생각했다. 어떤 부류의 남자는 그럴 테지.

10장

다음 날 아침엔 사이먼 경이 여왕의 집무 일정을 담당하기로 정해져 있었지만, 여왕은 그에게 국무총리실에 연락해 브루나이 국왕과 관련된 까다로운 외교 문제를 상의해 보라고 명했다. 그래서 로지가 서류 상자를 가지러 들어왔다. 여왕은 라즈베리색 모직 드레스에 다이아몬드 브로치를 단 차림새로 책상 앞에 앉아 있었다. 이따가 추밀원 회의에 참석해야 하기 때문에 미리 준비해 둔 차림이었다. 윈저성에 왔다고 상쾌한 공기를 쐬며 즐겁게 지내기만 하는 건 아니었다.

"어제 자리를 비웠다고 들었네." 여왕이 로지에게 고개를 돌리며 말했다. "어머니 소식은 정말 유감이야."

"제 어머니는 아무 탈 없습니다. 감사합니다, 폐하."

"음, 그것 참 다행이군."

"어제는 런던에서 좀 바쁘게 돌아다녔습니다. 혹시 폐하께서 그 이야기를 듣고 싶으실지 모르겠습니다."

여왕은 로지가 무슨 말을 하는 건지 정확히 알아듣고 매우 만족스럽게 여겼다. 로지의 총명한 눈빛을 보고 있자니 머릿속에 한 가지 생각이 떠올랐다. 여왕은 본론으로 들어가기 전에 이렇게 말했다. "자네가 전임자 중 한 명을 만나 보면 좋을지도 모르겠는걸―에일린 재거드라고 하는데. 두 사람이 잘 통할 듯한 느낌이 들어."

"이틀 전에 만났습니다, 폐하. 케이티 씨가 권해 주었거든요. 폐하께서 말씀하신 대로 에일린 씨와 잘 통했습니다."

"아. 그렇군."

여왕이 문득 미소 짓자 온 얼굴에 소녀처럼 들뜬 기색이 환히 번졌다. 로지는 전에도 이런 모습을 본 적이 있었으나, 그 미소가 오로지 자신에게만 향했던 적은 한 번도 없었다. 이에 그녀는 잠시 동안 그 영예를 온전히 누렸다. 다시 사무적인 태도로 돌아가기가 쉽지 않았지만, 로지는 두 사람에게 주어진 시간이 얼마 없다는 사실을 유념했다.

"브로드스키 씨와 춤추었던 여성분을 만나 이야기해 보니 고인이 그날 밤 뭘 했는지 알 수 있었습니다."

"얘기해 보게."

로지는 메러디스와 마샤에게 들은 이야기를 전하며 섹스에 관한 대목은 최대한 뭉뚱그렸다. 하지만 보스는 간간이 놀라워하거나 흥미로워할 뿐, 무슨 얘기가 나와도 당황하지 않았다.

"고맙게도 다들 기꺼이 시간을 내주었군." 여왕이 말했다. "자네는 그 사람들이 해 준 이야기를 믿나?"

"제가 전문가는 아니지만, 사실이라고 믿습니다, 폐하. 다들 제게 아무것도 알려 줄 필요가 없는데도 얘기해 주었으니까요. 제 생각엔 모두 폐하께 진실을 알려 드리고 싶었던 것 같습니다. 메러디스 씨는 제게 비밀을 꼭 지켜 달라고 당부했습니다. 오로지 폐하께만 말씀드리라고요."

"자네는 그렇게 약속을 했고?"

"네, 폐하."

여왕이 얼굴을 찡그렸다. "그러면 일이 좀 까다로워지는데."

"어, 그런가요? 죄송합니다. 저는―"

"그건 차차 수습해 보기로 하고. 계속 얘기하게."

"리허설이 끝나길 기다렸다가 발레리나 두 명도 만나 봤습니다. 경찰에 이미 진술했던 내용 외에 딱히 새로운 얘기는 나오지 않았습니다. 한 명은 예전에 사교 모임에서 브로드스키 씨를 만난 적이 있지만 잘 아는 사이는 아니라고 했습니다. 역시 제가 전문가는 아니지만, 그 사람들이 거짓말을 하고 있다는 느낌은 들지 않았습니다. 두 사람 다 브로드스키 씨가 사망해서 몹시 충격을 받은 상태고요. 그럴 만도 하죠."

"그 청년에 관한 정보는?" 여왕이 물었다. "탱고를 즐긴다는 취향 말고, 뭔가 더 알아낸 게 있나?"

로지도 그러려고 노력해 보았다. 대포폰으로 브로드스키의 룸메이트와 간신히 연락이 닿은 끝에, 오후 늦게 코번트 가든 광장 부근의 아파트에 찾아가 이야기를 나눴다. 레스토랑이 있는 건물 꼭대기 층이었는데, 입지가 참 좋아서 창밖으로 왁자지껄한 길거리가 한눈에 내려다보이고 거리 공연자와 관객이 어우러진 소리도 산들바람에 실려 왔다. 하지만 벽을 하얗게 칠한 실내엔 아주 기본적인 설비만 갖춰져 있었다. 가구는 중고품이나 대충 조립한 이케아 제품뿐인 데다 방 안에 옷과 피자 박스가 너저분하게 널려 있었고, 남자들 체취도 진하게 풍겼다. 역외 자금이나 은닉 계좌의 냄새가 나지 않을까 어느 정도 예상하고 왔건만, 막상 살펴보니 그런 기미는 전혀 없었다.

로지는 자신을 러시아 대사관 직원이라고 소개했고(이제 그 역할에 열중하고 있었다), 이렇게 어려운 때 가능하면 보탬이 되고 싶으니 브로드스키 씨에게 집세든 뭐든 금전 채무가 있는지 꼭 알고 싶다고 했다. 하지만 룸메이트인 비자이 쿨란다이스와미는 런던 금융가에서 일하는 본인 명의로 이 집을 임대해 월세를 내왔다고 확실히 밝혔다. 지금은 추가 비용을 충당하기 위해 브로드스키 대신 들일 룸메이트를 찾아보는 중이라고 했다. 함께 지내는 동안 브로드스키가 늘 돈에 쪼들렸다는 얘기도 나왔다.

로지는 깜짝 놀랐다. "저희 쪽 기록에 따르면 브로드스키 씨는 학비가 비싼 기숙학교에 다녔던데요."

비자이가 웃음을 터뜨렸다. "저도 같은 학교에 다녔어요—그때부터 서로 알고 지낸 거고요. 그렇다고 해서 속 깊은 사정까지 알 수 있는 건 아니잖아요. 누군가 막심의 학비를 대 주었던 것 같아요. 하지만 졸업 후에는 딱 끊겼죠. 그리고 후원해 준 사람이 누구든, 주위에 나타나는 일은 없었고요. 막심은 그런 얘기를 별로 안 했어요. 어느 정도 고마워하면서도 약간은 격분한 듯한 느낌이었는데요. 그 친구는 여기서 살아가는 데에 만족했고 음악을 사랑했지만, 어디에도 속하지 못한 사람처럼 혼란스러움을 느꼈어요. 그래서 좀 안절부질못하는 면이 있었죠."

비자이는 막심이 종종 자기 몫의 월세를 못 냈지만 그 정도야 별 상관없었다고 말했다. 워낙 좋은 친구였으니까. 막심은 전문 음악인으로 자리 잡으려 노력하는 한편, 부족한 수입을 메우기 위해 피아노 레슨도 하고 부유한 청소년들에게 수학과 컴퓨터를 가르치기도 했다. 다들 그러듯이 막심도 인터넷에 많은 시간을 쏟았다.

경찰이 알려 주기 전까지는 비자이조차도 막심이 블로그를 운영한다는 사실을 몰랐다고 했다. 막심은 해커도 아니었고, 최신 기술에 빠삭한 사람도 아니었다. 중등 검정고시용 컴퓨터 공학을 가르치는 데에 그런 능력까지는 필요 없었다. 중등 교육 과정은 여전히 중세 암흑기 수준에 머물러 있었으니 말이다. 비자이의 직장 동료 중에는 첨단 기술자도 여럿 있었는데, 그 친구들 얘기로 막심은 자기네 그룹과 거리가 멀다고 했다. 푸틴과 그 측근들을 화제로 올릴 때 빼고는, 막심이 러시아에 대해 언급하는 일도 별로 없었다.

그는 확실히 정치적인 사람이었다. 학창 시절 막심은 비자이보다 몇 학년 아래였는데, 그때도 모스크바에서 벌어지는 기자들의 사망 사건이나 야당 정치인들에 대한 탄압을 거세게 규탄하고 다니기로 유명했다.

대화가 여기까지 이르자 비자이는 상대가 대사관 직원이라는 점을 떠올리고 입을 꾹 다물었다. 로지도 자기가 지어낸 명분으로 황급히 돌아갔다.

"저기 말이에요." 로지가 물었다. "저희가 연락해 봐야 할 사람이 더 있을까요? 예를 들면 여자 친구라든지, 각별한 사이 말이에요. 이 유감스러운 소식을 전해 드려야 하는 분은 따로 없나요?"

비자이는 어깨를 으쓱했다. 알고 지내던 여자는 많아도 그중 뚜렷하게 친밀한 사이는 없는 듯했다. 막심은 인기가 많은 남자였지만 오랫동안 사귄 여자 친구와 몇 달 전에 헤어진 뒤로는 실연의 상처 때문에 깊은 관계를 맺지 못했다. 또 그렇게 금방 새로 누군가를 만날 만큼 경박한 사람이 아니기도 했다.

"음, 저는 막심이 그리워요." 비자이는 말했다. "저는 그냥…… 막심이 옆에 있는 게 좋았어요. 피아노 치는 소리도 그립고, 하필 내가 땅콩버터를 먹고 싶을 때 그 친구가 싹싹 바닥내던 것도 그립고, 여자애들이 전화했을 때 제가 대신 받아서 막심은 바쁘다고 전해야 하던 나날도 그립네요. 바쁜 게 아니고, 별 관심이 없을 뿐이었지만요. 뭐, 월세니 뭐니 해서 막심이 저한테 진 빚이 몇백 파운드 되는데, 아무래도 괜찮고요. 막심이라면 언제가 됐든 꼭 갚았을 테니까. 어쨌든 그런 건 전혀 상관없었어요. 막심은……" 비자이는 다소 망연자실한 표정으로 깊이 한숨지었다. "말씀드린 대로—막심은 좋은 녀석이었어요. 사람이 어쩜 그리 허망하게 죽어 버릴 수가 있는지. 그 친구는 제 한 몸을 잘 건사했고, 아주 건강해 보였거든요. 심장 문제가 있는 줄은 전혀 몰랐어요."

그 순간 로지는 그날 밤 단순히 하나의 '사건'이 벌어진 게 아니라 정말로 한 사람이 죽었다는 사실을 뼈저리게 느꼈다. 실제 러시아 대사관에서 나온 사람들이 위로의 포옹을 건네는지 어떤지 알 수 없었지만, 이번 경우엔 로지의 재량으로 포옹을 감행했다.

로지는 그날 대화의 얼개만 간추려서 여왕에게 보고했다.

"저는 사생활 면에서 브로드스키 씨가 죽기를 바랐을 만한 사람을 찾아내려 했습니다." 로지가 말했다. "하지만 아무 단서도 발견하지 못했습니다, 폐하. 폐하께서 보시기에 혹시 제가 뭔가 놓친 게 있을까요?"

"아니." 여왕이 동의했다. "그런 관점에서 보면 험프리스가 옳을지도 모르겠군. 동기는 바로 여기 어딘가에 있다는 말이지."

"오늘 아침 사이먼 경은 로버트슨 씨와 도시-존스 씨가 휴가 처리되어 일종의 가택 연금 상태에 놓였다고 말씀하셨습니다. 두 사람이 힘겨운 시간을 보내게 될 것 같습니다." 로지는 여왕과 헨리 에번스가 무슨 이야기를 나누었는지, 또 여왕이 험프리스의 가설을 솔직히 어떻게 생각하는지도 유념하고 있었다.

여왕은 그저 고개를 끄덕였다. "그렇겠지. 자네한테 또 다른 일도 맡겨야겠네, 로지. 괜찮겠나? 이런 일이 애당초 자네에게 주어진 직무가 아니라는 점, 나도 잘 아네."

"얼마든지 말씀해 주십시오, 폐하."

여왕은 로지에게 신속히 지시를 내렸다. 신입은 여왕이 기대했던 것보다도 훨씬 더 잘 헤쳐 나가고 있었다. 설마 메리만큼 탁월할 수야 없겠지? 이런 소소한 사건을 파헤치는 데는 메리 파지터

가 단연 독보적으로 뛰어났다. 하지만 로지 오쇼디는—메리가 일
을 시작했던 나이보다 열 살이나 어리니—장래가 아주 기대됐다.

11장

　추밀원 회의는 길고 지루했다. 수년을 들여 엄선한 위원들은 훌륭한 팀을 이뤘으며, 어려운 때 그들의 지혜와 조력이 얼마나 빛을 발하는지는 이미 입증된 바 있었다. 여왕은 일어선 채로 회의를 진행하는 가차 없는 의장이었고, 이런 일에 시간이 초과되는 것을 결코 달가워하지 않았다. 하지만 유감스럽게도, 곧 다가오는 여왕의 생일 행사 계획이 무수히 많은 데다 어쩌다 보니 그들 자신도 회의 안건에 올라 있는 상태였다. 여왕이 진심으로 바라는 건 증손자들 얼굴을 보고, 반가운 편지나 몇 장 읽고, 왕실에서 키우는 말들을 살피며 하루를 보내는 게 전부였다. 하지만 그 대신 봉홧불을 밝히고, 대부분 일어선 채 진행되는 온갖 종류의 행사를 끝없이 치르고, 공식 생일에는 세인트 폴 성당에서 TV로 중계되는 의식을 거행할 터였다. 물론 여왕은 이런 일에 익숙했다. 그리고 고마운 국민들과 함께할 수 있어 기뻤다. 하지만 솔직히 좀 심하잖은가.

　회의가 끝난 뒤 여왕은 BBC 4 채널에서 중계하는 경주 결과를 확인하며 차와 초콜릿 비스킷 케이크 한 조각을 곁들였다. 이 시간이 얼마나 반가운지 몰랐다. 종종 저녁 활동을 시작하기 전에 짤막한 낮잠을 청하곤 했지만 오늘은 다른 계획이 있었다. 그래서 하인에게 자기 계획을 들려주며, 객실 담당 직원들에게도 미리 알려 놓으라고 지시했다. 여왕이야 자신의 성에서 무슨 일이든 마음대로 할 수 있었지만 직원들은 느닷없는 변동 사항을 반길 리 없었다. 그러니 여왕이 뜻밖의 장소에 예고 없이 나타난다면 불친절한 짓이 되리라. 그녀는 직원들이 주위를 단장할 수 있게 몇 분 정도 시간을 주었다.

여왕이 방문객용 숙소 위쪽 다락방 복도에 발을 들이는 건 실로 오랜만이었다. 오늘은 산책을 나가고 싶어서 안달하는 어린 개들을 데리고 나왔다. 강아지들은 문간에 코를 대고 킁킁대며 앞장서서 걸었다. 도기와 보조를 맞춰 걷자니, 기다란 복도를 따라 처소 밖으로 나온 뒤 사각형 안뜰 남쪽을 지나 방문객용 숙소까지 가는 데 족히 10분이 걸렸다.

숙소에서 가장 중요한 스위트룸에 대해서라면 여왕도 잘 알고 있었다. 가구 상태를 점검하거나 귀빈 방문에 맞춰 만반의 준비가 되었는지 확인하기 위해 꽤 자주 들렀으므로. 하지만 다락방은 사정이 달랐다. 한때는 참새들이나 갈까마귀 종류의 새들, 버려진 가구, 갖가지 호화로운 빅토리아 시대 의상이 한가득했던 곳이다. 50년 전 다락을 싹 치우는 데는 필립이 큰 역할을 했다. 주로 여기서 온 가족이 주말을 보내게 되리란 점이 분명해지자 결단을 내린 것이다. 그녀는 여왕이고, 그녀의 집은 궁전이기에, 응당 엄청나게 많은 하인이 따라오고 그 모든 인원이 지낼 공간도 필요하기 마련이다. 하인들, 손님에게 딸린 하인들, 하인은 아니지만 침실이 필요한 방문자들, 즉 성이 돌아가는 데에 중요한 역할을 하면서도 마땅히 미물 만한 구역이 없는 사람들. 더 많은 방을 마련할수록, 여왕이 공간을 제공해 주어야 하는 사람들도 더 늘어나는 것만 같았다. 그리고 여기 어느 한구석에, 막심 브로드스키에게 내주었던 방도 있었다.

드디어 때가 되었다. 여왕은 그곳을 두 눈으로 직접 보고 싶었다.

하얗게 칠한 꼭대기 층 복도에는 아래층 방에 어울리지 않아 올려 보낸 에드워드 시대 동판화가 다채롭게 걸려 있었다. 침실은 아주 검소하고 실용적이었다. 최근엔 초록색과 크림색으로 꾸며 두었는데, 담요나 이불보에는 뜬금없게도 자주색이 섞여 있었다. 재단장이 잘 되어 가는지 보러 들렀던 필립은 고속도로 옆 호텔(필립이 그런 호텔을 어찌 알겠는가?)이나 고든스턴 기숙학교, 아니면—색상 조합을 보건대—윔블던 경기장을 떼다 붙인 것처럼 보인다고 평했었다. 어떻게 봐도 칭찬은 아니었지만, 그녀는 이런 비유가 딱히 부적절할 것도 없다고 생각했다. 어찌 됐든 손님들은 개의치 않을 터였다.

복도를 따라 걷는 동안 여왕은 청소 담당이나 손님 응대 담당 하인 여러 명, 벽난로 관리인 한 명과 마주쳤는데, 모두들 바삐 일을 하거나 어디론가 이동하다 잠시 멈춰서 절을 하고 제 할 일로 돌아갔다. 뚜껑 덮은 쟁반을 들고 가던 하인에게 개들이 버릇없이 달려들었지만, 그 하인은 거의 멈춰 설 것도 없이 물 흐르듯 날렵하게 몸을 틀어 잘 빠져나갔다. 객실 담당 부장인 딜리 부인이 브로드스키가 머문 방 쪽의 짧은 복도 입구에서 여왕을 기다리고 있었다. 그 왼쪽 옆으로 샤워실이라고 적힌 문이 보였다. 딜리 부인 뒤로는 다른 방에서 수다 떠는 소리가 명랑하게 흘러나왔다. 거기 누가 머물고 있든 여왕이 행차했다는 사실을 모르는 게 분명했다. 여왕은 그 점을 흡족히 여겼다. 자신이 가는 곳마다 대화가 일제히 뚝 끊기니, 가끔은 이렇게 자연스럽게 웃고 떠드는 소리를 듣는 게 기분 좋았다.

"여기가 그 방입니다, 폐하." 딜리 부인이 앞장서며 알렸다. 그러더니 문고리에 작은 열쇠를 넣고 누르며 열었다. 지극히 평범한 문이었고, 표면은 좀 흉하게 인조 마호가니 색상으로 니스 칠한 상태였다. 위쪽 작은 놋쇠 명판에 새겨진 '24'라는 숫자가 또렷이 보였다. 문 위엔 '출입 금지' 운운하는 문구가 적힌 A4 코팅지도 붙어 있었다. 여왕이 가장 최근에 방문했던 때 본 바로는, 방 안쪽에서 구식 빗장으로 문을 잠글 수 있어도 그냥 열어 두고 지내는 사람이 많았다. 옛날부터 성에서는 거주자들이 서로의 인격과 재산을 존중할 거라고 생각해 왔고, 그렇게 생각하면 한층 안락한 느낌이었다. 그러나 이제 모두들 최악의 상황을 가정했고, 문마다 자물쇠가 철컥 잠겼다. 귀중품이야 안전히 지킬 수 있겠지만 소탈한 분위기는 사라져 버렸다.

브로드스키는 아마 범인과 아는 사이였을 테지. 여왕은 방에 들어가며 곰곰이 생각했다. 빗장을 열어 두었던 게 아니라면, 범인에게 문을 열어 주었으리라. 낯선 사람이었다면 한밤중에 왜 문을 열어 주겠는가?

딜리 부인은 여왕이 방을 둘러볼 동안 싱글 침대 머리맡에 서서 침착하게 기다렸다. 살펴볼 만한 게 별로 없었다. 딜리 부인의 머리 오른쪽에 작은 창문이 있었는데, 젖혀 둔 자주색 커튼 사이로 옅은 회색 하늘만 빼꼼 내다보였다. 침구를 포함해 겉을 벗겨 낼 수 있는 물건은 죄다 벗겨 놓은 상태였다. 여왕의 왼편, 문 옆 벽에 붙여 놓은 원목 침대 틀 위로 커버를 벗긴 매트리스가 보였다. 그다음, 창문이 뚫린 벽 아래쪽에는 등받이가 단단한 의자와 협탁이 놓여 있었다. 맞은편 벽에는 손잡이들 중 절반은 없어진 작은 서랍장이 놓였다(꼭 수리를 해 둬야 했다). 그리고 그 사이, 여왕이 마주 보고 선 벽에는 좁다랗고 현대적인 옷장이 훤히 열려 있었는데, 그 안으로는…… 무엇도 보이지 않았다. 얼룩도 한 점 없었고, 삶의 흔적도, 죽음의 흔적도 없었고, 이곳에서 뭔가 중대한 일이 일어났다는 느낌도 전혀 들지 않았다.

여왕은 열린 옷장 문을 슬며시 살펴보았다. 저 D자 손잡이에 두 번째 매듭이 걸려 있었다. 전체적으로 부실해 보였는데—장정한 명을 매다는 건 고사하고 그 몸무게를 제대로 지탱할 수도 없을 것 같았다. 대체 어떤 사람이 저런 물건을 보고 살해 도구라고 생각할까? 여왕은 헛기침을 했다. "그 청년을 발견한 객실 담당원이 정신적으로 무척 힘들었을 텐데."

딜리 부인이 올려다보았다. "코볼드 부인 말씀이시죠? 네, 아주 힘들었습니다, 폐하. 처음에는 방에 들어갈 수가 없어서, 사무실에 들러 마스터키를 가져와야 했다네요. 그다음에 문을 열었더니 그 남자가 바로 눈앞에 보였던 거예요. 열린 벽장 문으로 다리가 툭 튀어나와 있더랍니다. 코볼드 부인은 거의 졸도할 뻔했는데요. 하지만 이젠 많이 회복됐습니다, 폐하."

모두들 항상 여왕을 안심시키려고 애썼다. 필립만 빼고. 여왕이 주변 사람들 중에서 완전히 솔직하게 자신을 대하리라고 믿을 수 있는 이는 오직 필립뿐이었다. 사이먼 경에게 듣자니 필립은 내일 돌아온다고 했다. 늦지 않게 딱 맞춰서 오는 셈이었다.

"참 다행이군. 그러면 코볼드 부인이 벌써 복귀했나?"

"아, 아닙니다, 폐하. 아마 다음 주면 돌아올 것 같습니다." 하지만 딜리 부인은 자신 없는 표정을 지었다.

그럼, 그렇게 많이 회복된 건 아니군. 뭐, 그럴 만도 하지.

"고맙네, 딜리 부인."

"별 말씀을요, 폐하."

"경찰이 하루 종일 여기 진을 치고 있어서 너무 불편한 건 아닌지 걱정일세."

"아닙니다, 폐하. 그저 좀 무서운 기분이 들 뿐입니다. 저희들 모두 그래요."

딜리 부인이 여왕과 눈을 맞추더니 여자 대 여자로 한동안 마주 보았고, 그 눈빛엔 깊은 연민이 담겨 있었다. 잠시 동안 여왕은 궁전에서 오래 일해 온 이 하인이 자신의 마음을 헤아리고 있다고 느꼈다. 자신에게 이번 일, 거의 집 안에서 일어난 거나 마찬가지인 참담한 사건이 얼마나 무거운 의미로 다가오는지. 여왕은 눈길을 돌리고 개들을 불렀다. 복도에서 어정대고 있던 개들이 쪼르르 들어와 여왕의 다리 주위로 모여들자 방 안 풍경이 얼핏 정상적인 듯 보였다.

"캔디, 벌컨―이제 돌아가자."

아래층으로 내려가 기다란 복도를 되짚어 오는 길이 이번에는 두 배나 먼 기분이었다. 여왕은 천천히 나아갔다. 방금 전엔 마음의 대비도 하지 못한 채 고스란히 충격을 받았다. 그 방에 있었던 것이 아니라 없었던 것 때문이었다. 그 방 안에서는 어떤 생활감도 찾아볼 수 없었다. 브로드스키는 이 세계에서 흔적도 없이 사라져 버린 듯했다. 그러니 여왕은 아무래도 책임감을 느낄 수밖에 없었다.

만약 사이먼 경에게 의견을 물었다면 그곳에 가지 말라고 조언했으리라. 물론 어느 정도는 그 점 때문에 미리 상의하지 않은 것이기도 했다. 사이먼 경은 군이 가 볼 필요가 없다고 말했을 테지만, 이는 사실이 아니었다. 또 직접 보면 심란할 수도 있다고 말했을 텐데, 이는 화가 날 정도로 맞는 말이었다. 생각만 해도 마음이 켕겼다. 실제로 사이먼 경에게 그렇게 말할 기회를 주지 않았는데도 말이다. 여왕은 그런 생각을 날려 버렸다. 어렸을 적에 할머니조지 5세의 왕비. 테크의 메리(1867~1953)가 누누이 강조했듯이, 마음에 담아 두어 봐야 좋을 게 없었으니까.

대신 그녀는 열쇠 없이는 복도에서 열 수 없는 문에 대해 생각했다. 브로드스키는 새벽녘까지 밖에 나가 있었으니, 그와 함께 방에 들어간 게 누구든, 혹은 그가 방에 들인 게 누구든, 브로드스키를 해치기 위해 늦게까지 죽치고 있어야 했다는 얘기였다. 스파이가 마스터키를 복제했을 수도 있겠지. 여왕은 그렇게 가정해 보았다. 험프리스가 꾸준히 미는 가설처럼, 전부 다 커다란 계획으로 맞물려 돌아간다고 말이다. 그렇다 하더라도 두 번째 매듭을 꽉 조이지 못한 것을 보면 즉흥적인 범행이라고 짐작해 볼 수 있었다. 브로드스키는 이곳에 아는 사람이 아무도 없었기에 오래 묵은 불화로 일어난 사건이라 보기는 어려웠다. 섹스 때문에 빚어진 문제로 보이지도 않았다. 그 청년은 아래층에서 즐길 만큼 즐겼으니, 하룻밤 사이에 윈저성에서 그런 변칙적인 관계를 또 가지는 건 아무래도 무리였으리라. 필립이라도 그렇게 생각하겠지?

그래서…… 누가 한 짓일까?

푸틴은 아니었다. 개빈 험프리스는 강박 관념에 사로잡힌 얼간이일 뿐이었다. 그녀의 직감은 강력히 다른 방향을 가리키고 있었다.

그날 밤 런던으로 돌아갔던 찰스도 제외해야 했다. (그녀는 객관적인 시각으로 모든 가능성을 따져 보려고 노력하는 중이었다. 어쨌든 그날 저녁 행사를 준비한 건 찰스였으니 예외로 둘 수 없었다.) 마찬가지로, 이튼 칼리지 학장도 1킬로미터쯤 떨어진 학교 내 자택으로 그날 밤 돌아갔다. 하지만 브로드스키와 그 여성 건축가가 아슬아슬한 모험을 감행했으니, 재치만 잘 발휘하면 직원

및 임시 방문객 구역과 내빈 구역 사이를 막힘없이 오갈 수 있다는 점이 증명된 셈이었다. 이렇게 되고 보니 데이비드 애튼버러경과 캔터베리 대주교가 포함된 용의자 명단은 거의 우스꽝스러워졌다. 아니—솔직히 이건 아니었다. 이 사람들을 못 믿겠다면, 차라리 그냥 포기하는 편이 나았다.

하지만 이들을 제외하더라도 여전히 여러 가능성의 범위가 당황스러울 정도로 넓었다. 전직 모스크바 대사를 의심할 이유는 없었지만, 러시아에서 사는 동안 브로드스키라는 청년과 모종의 연결 고리가 생겼을 가능성도 없지 않았다. 경찰은 교수와 그 청년 사이의 연관성을 밝혀내지 못했지만—블런트도 학자였다는 점을 기억해야 했다. 학자들 대다수가 기성 체제를 떠받치는 입장이긴 하지만 진실은 아무도 모를 일이었다……. 그리고 그 건축가도 있었다—마지막 탱고를 추었던 여자 말이다. 여왕은 잠시 동안 숙고했다. 로지의 설명을 통해 알게 된 사실에서 어떤 동기를 도출해 보려 애썼지만, 그 비극적인 이야기의 모든 면은 오히려 정반대를 시사했다. 그 딱한 여자는 정신을 못 차릴 정도로 그 청년에게 푹 빠져 있었으니. 이제 페이롭스키 부부와 하인들, 페이롭스키의 친구인 헤지펀드 매니저가 남았다. 경찰은 바로 이쪽에 초점을 맞춰야 하지 않을까?

이때쯤 여왕은 자신의 처소 입구를 지키고 있던 경찰관 한 명을 스쳐 갔다. 그리고 고개를 끄덕여 인사하면서 이 얼마나 정신 나간 장소 선정인가 하는 데 생각이 미쳤다. 이유가 뭐든 간에,

만약 자기가 증오하는 사람과 일상적으로 접촉할 수 있는 사이라면 어째서 성에서 살인을 저지르기로 작정했을까? 사실 이 주위의—여왕 주위만이 아니라 부지 전체를 둘러싼—삼엄한 경비는 별로 걱정할 필요가 없었다. 성안으로 들어온 내빈이라면 일과 후 자신의 수행원이나 다른 내빈들과 함께 무슨 일이든 자유로이 할 수 있었으니까. 한편, 범인이 지금까지는 안 붙잡혔다 하더라도 놈의 전략은 명백히 위험천만했다. 일단 범죄 행위가 발각되기만 하면 이 나라의 고위 형사와 스파이 전문가가 전부 다 모여 이 사건을 붙들고 늘어질 수밖에 없었다. 코번트 가든에서라면 훨씬 더 수월하게 처리할 수 있었을 텐데 왜 여기까지 와서 범행을 저지른 걸까?

그렇다면 살인범은 브로드스키를 잘 모르는 사람이어야 말이 된다—이 경우 그날 밤 위쪽 구역 안팎에 머문 모든 사람들을 용의선상에 올려야 했다.

여왕은 마침내 기다란 복도에 다다랐고, 이제껏 자신의 사고에 별다른 진척이 없었다고 느꼈다. 오히려 한층 더 긴가민가해져서 뒤로 물러났을 뿐.

'만찬과 숙박' 행사가 있던 저녁 뭔가 이상한 일이 일어났다. 심지어 행사가 시작되기도 전에. 머릿속 한구석에 어떤 기억이 잠복하고 있다가 한 번씩 꿈틀거렸다. 서재 앞에 도착했을 때 그 기억이 거의 수면 위로 올라올 뻔했지만, 이내 다시 가라앉고 말았다.

로지에게 지난 월요일 밤에 묵은 방문객 목록을 빠짐없이 정리해 달라고 해야지. 여왕은 마음속으로 별렀다. 또 러시아 대사관을 통해서 브로드스키의 가족 관련 소식도 더 얻어 내야지. 충실히 살아가던 청년이 흔적도 없이 세상을 떠났다고 생각하면 마음이 아렸다─더구나 애도해 줄 이가 아무도 없다니.

사이먼 경이 몇 장 안 되는 종이 다발을 들고서 기다리고 있었다. 여왕에게 결재받을 서류들이었다. 그 옆에 딱 붙어 선 하인은 텀블러와 얼음, 레몬, 고든스 진과 듀보네 한 병씩을 쟁반에 받쳐 들고 있었다. 여왕은 사무적이고 기민한 태도로 비서를 힐끗 본 뒤, 나머지 한 명에게는 약간 애타는 시선을 던졌다. 5분만 더, 잠깐이라도 쉬면 마음이 편안해질 것도 같은데.

12장

"좋은 아침이야, 내 양배추. 만사 순조롭게 돌아가고?"

목요일 아침 식탁에 앉은 필립은 잠시도 자리 비운 적 없이 늘 이곳을 지키고 있던 사람처럼 보였다.

"오늘 아침에 도착하는 줄 알았는데."

"어젯밤에 왔지. 저녁은 브레이에 사는 친구들이랑 간단히 먹었고. 세상에, 당신 안색이 엉망인데. 잠은 좀 잤어?"

"응, 고마워."

여왕이 뿌루퉁하게 대답하려 했지만, 필립은 만면에 미소를 띠었다. 누군가에게 격분한 상태가 아니라면 그의 눈에는 언제나 농담기가 어려 있었다. 늘 그렇듯 체크 셔츠에 넥타이를 갖춰 말끔하게 차려입은 채였다. 라디오 소리가 들리고 식탁 위엔 토스트도 올라와 있으니 벌써 이 장소에 활기가 되살아난 듯했다. 그녀는 절로 웃음이 났다.

"퍼지도 사 왔어?"

"아이고. 깜빡했네. 신문에 윌리엄이랑 캐서린 사진 잔뜩 실린 거 봤어? 거의 도배되다시피 했던데. 내가 윌리엄한테 인도에 가면 즐거울 거라고 얘기해 줬지. 그 애들이 사파리 공원에서 코끼리랑 코뿔소랑 같이 찍은 사진 봤어? 운 좋은 녀석들. 가슴 주머니에다 훈장을 주렁주렁 달아 주는 것보다야 훨씬 낫잖아."

2시에 워털루 체임버에서 훈장 수여식을 주관해야 하는 여왕은 필립이 던진 미끼를 덥석 물 생각이 없었다. "연어는 어땠어?"

"끝내주게 멋지더군. 네 마리 잡았어. 아이스박스에 넣어서 가지고 왔지. 당신 생일에 요리사가 그걸로 뭔가 만들 수 있을지도 모르니까."

"고마워."

"흠, 그런데 아마 반년 전에 벌써 메뉴를 다 정해 놨을 거란 말이지."

실제로 그랬다.

"그렇지만 메뉴야 언제든 바꿀 수 있잖아." 그가 혼잣말하듯 중얼거렸다.

"음."

주방에서 메뉴를 바꿀 일은 없을 테지만, 여왕은 뭔가 방법을 생각해 볼 터였다. 그녀는 남편이 자기 생일을 쭉 염두에 두고 있었다는 사실에 무척이나 감격했다. 또 그가 커다란 물고기 네 마리면 적절한 선물이 되리라 생각했다는 점도 마음에 들었다—실제로 좋은 선물이었고 말이다. 연어는 여왕의 식이요법으로 늘 권장되는 식품이었다. 두뇌 건강에도 좋다는 것 같고. 그리고 물살이 빠른 강가에 나가 거닐던 나날의 추억을 불러일으켜 주기도 했다.

잠시 동안 라디오 소리를 빼고는 다정한 침묵만이 감돌았다. 그러다 필립이 토스트에서 눈을 들더니 말했다. "그놈의 러시아인 말이야. 톰 말로는 살인 사건이라던데."

필립의 시종무관인 톰 트렌더-왓슨 소령은 사이먼 경과 막역한 친구 사이였고, 성안에서 요새 무슨 일이 일어나는지 늘 세세하게 알고 있었다. 그리고 다행히도 믿음직스럽게 분별 있는 사람이었다.

"어떤 놈이 한 짓인지 벌써 잡아낸 거야?" 필립이 물었다. "난 아무 소식도 못 들었는데."

"아니, 아직." 여왕이 말했다. "보안국에서는 푸틴이 벌인 짓이라고 생각해."

"뭐라고? 직접?"

"아니. 왕실 직원으로 위장하고 있던 스파이가 범인이래."

"덜떨어진 녀석들."

"나도 그렇게 생각했어."

"혹시 뭔가 마음에 걸리는 인간은 없고?"

그녀는 찻잔을 들여다보며 한숨지었다. "딱히 없어. 그날 밤 성안에 사람들이 꽉 차 있었는데, 여기서 누가 왜 그 청년을 죽이려 했을까 감이 안 잡혀."

"듣자 하니 여자들 중 절반쯤은 오히려 그 죽여주는 남자한테 몸을 내맡기고 싶어 했던 모양인데."

"음. 맞아." 그녀는 자정 이후 브로드스키와 건축가가 벌인 불장난에 대해 털어놓고 싶었다. 하지만 필립이 그 얘기를 들으면 신이 나서 자기 사람들한테 널리 퍼뜨릴 게 뻔했다. 그러면 시종무관만 빼고 다들 떠들고 다녀서 순식간에 동네방네 소문이 퍼져

나갈 터였다. 우선은 본인조차도 그 일에 대해 몰라야 했기 때문에, 그녀는 잠자코 입을 다물었다.

"아무튼, 신속하게 해결할 필요가 있어." 필립이 의견을 내놓았다. "어느 누구한테도 좋을 것 없는 상황이잖아. 살인자와 함께 지내고 있을까 봐 벌벌 떨다니 말이야. 그리고 무슨 일이 있어도 언론이 손을 뻗치기 전에 해결해야만 해. 아주 신명 나게 물어뜯을 거라고."

이 모든 일을 고려하고 있던 여왕은 그저 또 한 번 "음"이라고만 반응해 주었다.

"어떤 경찰 놈이 이 사건을 지휘하고 있든지 당신이 한 소리 좀 해. '박스'는 무시하고. 푸틴이라고! 하!"

그러면서 필립은 의자를 뒤로 밀고 신문을 펼쳤다. 안 그래도 곧 하려던 일인데 잔소리를 들으니 여왕은 살짝 화가 솟았다. 하지만 그만큼 안도감 역시도 솟아났다. 필립이 집에 돌아와 "푸틴이라고! 하!" 같은 말로 기운을 북돋아 주니 말이다.

정말로 그녀는 필립 덕분에 제정신을 유지할 수 있었다.

라비 싱의 머릿속에는 다른 무엇보다도 9학년 때 교내 토론 대회에서 우승했던 날이 떠올랐다. 그때와 똑같이 두 손이 파르르 떨렸고, 머리가 쿵쿵 울릴 정도로 맥박이 거칠게 뛰었다. 교장실로 불려가 윈클리스 부인을 만난 건 그때가 유일했다. 패널로 장식된 교장실은 어수선한 중학교 건물의 기다란 타일 복도 끄트머리 고상한 코너에 숨어 있었다. 그가 기억하기론 교장의 책상 위 커다란 병에 덥수룩한 뭉치 모양의 엷은 색 꽃이 담겨 있었다. 나중에야 그게 수국이라는 것을 알게 되었다. 교장의 밝은 청록색 드레스도 기억났다. 아주 편안해 보이는 드레스가 10대 소년보다 가슴둘레가 훨씬 큰 몸통을 감싸고 있었다.

물론 윈저성의 오크 룸은 교장실과 달랐다. 더 넓었고, 여왕 폐하의 TV나 휴대용 난방기 같은 뜻밖의 물건들과 함께, 값을 매길 수 없는 고가구로 가득했다. 그러나 강한 여성을 마주한다는 느낌만큼은 똑같았다. 뚜렷한 이유는 모르겠지만 살짝 무섭고, 본인이 알기론 뭔가 잘한 일이 있어서 온 게 분명한데도 왠지 죄책감이 드는 기분 말이다.

나는 런던 경찰청장이야. 그는 자리에 앉으면서 되새겼다. 난 내 직업 세계에서 정상에 오른 사람이야. 그분이 날 야단치지는 않을 거야.

여왕은 그의 맞은편, 안쪽으로 넓어지는 창가의 작은 소파에 앉아서 정말로 만면에 미소를 띠고 차와 비스킷을 좀 들라고 권했다. 개들이 그의 발밑에 느긋하게 자리 잡고 앉았다. 아무 문제도 없었다.

싱은 험프리스가 이번 면담 요청 소식을 듣고 어찌나 따가운 시선을 보냈던지 떠올렸다. "반드시 나한테도 전부 다 말씀해 주십시오. 한마디도 빼놓지 말고. 우리는 그분이 무슨 생각을 하고 계시는지 알아야 합니다." 하지만 여왕은 그저 대략적인 수사 상황만 따라잡고 싶어 하는 듯했고, 시종 살갑고 정중했다. 이곳은 여왕의 성이니 이쯤이야 정당한 요구였다.

"물론 MI5에서 전문가 검토를 하고 있습니다만 전체 용의자 명단을 살펴보려면 아직도 한참 남은 것 같습니다, 폐하. 그날 밤 수많은 사람들이 그 복도에 들락거릴 수 있었습니다. 아, 폐하께서도 직접 보셨지요? 저희는 모든 사람들과 면담을 진행했습니다. 물론, 살인 사건 수사 중이라는 사실을 정확히 알리고 싶지 않은 상황에서는 까다로운 작업이죠. 그러다 보니 저희가 시신에서 발견한 머리카락과 유전자 대조를 해 보기도 더 어렵습니다. 확실한 용의자를 특정하면 물론 유전자 분석도 할 겁니다."

그는 자기가 세 번이나 '물론'이라고 말했다는 사실을 깨달았다. 재킷 아래로는 땀이 맺히고 있었다. 여왕 폐하는 곤란한 질문을 하나도 던지지 않는 상냥한 분이었지만, BBC 라디오 4 채널 '투데이 프로그램'에 나가는 것보다 지금 이 시간이 더 버거웠다.

"최선을 다하고 계실 거라고 믿습니다."

"당연한 일입니다, 폐하. 물─그러니까, 확실히 저희는 브로드스키와 알고 지내던 사람들이나 러시아와의 연결 고리가 있는 사람들을 집중적으로 조사하고 있습니다. 옆방을 쓰던 하인, 어느 하녀, 발레리나 두 명도요. 두 발레리나의 경우는 컴퓨터 기록상 페이스타임애플 기반 모바일 기기의 영상 통화 기능 알리바이가 확인되긴 합니다만. 러시아 역사 전문가인 사서도 있는데, 그 여성이 머문 방은 성을 반쯤 가로질러야 할 만큼 떨어져 있습니다. 기록 보관인은

—음, 그에 대해서라면 험프리스 국장이 더 자세히 설명해 드릴 수 있을 겁니다."

"로버트슨 씨는요? 그 사람 소식은 없습니까?"

"아직 없습니다, 폐하. 확실히 밝혀진 건 아무것도 없습니다. 문제가 되는 일부 지출에 대해서는 이제 해명이 되었지만, 그래도 조사는 계속 진행하고 있습니다."

"그렇군요. 그럼 그게 다인가요? 또 누구와 이야기해 보셨죠?"

경찰청장은 수첩을 들여다보았다. "회의 때문에 윈저성에 방문한 홍보 팀 직원도 5명 정도 있었습니다, 폐하. 이곳에 상주하던 인원은 별개로 면담을 진행했고요. 정기적으로 궁전에 들어와서 지내는 다양한 직원들이나, 시종장이 초대한 손님들도 있네요."

"내빈들도 있었지요."

"그 사람들은 관련이 없습니다, 폐하. 이중의 보안 절차를 통과하지 않고는 내빈 침실과 방문객용 숙소 사이를 오갈 수 없으니까요. 그쪽에 머문 사람들은 아무것도 보지 못했습니다."

여왕이 싱에게 미소를 지었다. 여왕 폐하가 내보인 표정이 아니었더라면 장난꾸러기 같다고 부를 만한 미소였다. "아, 세월이 흐르는 동안 꽤나 놀라운 사연들도 있었거든요, 청장. 바로 오늘 아침에 필립이 얘기해 줘서 떠올랐는데, 프랑스 대사가 카바레 댄서를 종자로 위장해 자기 침실에 몰래 들이는 바람에 떠들썩했던 때가 있었어요. 내기 때문에 벌인 일이었죠."

"이번엔 아닙니다, 폐하." 싱은 장담했다. 그러면서 런던 경찰

청에 돌아가면 동료들에게 이 얘기를 꼭 들려줘야겠다고 마음에
새겼다.

"음, 그렇다면 다행이네요."

여왕은 이 시점에 메러디스 알렉산더와 마샤 페이롭스카야가
로지에게 진술한 내용을 경찰청장에게도 전하는 게 도의임을 알
고 있었다—하지만 또 한편으로, 로지가 비밀 엄수를 약속해 버
렸으니 어쩌겠는가. 여왕은 그게 현명하지 못한 처사였다고 생
각했다. 어떤 행동이나 말을 해야 하는 상황이 올지는 아무도 모
를 일이었다. 아무튼 싱에게 무슨 말이든 했다간 로지를—그리고
궁극적으로는 여왕 자신도—이 얘기에 끌어들이게 될 텐데, 물
론 그 사태만큼은 무슨 수를 써서라도 피해야 했다. 임시 방문객
과 내빈이 속임수를 쓸 수도 있다는 정보를 숙지하고 있다면, 경
찰청장 스스로도 진상을 알아낼 수 있으리라. 그러니 일단은 그
의 확답을 너그러이 받아들였다. "대사관에서 새로 들어온 소식
은 없나요? 러시아 대사관 말이지요."

"예?"

"브로드스키 씨의 유족과 연락이 닿았나 궁금해서요. 시신을
수습하러 누군가 왔나요?"

싱은 잠시 주저했다. 요새는 아무도 그런 질문을 하지 않았다.
"아닙니다, 폐하. 시신은 아직 영안실에 있는 것 같습니다. 저희
쪽에 무슨 정보가 들어와 있는지 제가 알아봐 드릴까요?"

"네, 그래 주면 정말 고맙겠어요. 참, 또 한 가지 궁금한 게 있

는데, 새 방검 조끼는 쓸 만한가요?"

싱은 여왕이 이끄는 대로 화제를 곧장 전환하여, 경찰관들에게 지급된 새 유니폼에 관해 이야기하기 시작했다. 여왕은 그 주제에 대해 놀라울 만큼 해박했다. 한마디도 놓치지 않고 다 알아들으시는군. 그는 생각했다. 이젠 증조할머니 나니 사다의 모습이 여왕의 얼굴에 겹쳐 보였다. 사실 증조할머니는 교장실에 앉아 있던 윈클리스 부인보다도 더 무서운 분이었다. 어쨌든 싱은 여왕 폐하께서 수사 진척 상황에 만족하시더라는 소식을 정보국장에게 전해 줄 수 있었다.

13장

4층짜리 적갈색 벽돌 아파트는 길쭉하고 낮았으며, 밖에서 보니 건물 외관에 잘 어우러지는 발코니와 현대적인 판유리창이 눈에 띄었다. 로지는 건축에 조예가 깊지 않았지만, 얼추 1960년대에 지은 건물 아닐까 추측해 보았다. 아파트 자체는 그리 매력적이지 않았다. 다만 배터시 발전소의 거대한 잔해가 나무 사이로 내려다보이는 템스강 근처 경관 덕분에 두드러진 인상을 남겼다.

이곳은 이 아파트 같은 옛 공공주택과 고상한 회벽 주택이 기묘하게 섞여 있고, 많은 하원 의원들의 런던 거처가 모여 있기도 한 핌리코_{부유층의 주택 지대로 유명한 런던 웨스트민스터의 한 구역}였다. 버킹엄 궁전까지 걸어서 30분쯤 걸리겠네. 로지는 어림짐작했다. 그 정도라면 화창한 아침에 걷기 좋은 거리였다. 경치가 좋으니 다시 와 봐도 괜찮을 듯했다.

그녀는 자동차 뒷좌석에 두었던 고리버들 바구니를 조심조심 들어 올렸다. 바구니엔 '포트넘 앤드 메이슨'_{1707년에 설립된 영국의 백화점. 홍차로 유명하며, 버킹엄 궁전에 식료품을 납품한다} 특유의 'F&M' 로고가 찍혀 있었다. 피커딜리에서부터 출근 시간 교통 체증을 뚫고 여태 달려왔더니 머리가 쭈뼛 서는 듯했다. 배달 가야 할 곳이 두 군데나 있지만 3시까지는 업무에 복귀해야 한다는 사실을 알고 있었으니까. 여왕의 비서실에서 '휴가'란 사실상 반나절을 의미했고, 지각이라는 선택지는 없었다. 로지는 무릎으로 자동차 문을 닫고 손가락 끝에 걸린 원격 차 키를 눌러 잠근 다음, 바구니를 들고 새 클턴 하우스라는 이름이 적힌 출입구 중 제일 가까운 데로 걸어 갔다.

머리가 희끗희끗하고 면도를 하지 않은 남자가 5호 안쪽 문을 열어 주었다. 헐렁한 운동복 반바지와 땀에 젖은 티셔츠를 입고, 목에는 수건을 두른 채였다. 그는 초인종이 세 번 울리고 나서야 대답했다. 로지는 그 모습을 언뜻 보고 아예 자포자기했나 싶어 충격을 받았지만, 이내 그가 한창 운동하던 중이었음을 깨달았 다. 그러자 힘이 났다.

"로버트슨 씨?"

"예, 전데요?" 로버트슨은 바구니를 쳐다보고 있었다. 미니 쿠 페 뒷좌석에 꽉 찰 정도로 커다란 바구니였다. 페인트가 벗겨지 고 카펫 타일도 군데군데 빠진 좁은 복도에서 기다란 형광등 빛 을 받고 서 있자니, 그 바구니만 영 겉도는 듯 보였다.

"비서실에서 나왔습니다." 어디를 얘기하는지 상대방도 알 터 였다. "이건 로버트슨 씨께 드리는 거예요."

"뭐라고요?" 로버트슨이 수건으로 얼굴 한쪽을 문질렀다. "들 어오시는 게 좋겠네요."

로지는 집주인을 따라 좁은 현관으로 들어갔다. 자전거 두 대, 옷걸이, 사진 액자 몇 점, 신발장까지 들어차 있는데도 어쩐지 깨 끗하게 정돈된 듯한 느낌이 드는 공간이었다. 그 너머로 보이는 부엌은 노팅 힐에 있는 메러디스 알렉산더네 집 부엌에 비하면 절반밖에 안 되는 크기였지만, 폐기된 발전소의 상징과도 같은 굴뚝이 창밖으로 한눈에 시원스레 보인다는 장점이 있었다. 부엌 표면은 흰색이거나 스테인리스 스틸 재질이었고 어디든 반들반들 했다.

"마실 것 좀 드릴까요?" 로버트슨이 물었다.

"괜찮습니다. 얼른 가 봐야 할 것 같아서요."

로지는 싱크대 옆 조리대 위에 바구니를 내려놓고 왕실 시종에게 미소 지었다. "저는 로지라고 합니다. 저는—비서실에서는 선생님이 겪고 계신 모든 일을 이해한다는 의미로 이 선물을 드리고자 합니다. *비서실에서 드리는 선물*이라는 점을 꼭 강조해야겠네요. 여왕 폐하께서 개인적으로 결정하신 일은 아닙니다."

레이디 캐드월러더는 여왕의 메시지를 전달하며 이 점을 아주 확실히 못 박았다. 또한, 여왕이 사과를 하는 일도 없어야 했다. 여왕은 보안국과 같은 공적인 기관에서 여왕의 이름으로 행한 일에 대해서라면 사과하지 않았다. 그랬다가는 위선적이며 옳지 못한 처사가 될 테니.

샌디 로버트슨은 당혹스러운 듯 다시 얼굴 한쪽을 문질러 닦았다. "그 점을 꼭 강조해야겠다고요?" 그가 로지의 말을 그대로 반복했다. 목젖을 울리는 스코틀랜드 억양이 가볍게 느껴지는 굵직한 목소리였는데, 아주 듣기 좋았다. 로지는 이 남자가 여왕에게 음료를 권하고 의자를 빼 주거나, 모든 일이 여왕의 뜻대로 돌아가도록 확실히 준비해 두는 모습을 떠올려 보았다. 이 사람은 보스가 곁에 두고 싶어 하는 타입으로 보였다. "어디, 그럼 한번 볼까요."

로버트슨이 바구니의 버클을 풀고 뚜껑을 열었다. 안에는 와인과 위스키, 두껍게 채썰기 한 마멀레이드 병, 쇼트브레드와 진저 비스킷이 담긴 청록색 깡통들이 가득 차 있었다. 흰 동백꽃 수채화가 들어간 카드도 한 장 보였는데, 별다른 문구나 서명은 적혀 있지 않았다.

샌디는 묵묵히 서 있는 로지를 힐끔 올려다보고 다시 바구니 속 음식으로 시선을 옮겼다. 이어서 마멀레이드 병을 손끝으로 훑더니 비스킷 깡통 하나를 들어 올려 살펴보고 다시 내려놓았다. 그러고 나서 카드를 집어 들지는 않고 표면에 검지만 갖다 댄 채 다시 로지를 쳐다보았다.

"대비 폐하께서 가장 좋아하시던 꽃이죠. 흰 동백꽃이요. 그거 아세요?" 로지가 보기에 그의 눈엔 눈물이 그렁그렁 맺힌 듯했다.

"아뇨, 몰랐습니다."

"제 아내도 흰 동백꽃을 좋아했답니다. 7년 전, 메리가 죽었을 때 제가 딱 한 번 그렇게 말씀드렸죠."

"아." 로지는 머릿속으로 재빨리 셈해 보았다. 대비는 2002년에 사망했으니—샌디는 그분과 나눈 대화에 대해 이야기하고 있는 게 아니었다.

"딱 한 번이요." 그가 여전히 카드에 손을 얹은 채로 되풀이했다. "7년이나 지났는데. 정말 대단한 분이에요."

로지는 헛기침했다. "아까 말씀드렸듯이, 비서실에서는 그저 선생님께…… 아마 저희가 괜히…… 하지만 저희는—"

"그분께 감사하다고 전해 주세요." 로버트슨이 끼어들어 스코틀랜드 저지대 억양으로 말했다. "정말 감사합니다."

어느새 울컥 목이 멘 로지는 별수 없이 고개를 끄덕이고는 이제 가 봐야겠다고 말했다.

애덤 도시-존스의 아파트에 찾아갔을 때는 느낌이 또 미묘하게 달랐다. 로지는 남쪽 강변을 따라 운전해 스톡웰로 갔다. 개축한 조지 왕조 시대 주택이 일렬로 늘어선 동네였다. 이번엔 흰 동백꽃 카드도 없었건만, 로지를 맞아들인 도시-존스는 이 선물이 여왕과는 무관하다는 그녀의 주장에 비슷한 반응을 보였다.

"여왕 폐하께서는 당연히 무관하시겠죠." 초록색 모직 스웨터와 청바지 차림인 도시-존스가 말했다. "선생님이 순수한 선의로 하신 일이고요."

"그런 셈이죠."

"음, 정말 감사합니다, 처음 보는 보조 비서님."

"별말씀을요."

"정말 아량이 넓으신 분이시네요."

로지는 웃지 않으려고 애썼다.

도시-존스는 미술품이 가득한 거실 탁자 위에 바구니를 올려놓더니 말했다. "선생님은 제가 러시아 스파이인 게 틀림없다고 생각하진 않으시겠죠. 상트페테르부르크에 머문 적 있는 남자 친구를 뒀다는 이유로 말이에요."

"저는 개인적인 의견을 밝힐 수 있는 입장이 아닙니다." 로지가 침착하게 대답했다.

"그래도…… 이 바구니는요."

"단지…… 비서실에서 결정한 겁니다."

그러자 도시-존스는 로지에게 앉으라고 권하고, 자신이 2년간 맡아 온 디지털화 작업에 대해 설명해 주었다. 그는 오랜 세월 유실되었던 조지 2세 시대 문서를 발견하고서 무척 신났던 일이나, 자신에게 주어진 마감일을 지키기 위해 철야 작업을 했던 나날, 한 달 전 원저성에 방문한 고위 인사들에게 작업 진행 상황을 직접 보여 주느라고 남자 친구의 생일 파티에도 참석하지 못한 사연을 차례로 풀어놓았다.

"수사 팀에서 제가 무슨 짓을 했다고 의심하는지 몰라도, 저한테는 말해 주지 않겠죠." 도시-존스가 말했다. "하지만 질문 방향을 보건대 저를 KGB인지 러시아 연방 보안국인지 그런 데 소속으로 생각한다는 건 분명해요. 러시아 문학을 좋아하는 사람이라면 크렘린을 열렬히 지지할 거라고 확신하는 모양이죠. 저는 솔제니친을 주제로 논문을 썼어요. 저들이 인간의 정신을 어떻게 고문했는지 정말로 알고 싶다면 『암 병동』을 읽어 보세요. 제이미의 갤러리는 추상과 실험주의에 앞장섰던 20세기 초반 미술을 전문적으로 다루는데요. 혁명론자들은 그런 예술을 증오했어요.

그래서 거의 모두 죽이거나 추방해 버렸죠. 그게 아니라도 도저히 살아 나갈 수 없게 만들었고요. 저나 남자 친구나 모두 러시아에서 환영받을 리가 없는 분자라는 거죠. 하지만 제가 뭘 알겠어요?"

"다 지나갈 거예요." 로지가 말했다. 본인에게 상대를 안심시켜 줄 자격이 없다는 건 알고 있었다. 20년 뒤 역사 연구에서 자신이 어떤 단역으로 등장할지 한번 상상해 보았다. 순진해 빠져서 스파이에게 연민이나 느끼는 왕실 직원으로 그려질지도 모르지. 하지만 로지는 순식간에 내팽개쳐진 도시-존스의 비통함에 공감할 수 있었고, 그 같은 비통함이야말로 더 큰 문제를 낳을 여지가 있다고 생각했다. "안타깝습니다."

그가 탁자 맞은편에서 로지를 바라보았다. "네, 진심으로 하시는 말씀인 거 알아요."

돌아오는 길, 로지는 꽉 막힌 크롬웰 도로를 어렵사리 빠져나가며 BBC 라디오 4 채널을 들었다. '월드 앳 원' 뉴스는 인도 여행 중인 케임브리지 공작 부부찰스 왕세자의 아들 윌리엄과 그 부인인 케이트 미들턴가 최근 어디에서 목격되었는지 전하느라 여념이 없었다. 몇 주 안에 성에서 그 부부를 직접 만나 보고 생생한 모험담도 들을지 모른다니, 로지는 아직도 믿기지가 않았다.

그 밖에 런던 금융가 애널리스트 두 명이 코카인 과다 복용으로 숨진 채 발견되었다는 뉴스도 보도되었다. 기자는 긴박함이 넘쳐흐르는 목소리로 질문을 던졌다. "런던 금융가에서 기분 전환용 약물을 복용하는 행태가 이젠 위험 수위에 도달한 걸까요? 또한 남미 지역 사회를 파멸로 몰아넣는 치명적인 사업이 번성하도록 부채질하는 문제에 대해, 중산층 약물 사용자들에게 얼마만큼의 책임을 물을 수 있을까요?"

하지만 이제 로지는 라디오를 흘려듣고 있었다. 방금 전 기자가 애널리스트 두 명의 이름을 밝혔는데, 한 명은 시티뱅크에서 일하는 하비어인지 뭔지 하는 37세 남성이었고 또 한 명은 소규모 독립 투자 회사 '골든 퓨처스' 직원인 27세 여성, 레이철 스타일스였다. '레이철 스타일스'와 '골든 퓨처스'는 로지에게 익숙한 이름이었다. '만찬과 숙박' 행사가 있던 밤 성안에 방을 배정받은 모든 내빈과 임시 방문객의 정보가 기입된 스프레드시트에서 분명히 보았으니까. 왕실 운영 총책임자가 경찰에 제출하려고 정리했던 자료 말이다. '골든 퓨처스'라는 이름이 몹시 전도유망해 보였기에 유독 눈에 띄었는데.

그런데 그 여자는 고작 27세의 나이에 세상을 떠나고 만 것이다.

3
부

———

일
대
일
로

14장

"러시아인과는 전혀 상관없는 일입니다." 로지가 그 우연의 일
치에 대해 보고한 날 저녁, 사이먼 경은 여왕에게 장담했다. "스
트롱 경감이 그쪽 수사과로 문의해 보았습니다. 스타일스 박사가
사망한 구역인 셰퍼드 부시런던 서부 지역 쪽으로요. 그 여성은 음주
문제가 좀 있었다고 하네요."

"저런. 그랬던가?"

"금융가에서 일하다 정신적으로 피폐해진 게 아닐까 싶습니다.
다량의 약을 복용한 다음에 코카인까지 했다는데요. 사고사인 게
거의 확실합니다. 물론 비극적인 일이지만요."

사이먼 경은 진심이었다. 자녀는 없어도 올해 27살 된 조카딸이 있었으니 말이다. 조카도 금융가에서 일하다가 회사를 차렸는데, 이젠 집에서 밤낮없이 노트북을 끼고 일하는 듯했다. 조카는 젊고 아름다웠으며, 앞날이 창창한 외동딸이었다. 만약 그 애에게 무슨 일이 생긴다면 남동생 부부는 결코 마음을 추스를 수 없으리라. 사이먼 경도 그 마음을 헤아릴 수 있었다.

"이 젊은이가 성에서 정확히 뭘 하고 있었던 건가?" 여왕이 궁금해했다. "다시 한 번 알려 주게."

"시종장이 초청한 손님이었습니다." 사이먼 경이 말했다. "시종장은 외무부를 위해 대외 정보에 관한 소규모 회의를 주관하고 있었습니다."

"아, 그래. 지부티에서 온 청년이 있었지."

"예?"

"아프리카에서 여기까지 날아온 청년에게 시종장이 몹시 탄복하던 게 기억나네. 내가 보기에 그 회의는 아프리카 말고 중국에 중점을 둔 것 같았지만 말일세. 언제 한번 시종장에게 물어봐야겠어."

"예, 폐하. 그러면 정말 앞뒤가 맞네요. 스타일스 박사는 중국 경제 전문가였으니까요."

"그래?"

"박사 학위도 중국 인프라 펀딩을 주제로 땄습니다. 골든 퓨처스는 아시아 시장 여러 곳에 투자하고 있고요. 스타일스 박사는 업계의 샛별이었습니다."

"정말이지 모르는 게 없군, 사이먼."

"열심히 따라가고 있습니다, 폐하. 말씀드릴 게 하나 더 있습니다."

"뭐지?"

"폐하께서 경찰청장에게 사망자의 어머니는 어찌 되었는지 질문하셨지요. 정확히는 가족 중에 시신을 수습하러 온 사람이 있는지 말입니다. 음, 대사관에 확인해 봤는데, 아직 아무도 안 왔답니다. 대사관에서는 브로드스키 씨의 어머니가 정신병원에 입원해 있다고 보더군요. 이복형제가 하나 있었는데, 군대에서 훈련 중에 사망한 모양입니다. 물론 영국이 아니라 그쪽 군대죠. 아버지에 관해서는 이미 알려진 대로고요. 그게 다인 것 같습니다. 러시아에서 결국 시신을 송환받지 않을까 싶네요."

"고맙네, 사이먼."

사이먼 경은 여왕의 얼굴이 다시금 침울해 보인다고 생각했다. 뭐, 여왕도 세 아들을 둔 어머니였으니. 이런 화제를 입에 올리기가 쉽지 않을 수밖에 없었다.

"기운 내, 릴리벳." 필립이 힘차게 말했다. "누가 죽은 것도 아닌데. 아."

그들은 차를 타고 이동하는 중이었다. 윌리엄이 아기였던 시절부터 알고 지낸 말 조련사와 오붓하게 저녁 식사를 하기로 했다.

여왕은 작년에 자신의 경주마들이 그가 키운 말들에게 패배했어도 앙심을 품지 않았다. 즐거운 저녁 시간 내내 경주 얘기만 할 수 있다면 정말 황홀하리라. 말 조련사의 장남이 노섬브리아에서 넓은 농장을 운영했으니, 필립도 가축 생산량이나 유기농법의 발전, 사냥철의 별별 엉뚱한 짓에 대해 이야기를 풀어놓을 수 있을 테고.

여왕은 하루 종일 이 시간만 손꼽아 기다렸다. 지금은 은사로 짠 드레스와 새 분홍색 립스틱으로 야심 차게 치장한 터라 눈부시게 빛났다. 물론 필립 역시 94세라는 나이가 무색하게 패션 잡지에서 그대로 걸어 나온 듯 보였다. 그녀는 필립처럼 제복이나 검은 넥타이가 잘 어울리는 남자를 본 적이 없었다. 둘이 결혼했을 무렵 필립은 유럽에서 가장 바람직한 신랑감이었다. 그녀는 그때나 지금이나 자신이 운 좋은 여자라고 생각했다—이 남자가 툭하면 머리끝까지 열 받게 만들긴 해도 말이다.

"아무도 시신을 수습하러 오지 않았어." 여왕이 알려 주었다.

"뭐, 누가 됐든 꼭 올 거야."

"내 생각엔 진짜 안 올 것 같은데."

"어쨌든 당신이 고민해야 할 문제는 아니잖아?"

그녀는 한숨을 쉬었다. "내 문제처럼 느껴져."

"에이 참, 릴리벳. 당신이 온 세상을 짊어질 수는 없는 거야. 그 남자랑 딱 한 번 춤을 췄을 뿐이잖아. 그 정도로는 데이트라 부르기도 어렵다고."

"필립. 진짜 이러기야?"

그녀는 쌩쌩 앞질러 나가는 다른 차들을 차창 너머로 내다보았다. 그들 부부가 탄 벤틀리는 고집스레 시속 110킬로미터를 유지했고, 너무도 부드럽고 조용하게 움직여서 거의 멈춰 서 있는 듯 느껴질 정도였다.

"얼른, 속 시원하게 말해. 뭔데 그래?"

그녀는 자기 마음을 괴롭히는 게 뭔지 딱 꼬집을 수 없었다. 그러다 고개 돌려 필립의 반짝이는 백발과 날렵한 턱선, 차 안에 편히 앉았는데도 꼭 전투태세를 갖춘 듯 자신만만한 몸가짐을 마주하고서야 문득 깨달았다.

"그 남자를 보면 당신이 떠오르더라고." 미처 삼킬 새도 없이 이런 말이 툭 튀어나왔다.

"뭐, 그 러시아 남자? 그래?"

"당신 젊었을 적 말이야."

"하! 그것 참 고맙구만!"

필립은 여왕이 만나 본 남자들 중 가장 잘생긴 축이었지만, 가장 섬세하다고 볼 수는 없었다. 물론 그는 그녀를 속속들이 알고 있는 사람이었다. 그리고 그녀의 마음에 가장 쏙 드는 부분 중 하나는 그가 대부분의 사람들과 달리 그녀에게 굽실거리지 않는다는 점이었다. 필립은 그녀를 '릴리벳'으로, 그녀 스스로가 생각하는 모습 그대로 봐 주었다. 아무튼 아주 솔직하지만 그다지 살갑지는 않은 사람이었으니, 그녀가 러시아 청년에게 어떤 감정을 느끼는지 설명하기에 제일 적합한 사람이라고 볼 순 없었다. 그 감정을 불러일으킨 장본인이 바로 필립이라 해도 말이다.

막심 브로드스키의 손을 잡은 여왕은 자기도 모르는 새에 발레타 시절_{필립이 해군 장교로 몰타의 수도인 발레타에서 복무하던 시절}로 돌아갔다. 다른 해군 아내들과 함께 밤새 춤을 추고 매력 넘치는 남편과 함께 자유를 만끽하던 시절, 국왕인 아버지가 앞으로도 수년 동안 현명한 군주이자 그녀의 스승으로 곁에 있을 것이기에 마음 놓고 지낼 수 있던 시절. 아버지는 1년 뒤에 돌아가셨다. 몰타에서 보낸 몇 달은 호박 속의 화석처럼 마음속에 고스란히 남았다.

이제 그녀는 옷장 속 청년의 이미지를 감당하기가 왜 그리 버거운지 알 수 있었다. 안다고 해서 감내하기가 더 쉬워지는 것은 아니었지만, 적어도 이해는 할 수 있었다.

"기분이 좀 풀렸어?" 필립은 제대로 쳐다보지도 않고 물었다.

"응, 고마워."

필립이 팔을 뻗어 그녀의 손을 잡고 꽉 쥐었다. 둘을 태운 차는 밤의 버크셔를 미끄러져 나아갔다.

피터 벤 경은 토요일 아침 윈저성에서 점심 식사 전에 가볍게 차나 한잔하자고 초대받고는 두말없이 수락했다. 원래 그들 부부는 로마에 파견 나갔던 시절 사귄 옛 친구들과 함께 국립 미술관에서 전시회를 관람할 계획이었다. 하지만 그는 군말 없이 선약을 미루었다. 여왕이 같이 차를 마시자고 부른다면 무조건 가야 하는 법.

초대된 이유가 무엇인지는 뚜렷이 알 수가 없었지만, 피터 경은 늘 신중히 처신하는 신하답게 아무 질문도 하지 않았다. 그는 성의 시종장이기에 지금 이 공간—옥타곤 룸—이나 레이디 캐럴라인, 세인트 조지 성당 참사회 사제, 그리고 여기저기 흩어져 앉은 왕실 중진들을 익히 알고 있었다. 여왕 폐하는 한 달 앞으로 다가온 윈저 마술馬術 대회를 손꼽아 기다리며 쾌활하게 지냈다. 이는 예나 지금이나 여왕이 제일 좋아하는 행사 중 하나였다. 여왕은 승마용 말 부문에 출전시킨 바버스 숍여왕 소유의 2002년생 경주마에게 기대를 걸고 있다고 즐겁게 이야기했다. 이 자리에 옹기종기 모여 앉은 사람들과 달리 피터 경은 승마인이 아니었다. 그래서 승마용 말이 뭔지 확실히 알 수 없었지만(대회에 나가는 말은 전부 승마용 아닌가?), 여왕 폐하께서 어떤 말의 우승 가능성을 놓고 들떠 계신다면 필시 중요한 일이었다.

"시종장, 요즘 바빴던 것 같더군요." 여왕이 밝은 파란색 눈으로 피터 경을 응시하며 말했다. 그는 혹시 방금 자기가 경우 없게 따분한 기색을 내보였으면 어쩌나 걱정이 들었다.

"제가요?"

"회의를 주관했다면서요. 지난번에 극도로 수줍음 타는 지부티 출신 청년도 내게 소개해 줬잖아요?"

그러면서 여왕은 그날 발끝을 내려다보며 시선을 회피하던 그 청년의 모습을 꽤 훌륭하게 흉내 냈다. 이 나라에서 제일 세련된 외교적 기술을 지닌 나머지 동석자들은 본인이 필요치 않거나 방해될 뿐인 상황임을 깨닫고 감쪽같이 대화에서 빠졌다. 피터 경은 지난번에 켈빈 로가 돋보이지 못해서 다소 낙담했기에, 그 청년에 대해 조금 더 얘기할 수 있는 기회가 생겨 기뻤다.

"기억하고 계셨군요, 폐하! 예, 켈빈 씨는 천재라 할 만합니다. 몇 달 전부터 저희와 일하기 시작했는데, 이미 '일대일로'에 대해 실로 막대한 양의 정보를 밝혀냈습니다."

"일대일로?"

"예. 그게 저희 회의의 핵심 주제였습니다. '일대일로'는 중국이 아시아와 아프리카, 유럽을 연결하기 위해 세운 원대한 계획입니다. 사실 지독히도 헷갈리는 표현이죠. 왜냐하면 '일대─帶'는 종종 육로로 연결되는 내륙을 가리키고, '일로─路'는 해상을 가리키는데 바다에는 길이 없으니까요. 비유적인 의미가 아니라면요. 중국인들은 매우 비유적인 것 같습니다."

"아." 듣고 보니 문득 떠올랐다. "'신 실크로드'와 같은 얘기인가요? 작년에 시 주석이 왔을 때 그 얘기를 했지요."

"그렇게 낭만적인 명칭을 붙여 볼 수도 있겠죠. 하지만 실상은 전혀 그렇지 않습니다, 폐하. 물론 저도 전문가는 아니지만, 이곳 윈저성에서 회의를 주관할 수 있어서 기뻤습니다. 외무부가 MI6의 도움을 받아 소집한 기밀 회의였는데요. 장소를 여기로 잡은 덕택에 모두가 외부의 눈길을 피할 수 있었고, 히스로 공항과 매우 가까우니 켈빈 씨에게도 편리했습니다. 버지니아에서 열리는 학회에 가는 길에 재빨리 들를 수 있었으니까요. 악천후 때문에 비행기가 연착되어 결국 제시간에는 못 왔지만 말입니다. 저희는 켈빈 씨를 합류시키기 위해서 본회의를 하루 연기했습니다. 그 친구는 중국이 아프리카에서 무슨 일을 벌이고 있는지에 대해 굉장히 흥미로운 통찰력을 갖고 있거든요. 죄송합니다―제가 쓸데 없이 너무 구구절절하게 설명한 건 아닌지요, 폐하?"

"아니, 흥미진진하군요. 계속 말씀하세요."

"켈빈 씨는 중국이 온 대륙과 이웃 국가들에 투자한 인프라 현황을 지도로 나타내는 컴퓨터 프로그램을 개발했습니다. 확인해 보니 정말로 사람들이 예상하는 것보다―혹은 중국 측에서 자인하는 것보다―훨씬 더 방대한 규모더군요."

"그런가요?"

"예, 맞습니다, 폐하. 중국에서는 번듯한 항구며 철도, 고속도로, 심지어 무역 분쟁을 조정하기 위한 법원까지 세우고 있습니다."

"이전 세기와는 딴판이네요. 그때 중국은 아무하고도 대화하려 들지 않았는데 말이에요."

"정말 그렇습니다, 폐하. 시 주석은 그동안 허비한 시간을 만회하고 있습니다. 하지만 유치국들이 얼마만큼의 부채를 지게 되는지가 큰 의문점입니다. 또 그 인프라가 군사적 목적으로 사용될 수 있는지도요. 그러니까―이런, 지금 시시콜콜 말씀드리면 폐하께서 지루하실 텐데요. 이 내용은 교통부가 곧 종합하여 보고서로 올릴 테니 그때 확인하실 수 있을 겁니다. 마무리 작업 중인 외무부 보고서에서도요. 여기서는 우리 쪽의 전략적인 관심에 좀 더 초점을 두고 있죠. 물론 이번 회의에서 논의할 주제도 바로 그 것이었습니다."

"참석자들은 정확히 어떤 사람들이었죠? 다들 너무 어려 보이던데요."

"그렇습니다, 폐하. 뭔가 좀 무서운 일이죠? 손자 또래인 사람들이 갑자기 나라를 이끌어 나가는 것처럼 보이니 말입니다. 저희는 런던 금융가와 학계, 정보 통신 본부의 다양한 연구원을 확보했습니다. 35세를 넘는 사람은 거의 없을 겁니다. 켈빈 씨가 24세밖에 안 되었다면 믿기시나요?"

여왕은 피터 경의 어깨 너머에서 레이디 캐럴라인이 약간 우려 섞인 표정을 짓고 있다는 사실을 알아차렸다. 다과 시간이 생각보다 오래 이어진 탓에, 지금쯤 부엌에서는 주방장이 생선 요리를 어찌 낼지 걱정하고 있으리라.

"그래요. 음…… 참 재미있는 일이지요?" 여왕은 결혼반지를 비틀며 말했다. 레이디 캐럴라인이 다가와 대화를 끊을 수 있도록. 하지만 못내 안타까웠다. 이 대화가 *진심*으로 흥미로웠고, 더 많은 이야기를 나누고 싶었으니까. 그녀는 피터 경의 회의가 그렇게나 비밀스럽고 전략적이었다는 점을 전혀 모르고 있었다. 그 사실을 알고 나니 생각할 거리가 많아졌다.

15장

남은 주말은 아주 느긋하게 흘러갔다. 소피와 에드워드엘리자베스 2세 여왕의 막내아들 부부가 일요일 예배를 마친 뒤 아이들을 데리고 놀러 왔다. 에드워드 가족은 다 함께 말을 타러 나갔다가 돌아와 바버스 숍의 앨범을 훑어보았다. 거기엔 거세한 경주마인 바버스 숍이 경마 대회에서 우승한 모습이나 그 뒤 은퇴 경주마 재훈련 단체가 개최한 여러 행사에서 쾌거를 이룬 모습 등이 담겨 있었다. 바버스 숍은 현재 에식스에서 지냈지만 5월에 열리는 마술 대회를 위해 곧 돌아올 예정이었다. 이제 14살이니 행사에 출장하는 것도 아마 내년이 마지막이리라. 모두들 바버스 숍을 그리워할 것이다. 경주로를 질주할 때나 쇼 무대에 오를 때나 어찌나 인기가 많았던지. 루이즈에드워드 왕자의 딸가 바버스 숍의 혈통과 훈련에 관해 똘똘한 질문을 던지는 모습을 보니 흐뭇했다.

일요일 저녁에 사이먼 경이 주간 일정을 정리해 왔다. 추밀원 회의, 우정 공사 설립 500년 기념행사, 여왕 본인의 90번째 생일 기념행사, 마지막으로 오바마 부부와의 만남까지, 한 달 만에 꽤나 바쁠 듯했다. 사실 이 중에서 여왕이 제일 고대해 온 행사는 맨 마지막 일정이었다. 오바마 부부는 케네디나 레이건 부부를 연상케 하는 매력을 발산했다. 지적이고 다정다감했으며, 지난번에 방문했을 때 가족들 모두와 잘 지내기도 했다. 그때는 버킹엄 궁전에서 격식을 빡빡하게 갖춰 만났지만 이번에는 보다 고요하고 친밀한 시간을 보낼 수 있으리라. 여왕은 윈저성이 최고로 멋진 모습을 뽐낼 수 있기를 바랐다. 외국인 피살 사건이 그때까지도 해결되지 않은 데다 보안국에서 왕실 내부에 숨은 배신자를 찾아다니기까지 하는 상황이 아니라면 참 좋겠지.

여왕은 일찍 잠자리에 들었지만 잠이 오지 않았다. '일대일로' 관련 회의가 자꾸 떠올라 머릿속을 휘저었다. 뭔가 마음에 딱 걸리는 일이 있었는데. 그날 저녁 여왕이 노먼 타워로 건너갔을 때 분명 무슨 일이 일어났다. 그때 마침 시종장이 개인 응접실에서 자기 손님들에게 주연을 베풀던 시점이라, 여왕도 잠시 들러 인사를 건네기로 했다.

그녀는 오래 머물지 않았다. 그날 일을 더듬어 보자면 응접실에 모여 앉은 사람들은 8명쯤 되었고 대부분 터무니없이 어렸다. 피터 경이 한 명씩 소개해 주었다. 그렇게 데면데면한 집단도 흔치 않겠다 싶었다. 어느 정도는 긴장한 탓이려니 해도, 전반적으로 서로서로 정말 모르는 사이인 듯했다. 바로 이 회의 때문에 갖가지 조직과 기관에서 차출된 사람들이다 보니 아직 서먹서먹한 관계인 모양이었다. 여왕이 예전에 자주 참석했던 군인 칵테일파티와는 완전히 다른 분위기였다. 군인들이야 끈끈하게 뭉쳐서 서로를 놀려 대고 농담을 툭툭 주고받느라 바빴으니.

피터 경의 손님들은 모임 성격에 맞게 옷을 갖춰 입었다. 물론 정식 야회복은 아니고, 검은 넥타이 정장과 간단한 칵테일 드레스였다. 두 명 빼고는 전부 남자였다. 회의를 추진한 외무부 고위 관리와 MI6 공작원 두어 명이 보였고, 나머지는 전문 분석가와 학자인 듯했다. 두 젊은 여자 중 한 명은 요정처럼 예뻤고 뒷머리를 짧게 깎은 금발 덕에 꼭 트위기1960년대 패션 스타일을 대표하는 영국 모델처럼 보였다. 또 한 명은 검은 생머리를 묵직하게 늘어뜨려 얼굴을 반쯤 가리고 있었다. 이쪽이 레이철 스타일스—머지않아 약물과다 복용으로 사망하게 될 여자—였다. 그날 거기 참석했던 누군가 때문에 그 젊은 여자가 마약을 하게 된 걸까? 본회의가 다음 날로 미뤄졌으니 모두들 성에서 하룻밤 묵었을 터였다.

중국과 러시아.

뭔가 연결점이 있을까? 물론—사이먼 경이라면 이렇게 말할 텐데—지정학적으로는 가능한 얘기다. 막심 브로드스키는 일종의 러시아 스파이였을까? 페이롭스키가 중국의 기밀을 손에 넣으려고 브로드스키를 심어 놓은 걸까? 레이철 스타일스는 조력자였고? 그래서 둘 다 죽어야만 했던 걸까?

아아, 세상에, 이런 방향으로 흘러가면 험프리스나 다를 바 없지. 실로 터무니없는 생각이었다. 그런데도 그때 노먼 타워에서 열린 작은 모임이 계속해서 뇌리에 맴돌았다. 뭔가가 잘못됐다. 당시엔 그 점을 알아차리고도 그냥 떨쳐 버렸는데, 이제 와 생각하니 역시 자신의 직감을 믿었어야 했다. 뭐가 잘못되었던 건지 떠올릴 수 있다면 좋으련만.

그녀는 거기 모였던 남자들의 모습을 그려 보려 했다. 한 명은 유난히 키가 컸다. 또 한 명은 인도식으로 들리는 이름이었다. 또 어떤 이는 부채 비율 계산식에 관해 엄청나게 빨리 뭐라고 말하더니 여왕의 입에서 총명한 발언이 나오길 잠자코 기다렸다. 여왕은 미소 지으며 말했다. "정말 흥미롭군요." 달리 뭐라고 말해 줄 수 있었겠는가?

아무튼 미국 대통령이 방문하는 금요일까지 살인범을 찾아내려면 정말로 잽싸게 움직여야 하리라.

월요일 아침 로지는 긴팔 티셔츠 위에 오래된 트위드 재킷을 걸치고 출근했다. 아래는 승마 바지도 빌려 입었다. 보조 비서가 평소에 입을 만한 옷은 아니었지만, 말 탈 채비를 갖추고 왕실 마구간 후문으로 오라는 지시가 떨어졌기 때문이다. 거기서 보스와 만나기로 했다.

여왕은 벌써 와 있었다. 딱 여왕답게 실크 스카프를 단단히 매고 누비 재킷을 걸친 차림새였다. 로지는 안전모를 쓴 여왕의 모습을 한 번도 본 적이 없는 듯했다. 여왕이란 결코 말에서 떨어질 일이 없는 존재인 것만 같았다. 그뿐 아니라 윤기가 흐르는 검정 조랑말 역시도 세상에서 제일 온화한 동물처럼 보였다. 여왕의 검정 조랑말은 말끔한 우리 안에서 마부와 함께 침착하게 기다리고 있었다. 옆에는 다리가 짧고 튼튼한 적갈색 말도 있었다. 녀석이 보드랍고 검은 갈기를 로지 쪽으로 장난스레 휙 흔들었다.

"아, 어서 오게!" 여왕이 활짝 웃으며 로지를 맞아 주었다. "자네가 탈 수 있게 템플을 준비시킬 생각이었지. 몸집도 적당하고 성격도 좋거든. 녀석에게 확실한 권위를 보여 준다면 말이야."

로지가 무릎을 굽혀 절했다. 승마용 장화를 신고 절하려니 느낌이 이상했다. "감사합니다, 폐하."

여왕은 활기찼지만 예리했다. "누구나 자기한테 딱 맞는 말이 따로 있는 법이야. 자네는 하이드 파크에서 말타기를 배웠다지? 나도 그렇다네. 자, 어서."

두 사람은 곧 말에 올라탔다. 마부 두 명도 동행했는데 한 명은 여왕의 말과 거의 똑같은 검정 조랑말, 또 한 명은 다부진 아일랜드산 회색 말에 탔다. 잔뜩 흐리고 먹구름이 깔린 날이었다. 비가 올 기미도 느껴졌다. 여왕은 하늘을 힐끗 올려다보았다.

"BBC 일기 예보를 확인해 봤네. 얼추 한 시간쯤은 남은 것 같아."

일행은 동쪽으로 방향을 잡고 나무 그늘 아래 풀밭을 디디며 드넓은 홈 파크로 향했다. 템플의 걸음걸이가 차츰 안정되자 로지의 근육에도 자연스레 힘이 들어갔다. 그녀는 리듬에 몸을 맡기며 그동안 이 감각이 얼마나 그리웠던지 새삼 깨달았다.

"자네와 나는 제법 가까운 데서 자라났지." 여왕이 말했다.

"그렇습니다, 폐하."

"자네가 말을 탄다기에 매우 놀랐다네. 수업을 받기가 쉽진 않았을 텐데?"

여왕은 예의 바른 사람이기에 적나라하게 표현하진 않았지만,

아무튼 맞는 말이었다. 승마를 배우기란 정말로 엄청나게 어려웠다. 공영 주택 단지에서 자라난 여자아이들은 원래 말을 탈 수가 없었다. 그래, 하이드 파크 근처이긴 했지만, 홀랜드 파크나 메이페어의 저택에 사는 삶과 방 두 개짜리 아파트에 사는 삶은 전혀 다르지 않은가. 더구나 아버지는 매일 승객들의 불평불만을 참고 견디며 런던 지하철에서 일하고, 어머니는 공적 지원이 자꾸만 사라져 가는 지역 사회에서 조산사로 활동하겠다며 발 벗고 나선 형편이라면야. 말을 타는 데 들일 시간과 돈은 우선순위에서 밀릴 수밖에 없었다.

하지만 여왕과 로지는 하이드 파크 부근에 살았다는 점 말고도 공통점이 하나 더 있는 듯했다. 부모님의 큰 기대를 한 몸에 받은 장녀라는 점.

"제 나름대로 방법을 찾았습니다, 폐하."

"그래? 어떻게?"

"마구간에서 일했거든요."

밤이나 낮이나, 이른 아침에도 주말에도—언제든 부르면 가서 일했다. 승마 비용을 내기 위해서였다. 로지는 종종 학교 가기 전에 한 시간, 꾸역꾸역 숙제를 해 놓고 저녁에 또 한두 시간 말을 탔다. 학급에서 1등을 해 본 적은 없지만 성적도 꾸준히 그럭저럭 잘 받았다. 엄마와 그렇게 약속했으니까. "성적 떨어지면 조랑말들이랑은 작별 인사하는 거다." "조랑말이 아니고 말이라니까, 엄마." "뭐가 됐든지."

"그리고 자네는 치열하게 말을 탔겠지?"

"네, 폐하. 군에 입대하기 위해서요."

로지는 뭐든지 치열하게 했다. 학교와 마구간을 오가며 성장한 터라 대학 생활은 식은 죽 먹기 같았고, 학군단에 들어가서도 당당히 우등을 차지할 수 있었다. 세계 최고의 기수까지는 될 수 없다 해도 종합 마술 코스를 도는 데엔 거침이 없었고, 괜찮은 말을 받아 약간만 연습한다면 날든 헤엄을 치든, 뭐든 할 수 있을 정도였다.

로지는 비슬리 사격장에서 100위 안에 들어 배지를 딸 만큼 사격도 잘했다. 그런 세계에서는 항상 위화감을 느꼈지만, 어쨌든 남자애들의 코를 납작하게 눌러 버렸다. 상류층 남자애들을 이겨 먹는 것만큼 통쾌한 일이 또 있을까 싶었다. 그것도 원래는 그 애들의 텃밭 같은 분야에서 말이다. 일찌감치 무심한 태도를 보이는 법을 익힌 덕에 만사를 더 잘 해낼 수 있기도 했다. 로지는 우등 졸업을 하고 아프가니스탄에서 군 복무를 한 뒤 상류층 자제들이 일하는 은행에 들어가 출세 가도를 달렸다. 그리고 이젠 여기서 여왕 폐하를 위해 일하고 있었다.

평소 로지는 지나간 일이야 전부 흘려보내고 그저 하루하루에 충실하지만, 말 위에 앉아 있자니 하이드 파크에서 보내던 이른 아침 시간으로 돌아간 기분이었다. 훗날 여기까지 오게 될 거라고는 감히 상상도 못 했는데.

"템플은 지금 어떤가?" 여왕이 물었다.

"좀 못마땅한가 봐요." 로지가 웃었다. "혼자 휙 가 버리고 싶어 하는 느낌이 드네요."

"그러지 못하게 해."

"자아도취에 빠진 아이 같은데요?"

여왕이 로지를 보며 싱긋 웃었다. "그럴 만도 하지. 저렇게 잘생겼으니 말이야. 그래, 템플, 넌 자기가 얼마나 멋진지 아는구나."

그들은 머리 위를 전속력으로 스쳐 가는 제트기 굉음 사이로 들려오는 새소리에 귀를 기울이며 산책로를 느긋이 통과했다. 로지는 여왕이 이토록 물 만난 고기처럼 자유로워 보이는 모습을 이제껏 본 적이 없었다. 어쩐지 문지방을 넘어온 듯한 기분이 들었다. 이제는 자신도 왕실의 일원이라는 느낌, 말하자면 여왕과 나란히 말을 탈 만큼 최측근이 되었다는 느낌이었다. 혹시 지난번에 런던에서 묘한 임무를 수행했기에 그 보상으로 여왕과 함께 말 타는 시간을 누리는 건가? 여왕은 결코 뭐라 밝히지 않을 테고, 로지 또한 결코 묻지 않을 테지만, 왠지 그런 느낌이 들었다.

두 사람은 로지가 최근 라고스에 다녀온 일이라든지, 이제 그곳이 인구 2천만 명의 대도시로 발전했다는 이야기 따위를 화제로 올렸다. 모든 영연방 국가들의 수도를 속속들이 아는 여왕에게는 뉴스거리라 할 것도 없었다. 하지만 로지는 몇 년 전 처음으로 라고스에 갔을 때 자신이 그간 나이지리아에 대해 얼마나 편견을 품고 있었는지 깨닫고 깜짝 놀랐다. 양지의 영국을 지향하는 곳이리라고 막연히 생각했는데, 막상 가 보니 오히려 정반대였다—이 작은 섬은 음지에 있어도 좋다는 자신감을 품고 독자적인 방향으로 나아가고 있었던 것이다.

"조부모님 대에 런던으로 이주한 건가?"

그랬다. 로지는 1960년대에 영국으로 건너온 조부모에 대해 자랑스럽게 이야기했다. 할아버지는 영안실에서 시신 닦는 일부터 시작했다. 당시 그분이 구할 수 있는 직업은 그것뿐이었다. 하지만 그분은 언제나 지역 사회를 위해 발 벗고 나섰다. 페컴 지역에서는 누구나 새뮤얼 오쇼디를 알았다. 다들 뭐든 필요한 게 있다면 새뮤얼을 찾으면 되었다. 새뮤얼이 어떻게든 방법을 찾아내 눈앞에 대령해 줄 테니.

"할아버지는 대영 제국 훈작사를 받으셨어요." 로지가 덧붙였다. "그때 저는 아주 어렸지만, 할아버지가 궁전에 다녀오신 날이 기억나요. 그다음에 다 함께 만나 축하를 드렸지요. 할아버지는 그날 여왕 폐하를 만나 뵈었고—" 로지는 추억에 잠겨 미소를 띤 채 말을 멈추었다. 할아버지는 여왕 폐하가 아주 자그마한 체구여도 눈부시게 빛났다고 했다. 피부까지도 반짝이는 것 같았다고. 가족들 사이에서는 그 얘기가 지금까지도 회자되었다. 분명 찬사이긴 했지만, 로지는 정작 여왕이 그런 말을 어떻게 받아들일지 알 수 없었다.

여왕이 아주 묘한 시선으로 로지를 쳐다보고 있었다. 로지는 할아버지에게 들은 말을 자기도 모르게 툭 내뱉었는지 자문해 보았다. 분명 소리 내어 말하진 않았는데. 여왕은 아주 까다로운 질문이라도 나온 듯 로지를 물끄러미 응시했다. 혹은 다른 누군가가 질문을 던졌고 로지는 이 자리에 있지도 않은 듯이…….

여왕은 여태 요리조리 달아나던 기억을 드디어 건져 올렸다.

로지의 이야기를 듣는 동안 그날 일이 새록새록 선명하게 떠올랐다─사실 이렇게나 강렬한 기억을 대체 어떻게 잊어버릴 수 있었는지 놀라울 따름이었다.

"이제 돌아가지." 여왕은 이쯤에서 승마를 끝내기로 결정했다. "곧 비가 쏟아질 것 같군."

정말 그랬다. 먹구름은 이제 거대한 흑진주빛 기둥처럼 육박해 왔다. 그새 기온도 1도쯤 떨어졌다. BBC가 지나치게 낙관적으로 일기 예보를 내놓는 게 어디 하루 이틀인가. 일행은 성 쪽으로 방향을 돌리고 속보로 말을 몰았다.

돌아가는 내내 여왕은 아까 옛날얘기를 하며 천사처럼 해맑은 표정을 짓던 로지의 모습을 떠올렸다. 할아버지가 훈작사를 받았다는 추억담이었지. 훈장이란 늘 그런 식이었다. 훈장 수여식을 연 목요일에 이미 깨우쳤어야 하는데, 즐겁긴 하지만 일상적인 의례라 별다른 점을 느끼지 못했던 것이다. 여왕은 로지가 어린 시절의 신나는 추억을 들려주고 나서야 반쯤 묻혀 있던 자신의 기억을 되살릴 수 있었다.

훈장이란 특별하고 개인적이며 오래가는 영예였다. 가끔 거부 의사를 밝히는 특이한 사람도 있었지만, 일단 훈장을 수여받은 사람이라면 누구나 드높은 자긍심을 품고 가보로 간직했다. 사람들은 훈장을 받은 날을 생생히 기억했고, 그 상을 받기까지 본인이 행한 모든 일을 고스란히 기억했으며, 이는 본인뿐 아니라 가족들도 마찬가지였다. 여왕은 전쟁이나 지역 사회에서 세운 공로로 훈장을 받은 가족에 대해 자랑스럽게 이야기하는 아내나 남편, 자녀, 유족을 셀 수 없이 많이 만났다. 처음 만나는 자리에서 곧잘 수줍어하는 사람들도 훈장 얘기가 나오면 분위기가 확 바뀌었다. 질문 하나만 던지면 바로 속마음을 터놓았다. 친구나 동료 병사가 용맹한 작전 수행 중에 사망했거나, 작고한 친척 대신 그 훈장을 차고 있는 경우라면 감정이 북받치기도 했다. 하지만 무덤덤한 태도를 보이는 경우는 없었다. *절대로.*

레이철 스타일스는 그날 칵테일 드레스 위에 만찬용 재킷을 걸친 차림새였다. 옷깃에는 월계관이 바탕에 깔린 작은 은 십자가가 달려 있었다. 그 자리에는 스타일스 말고도 훈장을 단 사람들이 몇 명 보였다. 혁혁한 공로를 세운 피터 경은 훈장이 일곱 개나 되었고, 그 밖에도 훈장을 하나씩 단 남자가 두 명 있었다. 하지만 여왕은 스타일스 박사의 훈장에 특히 눈길이 갔다. 전사하거나 테러 공격으로 희생된 군인의 가장 가까운 친척에게 수여되는 엘리자베스 십자 훈장이었으니까. 그들의 희생을 기리기 위해 여왕이 직접 제정한 훈장인데, 도입된 지 10년도 채 안 지났다.

"어떤 분께 수여된 훈장인가요?" 여왕은 그때 이렇게 물었다.

젊은 여자는 깜짝 놀란 듯했다. "제 아버지요."

억지로 대답을 쥐어짜는 느낌이라 거의 질문처럼 들렸다. 그러거나 말거나 여왕은 밀고 나갔다. "어디서 훈장을 받으셨죠?"

이제 상대는 어찌할 바를 모르는 듯 보였다. "어어, 버킹엄 궁전?"

여왕은 스타일스가 겁에 질려 떨고 있다는 점을 눈치챘다. 그래서 끈질기게 캐묻지 않기로 했고, 왜 그런 애매모호한 질문을 던졌을까 약간 자책도 했다. 방금 전 질문은 당연히 '아버지가 훈장을 받은 장소가 어디였느냐'는 뜻이 아니었다. 가족에게 그 훈장이 수여되려면 필시 본인은 사망했을 테니까. 그야 당연하지 않은가? 그러니 '어떤 공격을 받고 사망했느냐' 혹은 '어떤 작전을 수행하다 전사했느냐'는 뜻이었다.

이는 물론 민감한 주제였다. 하지만 여왕은 유가족이 얼마나 열렬히 자신의 슬픔을 나누고 싶어 하는지 수년에 걸쳐 깨달았다. 어떻게 보면 여왕이라는 존재가 그들이 목숨을 바쳐 수호한 가치를 대표하기 때문인지도 몰랐다. 그게 아니라면 여왕이 그 문제에 깊이 관심을 기울이고, 비슷한 처지인 유가족을 수없이 많이 만나 보았으며, 본인 또한 전쟁이나 테러로 인해 무척 아끼던 사람들을 잃었기 때문인지도 몰랐다.

요컨대 여왕은 분명 그 훈장에도 비극적인 사연이 얽혀 있겠구나 하고 짐작했을 뿐, 어느 장소에서 그 훈장을 대신 수여했는지 상대가 단답형으로 툭 내뱉을 줄은 몰랐다. 이 경우 버킹엄 궁전이라는 대답은 어지간히 특이했지만 말이다. 왜냐하면 엘리자베스 십자 훈장 수여식은 일반적으로 국왕이 임명한 대리인이 각 지역에서 주관했기 때문이다. 여왕이 직접 유가족에게 훈장을 수여한 건 아주 특수한 경우 몇 번뿐이었다. 아마도 그 점 때문에 상황이 유독 이질적으로 느껴졌던 것이리라.

그때 여왕은 잠시 이 문제를 따져 보며 속으로 '곤란한 상황이구나' 하고 혼잣말했다. 스타일스는 감정적인 데다 수줍음을 탔다. 그렇다면 이상한 답변을 내놓은 것도 설명이 됐다. 어찌 봐도 언변이 뛰어난 타입은 아니었고 말이다. 다음 날 자기 신발만 멀뚱멀뚱 내려다보는 켈빈 로를 보면서도 잠시 스타일스가 떠올랐다. 짧은 대화를 나눈 뒤 여왕은 곧 노먼 타워를 떠나 국빈관으로 향했고, 이내 찰스와 함께 러시아식 향연을 준비하는 데 전념했다.

하지만 레이철 스타일스는 감정에 휩쓸린 게 아니었다. 당혹감은 그저 당혹감이었을 뿐이다. 그녀는 자기 삶의 중심에 각인되었어야 하는 사건에 대해서 명백히 틀린 대답을 내놨다. 즉 스타일스는 십자 훈장의 주인이 아니었다. 그 훈장이 무슨 의미인지도 몰랐다. 다른 사람의 재킷을 입고 있었던 거다.

과연 그 여자가 정말로 레이철 스타일스이긴 했을까?

때마침 갑작스레 천둥이 치더니 굵은 빗방울이 떨어지기 시작했다. 조랑말 에마는 머리를 살짝 흔들며 꾸준히 속보로 달렸지만, 템플은 총이라도 맞은 듯 고개를 쳐들고는 다짜고짜 쌩 내달렸다.

로지는 템플이 이끄는 대로 쏜살같이 나아갈 수밖에 없었다.

"쫓아가게!" 여왕이 회색 말에 탄 마부에게 명했다. 템플이 나무 쪽으로 빠르게 달려가고 있었기에 로지는 정신을 바짝 차려야 했다. 자칫하다 나뭇가지에 부딪혀 나동그라질 수도 있었다.

이제 비가 억수로 쏟아졌다. 여왕은 BBC를 저주하며 힘닿는 대로 최대한 빠르게 쫓아갔다.

16장

한 시간 뒤 두 사람은 여왕의 거실에서 업무를 재개했다. 아주 오랜만에 말을 탄 탓에 허벅지가 욱신거렸지만, 로지는 승마가 선사한 짜릿함에 비하면야 이 정도 대가는 치를 만하다고 생각했다. 방금 전의 승마, 특히 마지막에 엄청난 속도로 홈 파크를 질주하던 때를 생각하니 아직도 흥분이 일었다. 결국 템플은 로지의 명령에 복종하기로 마음먹고 올림피아 마술 대회에 출전한 말처럼 안정된 속보로 성까지 돌아왔다. 로지는 벌써 템플에게 무척이나 정이 들었다. 참 악동 같은 녀석이지만 어떻게 다뤄야 할지 감이 잡혔다. 여왕은 로지에게 언제든 한가한 시간에 템플을 타도 좋다고 말했다. 여왕 앞에 선 로지는 속으로 벅찬 기쁨을 느꼈다.

캐시미어 옷에 진주 장신구를 단 여왕은 응접실에 차분히 앉아 한나절을 보낸 듯한 모습으로 꿀을 넣은 홍차 한 잔을 홀짝였다. 소나기는 짧고 요란하게 지나갔지만 다들 쫄딱 젖어서 돌아왔기에, 여왕은 곧바로 위층에 올라가 몸을 단장하고 왔다. 이번 주 동안 코감기에 걸리는 일만큼은 피해야 했다.

여왕은 엘리자베스 십자 훈장에 얽힌 이야기를 로지에게도 들려주었다.

"그러면 그 여성이 재킷을 훔쳤다고 생각하시는지요?" 로지가 물었다.

"그럴 수도 있지." 아니면 신분을 훔쳤을 수도 있고. 이렇게 덧붙이고 싶었으나 차마 그 말을 입 밖에 낼 수 없었다. "스타일스 가족이 그 훈장을 받는지 확인해 줄 수 있겠나? 그리고 내가 레이철 스타일스의 사진을 좀 볼 수 있을까?"

"알겠습니다, 폐하."

"아, 참, 로지?"

"네, 폐하?"

"리치먼드에 빌리 매클라클런이라는 멋진 신사가 산다네. 오래전에 내 경호 팀에서 일했고 나중엔 경감까지 올랐지. 파일에 연락처가 있을 걸세. 그 사람에게 아주 개인적으로 부탁 좀 해 주겠나?" (내 대포폰으로 말이지. 로지는 생각했다.) "스타일스 박사의 사망에 특이점은 없는지 법의학자에게 다시 한 번 물어봐 달라고 말이야. 내 생각엔 매클라클런이 지금도 경찰과 좋은 관계를 유지하고 있을 것 같으니 그쪽에다 넌지시 얘기해 볼 수도 있을 거야. 단순한 약물 과다 복용이 아닐지도 모른다는 제보를 받았다고. 자네가 매클라클런에게 그렇게 언질을 주면 어떨까 싶네."

"알겠습니다, 폐하."

"그리고 내가 따로 당부할 필요는 없겠지……"

"어디까지 말씀하셨죠, 폐하? 이제 목요일 일정인데요. 웨일스 공작영국 왕세자에게 붙는 칭호로 현재는 엘리자베스 2세 여왕의 장남인 찰스 왕세자를 일컫는다 부부가 하이그로브에서 출발해 정오쯤 도착할 예정입니다……."

　월요일 오후에 여왕은 머리를 다듬고 의상 담당자이자 디자이너인 앤절라와 진득이 의견을 나누기로 예정되어 있었다. 앞으로 며칠간 입을 의상 몇 벌을 변경하여 확정해야 하는데, 날씨는 여전히 막무가내로 종잡을 수가 없었다. 일렬로 열려 있는 벨벳 깔린 상자를 쭉 살펴보며 장신구도 선택해야 했다. 다른 환경에서 만났더라면 절친한 친구로 지냈을 사람과 함께 시간을 보내는 건 늘 즐거운 일이었지만 오늘은 머릿속이 너무 복잡했다. 눈앞의 일에 집중하려고 노력해 봐도 오늘따라 유난히 힘겨웠다. 저녁 때 로지가 들어와 내일 일정을 보고하고 아침에 얘기 나눈 사항에 관한 새 소식을 전할 때까지 침착하게 기다리기가 몹시 고역이었다.

　돌아온 소식은 뒤죽박죽이었다.

　"스타일스 박사의 아버지인 제임스 스타일스 대위는 육군 공병대 소속이었고 1999년 코소보에서 사제 폭탄 테러로 사망했습니다." 로지가 말했다. "그때 레이철은 열 살이었고요. 엘리자베스 십자 훈장은 어머니에게 수여되었습니다. 2010년 콜체스터의 머빌 병영에서 에식스 지사가 훈장을 수여했다네요. 어머니는 나중에 난소암으로 사망했다고 합니다. 남동생도 있긴 하지만 레이철이 훈장을 물려받기로 정한 모양입니다."

　"그렇군."

"레이철 스타일스의 사진을 가져왔습니다, 폐하."

로지가 성 보안 팀에 심사용으로 제출됐던 인쇄물을 건넸다. 상단에는 딱히 특별할 것 없는 여권 사진이 조그맣게 붙어 있었다. 사진 속 젊은 여성은 파란 눈에 검은 머리였다. 머리카락을 묵직하게 늘어뜨린 모습이 눈에 익었다.

"다른 사진도 찾아봤지만 입수하기가 쉽지 않았습니다." 로지가 인정했다. "밀레니얼 세대치고는 소셜 미디어를 멀리했더라고요. 링크드인세계 최대 비즈니스 전문 소셜 네트워크 서비스에도 사진이 없었습니다―링크드인은 전문 인력이 이용하는 웹 사이트입니다, 폐하. 또 페이스북이든 데이트 사이트든 전혀 이용하지 않았습니다." 골든 퓨처스 직원 파티에서 찍힌 단체 사진이 몇 장 있었지만, 그중 딱히 건질 만한 사진은 없었다. 뉴스에서 레이철 스타일스의 사망 소식을 전할 때도 흐릿한 졸업 사진 한 장만 내보냈다.

여왕은 책상 서랍에서 돋보기를 꺼내 사진을 들여다보았다. 돋보기 없이 멀리서만 보면 그때 그 여자라 확신했을 터였다. 하지만 이젠 주로 머리스타일 때문에 그리 보였음을 알 수 있었다. 여왕이 어렴풋이 기억하는 바로는 코 모양이 달랐다. 사진 속 여자의 코가 좀 더 크고 못나 보였다. 턱은 더 길었고. 아니면 실제로도 저랬던가? 둘이 다른 사람이라 지금 당장 맹세할 수 있느냐고 누군가 다그친다면(다행히 아무도 그런 요구를 하는 일이 없었지만) 여왕은 분명히 답할 수 없었으리라. 다른 사람이라는 느낌은 들었지만, 그뿐이었다.

하지만 머빌 병영은 절대로 버킹엄 궁전이 아니었다. 그때 훈장 수여식에 대해 짤막하게 나눈 대화는 도무지 말이 되지 않았다. 웬만한 훈장들은 버킹엄 궁전에서 수여식을 여는데, 하필 어지간해서는 *그럴 리* 없는 엘리자베스 십자 훈장이라니 참 아이러니했다. 물론 즉각 그 지점에 생각이 미칠 사람도 별로 없겠지만 —하필 또 여왕은 그 사실을 바로 떠올릴 만한 사람 중 하나였으니 말이다.

한데 이런 느낌만으로 남들을 납득시킬 수 있을까? 훈장을 수여한 사람은 어머니였고 레이철은 그 자리에 가지도 않았을 텐데. 그러니 옛날 일이라 기억을 못 할 수도 있다거나 여왕을 직접 만나니 얼떨떨해서 횡설수설했을 거라 생각하기도 쉬웠다.

하지만 그녀는 알았다. 여왕은 알았다. 그냥 알 수 있었고, 그렇다면 더 볼 것도 없었다.

로지는 여왕이 무슨 생각을 하는지 얼추 짐작했다. 하지만 아무래도 단정하긴 어려웠다. "만약 본인이 아니었다면 신원 조사 단계에서 걸리지 않았을까요?"

"보안 팀에서 하는 일이 *그거지.*" 여왕이 생각에 잠긴 채 중얼거렸다.

"또 그 뒤에—그러니까, 살인 사건이 일어난 뒤에 당시 여기 머물던 사람은 전부 다 경찰 조사를 받았잖아요? 그럼 경찰에서 눈치채지 않았을까요?"

"그리 생각할 수도 있겠지." 여왕은 한숨을 쉬고 화제를 바꾸었다. "빌리 매클라클런한테서는 아직 별다른 소식 없을 테지?" 별 기대 없이 던진 질문이었다. 로지가 매클라클런에게 연락한 지 기껏해야 몇 시간 지났을 테니 벌써 뭘 알아내지는 못했으리라.

"사실 연락은 왔습니다. 시신에서 검출된 독극물 보고서에 약간 이상한 점이 있었답니다. 코카인뿐만 아니라, 고인이 처방받지 않은 진정제도 미량 검출되었다네요. 하지만 레이철이 오랫동안 불안 장애에 시달려 왔다는 점도 고려해야겠죠. 부모님을 일찍 여의고 고달픈 인생살이에 지쳤으니까요."

"고맙네, 로지." 여왕은 로지가 불안하게 머뭇거리는 듯하다는 점을 깨달았다. 보조 비서가 흔히 드러내 보일 법한 태도는 아니었다. "응? 얘기할 게 또 있나?"

"네, 사실 한 가지 더 있습니다, 폐하. 제가 끔찍한 실수를 저지른 것 같습니다. 죄송합니다."

"어서 털어놓게."

여왕이 지켜보는 가운데 로지는 용기를 쥐어짜며 고개를 들었다.

"저는 고인의 가장 가까운 친족에 관해 알아보려고 골든 퓨처스 사무실에 전화해 보았습니다. 폐하께서 추후에 그쪽과도 연락해 보길 바라실 것 같아서요. 아무튼, 저는 윈저성 객실 관리 팀 소속이라고 밝혔습니다. 이제 보니 레이철 씨가 두고 간 물건이 있어서 돌려주고 싶다고요. 사무실 직원은 레이철이 윈저성에 다녀왔는지 전혀 몰랐다고 대답했습니다. 그 회의가 완전히 극비였다는 점을 제가 그만 잊어버리고 말았습니다, 폐하―적어도 직장에서는 알고 있을 거라고 짐작했는데요. 어쨌든 회사에서는 몰랐든지, 최소한 제 전화를 받은 응대 담당자는 모르고 있더군요."

"이런. 어떤 성격의 회의였는지는 언급하지 않았겠지?" 여왕은 잔잔한 목소리로 물었다. 유감스러운 일이긴 해도, 이 정도면 수습할 수 없는 참사까지는 아니었다.

"네, 물론 그런 얘기는 안 했습니다, 폐하. 하지만 전화를 받은 직원은 레이철이 윈저성에 다녀가다니 뜻밖이라고 말했습니다. 고인은 며칠 동안 몸이 안 좋아서 회사에 나오지 않았다는데요. 기간이 얼마나 되냐고 물었더니 사망 직전 일주일이라네요. 그러면 '만찬과 숙박' 행사 때쯤으로 거슬러 올라갑니다."

"고맙네, 로지." 여왕은 생각에 잠긴 채 대답했다.

"폐하, 제가 얘기해 보면 좋을 사람이 있을까요?"

"스트롱 경감을 보면 지나가는 말로 한번 물어보게. 브로드스키가 사망한 뒤 수사 팀에서 방문자 명단에 있는 사람을 한 명도 빠짐없이 대면 조사했는지 말이야. 물론 그랬으리란 느낌은 들지만. 그리고 경비 감독에게는 성안 경비가 제대로 이뤄지는지 우려된다고 전하게. 사건 당일과 다음 날 모든 사람의 출입 절차를 꼼꼼히 재확인했는지 살펴봐 줬으면 좋겠다는 부탁도 해 주고. 분명히 진작 검토해 보았을 게야. 감독이 이제까지 얻은 정보를 내게 알려 줘도 좋겠지."

여왕은 미신을 믿는 사람이 아니었다. 그럼에도 나쁜 소식은 세 가지씩 찾아오는 경향이 있다는 생각을 종종 했다. 다음 날엔 한 시간 새에 세 가지 낭패가 속속 닥쳐왔다. 금세 또 열릴 추밀원 회의를 준비하고 있을 때 로지가 불쑥 들어오더니, 살인 사건 이후 며칠 동안 스트롱 경감의 수사 팀이 누구든 다—레이철 스타일스를 포함해—직접 만나 조사했다고 알렸다. 도클랜즈의 자택에 머물던 레이철은 '독감'이 아직 다 안 나았는데도 형사 두 명과 기꺼이 면담을 했다.

그때까지 약물을 복용했다는 징후는 없었다. 여왕이 레이철에게 무슨 나쁜 일이 일어났길 바라는 건 아니었다. 다만 이렇게 되면 자신의 새로운 가설은 신빙성이 떨어졌다. 또 하나, 경비 감독이 이미 보안 책임자에게 출입 절차를 전부 재검토하도록 지시했으나 아무 이상 없었다는 소식도 들어왔다. 만약 *실제로* 누군가가 레이철이라 사칭하고 돌아다닌 거라면 아주 교묘하게 일을 처리한 셈이었다. 하지만 세 번째 타격이야말로 단연 최악이었다.

험프리스 측에서는 샌디 로버트슨이 브로드스키의 시신 근처에서 발견된 여성용 레이스 팬티와 동일한 제품을 작년에 온라인으로 구입했다고 보고했다. 여왕이 느끼기엔 거의 신명이 난 듯한 태도였다. MI5가 압박해 오고 있었다.

스스로 정해 놓은 마감 시간이 슬슬 다가오는데도 여왕은 지금껏 아무런 진전을 못 이뤘다는 기분이 들었다. 좋은 소식이 들려오길 더 기다려 봐야겠지만 일단은 코앞으로 다가온 일들에 집중하는 게 중요했다. 거기 온전히 몰두해야 할 만큼 바빠질 터였다.

온 세계가 지켜보는 가운데 역사에 남을 장면이 만들어지리라.
가엾은 샌디 로버트슨은 좀 더 참고 기다려야만 할 테고.

이런 상황을 참기가 힘겨웠지만, 당장은 여왕이 할 수 있는 일
이 없었다.

17장

어린 시절 엘리자베스 공주는 어떤 어른이 되고 싶은지 질문을 받으면 '전원에서 동물들과 더불어 사는 숙녀'가 되고 싶다고 대답했다. 지난 몇 주 동안은 딱 그렇게 지냈다. 하지만 앞으로 며칠 동안은 여왕의 임무를 다해야 했다.

여왕은 자기 생일 전날인 수요일에 필립과 함께 윈저 우편 사무실을 방문해 우정 공사의 500주년을 축하했다. 환호하는 인파가 몰려들었고 깃발이 펄럭였으며 날씨도 좋았다. 앤절라가 훌륭한 안목으로 고른 핑크색 코트와 모자는 햇빛 아래서 사진을 잘 받을 듯했다. 우편 사무실은 여왕에게 경의를 표하는 뜻에서 이름을 바꾸기로 했다. 역시 깃발이 펄럭이는 가운데 전시도 둘러보았다. 당연히 기념우표도 발행되었다.

전부 다 즐거운 시간이었다. 그 뒤 곧바로 이어진 행사에서는 영국다움의 정수가 약간 지나치긴 했지만. 새 음악당을 연 알렉산드라 가든스로 가서 학생 공연을 봐야 했는데, 그룹별로 노래를 부르거나 학교 셰익스피어 축제의 일환으로『로미오와 줄리엣』의 몇 장면을 공연하거나 했다.

약간 지친 채 성으로 돌아온 여왕과 필립은 잠시 낮잠을 잤다. 그 뒤 저녁엔 가족들과 오붓한 식사 자리를 마련하기로 했다. 내일 행사에 참석하기 위해 벌써 친지들이 성에 속속 모여들고 있었다. 여왕의 처소는 자녀와 손자, 증손자로 가득 찼다. 부활절 이후, 즉 '숙박과 만찬' 직전 다 함께 가족사진을 찍은 뒤로 얼굴을 못 본 아이들이 대부분이었다.

애니 리버비츠(《보그》, 《롤링스톤》 잡지 사진작가로 잘 알려진 미국 사진가(1949~)가 찍은 왕실 가족사진은 곧 대중에게 공개될 것이다. 꽤나 만족스러운 사진들이었다. 사실 여왕은 사적인 스냅 사진을 더 좋아했지만. 그녀는 방심한 순간 바보처럼 즐거워하며 찍힌 사람들의 모습을 보는 게 좋았다. 리버비츠의 스타일과는 거리가 멀었다. 하지만 여왕과 앤(여왕의 장녀이자 찰스 왕세자의 동생)을 함께 담은 사진은 확실히 분위기가 있었다. 성 계단에서 노는 개들의 사진도 좋았다. 그리고 대중은 증손자들인 어린 루이즈와 제임스가 핸드백을 들고 찍은 사진도 귀여워하리라. 그래, 대체로 괜찮았다. 그 미국 작가는 늘 달고 다니는 수행원들과 어마어마한 양의 장비를 끌고 온 데다 여왕이 원했던 촬영 시간보다 4배나 오래 끌었지만 결과는 성공적이었다. 오늘 밤 아이들에게 그 사진들을 보여 줄 생각이었다.

로지는 멀찍이서 왕실 가족을 바라보았다. 그 중심에 있는 여왕의 얼굴은 기쁨으로 환히 빛났다. 교황의 말대로 정말 눈부시게 빛났다. 아마 티 없이 깨끗한 피부 때문이리라. 재미난 일이 있을 때마다 기쁨이 너울대는 듯 반짝이는 눈동자 때문이기도 하겠지. 물론 진주와 다이아몬드를 자연스레 몸에 걸친 모습도 아주 보기 좋았다—하지만 교황이 옳았다. 여왕은 실내복 가운만 입고 있을 때도 반짝이는 듯 보였으니. 지금 이 순간 실크 다마스크 야회복과 앤티크 보석으로 치장한 여왕은 실로 환한 빛을 뿜어냈다.

그래서 로지는 이 순간을 망치지 않기로 결심했다. 유리 페이롭스키의 하인인 바딤 보로비크가 소호 뒷골목에서 처참하게 구타당한 채 발견되었다는 소식을 오늘이나 내일 굳이 여왕에게 전할 필요는 없을 터였다. 마샤 페이롭스카야는 오늘 오후 로지에게 전화해 공황과 절망을 격하게 분출했다.

"바딤이 날 도와줬다는 사실을 그 인간들도 아는 거예요! 그놈들이 시킨 거야! 바딤을 처벌했으니 이제 곧 내 차례겠지!"

로지는 시간과 공을 들여 가며 조금이나마 마샤를 진정시켰다. 그 여자는 전형적인 동성애 혐오 범죄라는 경찰의 '헛소리'를 한사코 믿지 않았다. "당연히 그렇게 말하겠죠! 바딤이 게이니까, 무슨 설명이든 갖다 붙일 수 있다고요!"

"그분은 괜찮을까요?" 로지가 물었다.

"내가 어떻게 알겠어요? 밤사이에 죽을지도 몰라요."

러시아 사람들은 정말 연극적으로 감정을 표출하는구나. 로지는 생각했다. 하지만 혹시 모르니 바딤의 건강 상태가 어떤지 내일 병원에 문의해 보기로 했다. 그 남자를 걱정하는 이유가 뭔지 변명거리를 미리 생각해 놓아야 하리라.

내일은 원래 쉬는 날이지만, 여왕의 생일이란 곧 모든 자유 시간이 취소된다는 의미였다. 유럽 각지의 여러 왕족이 여왕의 생일 파티에 참석하기 위해 원저성으로 오고 있었다. 한편 미국 대통령도 다음 날 스탠스테드 공항에 도착한 뒤 여왕을 만날 터였다. 로지와 사이먼 경은 해 뜰 때부터 질 때까지 자리에 앉을 틈도 없이 여기저기 연락을 취하고 이런저런 문제를 해치우고 현장을 감독해야 하리라. 하루 종일 전 세계의 이목이 쏠릴 터였다. 세상에서 가장 엄격하다고 알려진 기준에 맞게 모든 일이 진행되는지 다들 확인하고 싶을 테니까. 빅토리아 여왕은 81세까지 살았다. 90세란 영국의 군주가 새로이 내딛는 땅이었다. 여왕이 나아가고자 하는 대로 다음 10년을 여는 게 중요했다.

다음 날에도 라운드 타워에서는 여전히 아무 소식이 없었다. 하지만 4월 21일이 오니 윈저의 모든 이가 길거리로 쏟아져 나온 것처럼 보였다. 길가를 가득 메운 군중은 장벽에 기대거나 발코니와 창가에 서서 마치 파도처럼 국기를 흔들었다. 교회 종소리가 울렸고, 나팔 소리와 왕실 근위대 악단의 연주도 쟁쟁하게 퍼져 나갔다.

여왕은 살인 사건 수사에 대한 고민은 제쳐 두고 눈앞의 일에 집중했다. 사람들 앞에 여왕으로 서는 일, 평생 동안 배워 나가야만 하는 과업 말이다. 성 아래로 나와 군중들 사이를 걸어가는 여왕에게 모두들 꽃다발을 선사하려는 듯했다. 거대한 분홍 풍선들이 둥실 떠올랐다. 여왕은 90대에 들어선 동년배들도 만나 보았고 기념 보행로를 공개하는 행사도 치렀다(여왕은 붉은 벨벳 커튼과 작은 끈들도 능숙하게 다룰 줄 알았다). 또 BBC 베이킹 쇼에서 우승한 여성이 만든 커다란 보랏빛 케이크도 준비되었다. 여러 맛을 색다르게 조합했다는데, 정작 여왕은 맛을 볼 틈이 없었다.

작년에 랜드 로버에서는 지붕이 열리는 레인지 로버 영국의 자동차 브랜드인 랜드 로버에서 제작하는 고급 SUV 모델로 교황 전용 차 같은 의전 차량을 만들었다. 이제 여왕은 그 차 뒤쪽에 필립과 함께 서서 사람들에게 손을 흔들었다. 모두들 깃발을 흔들며 국왕의 생일을 축하했다. 태양이 은빛 구름 사이로 점잖게 얼굴을 내밀고 다시 환히 빛났다. 쌀쌀하긴 해도 심하게 춥지는 않은 날이었다. 어쨌든 여왕은 길을 따라가는 내내 "생일 축하합니다!" 하고 외치는 사람들의 쾌활한 분위기 덕에 마음이 훈훈했다.

그녀는 자신과 이름이 같은 여왕에 대해, 또 그 시절의 전국 순회 여정에 대해 생각해 보았다. 옛 여왕은 필립이 '여왕 전용 차'라 부르고야 만 의전 차량을 어떤 식으로 만들었을까? 엘리자베스 1세는 필시 군중을 보고 흐뭇함을 느꼈으리라. 여왕은 무슨 소란이 빚어질 조짐은 없는지 주의를 기울이는 한편 건물 옥상에 숨은 저격수들에 대해서는 상상하지 않으려 애썼다. 그리고 여전히 이 임무를 수행할 수 있다는 점에 감사하고자 했다. 오늘날엔 방탄유리로 무장한 안전 차량이 기본이었다. 하지만 그건 총리에게나 해당되는 얘기고. 만약 뭇 사람들의 눈에 보이지 않는다면 여왕이 있어 봐야 무슨 소용이 있겠는가? 그러므로 오늘 여왕은 봄을 기념하며 연두색 옷을 차려입고, 여전히 오픈카에 서서 이

동할 수 있는 튼튼한 체질을 감사히 여길 따름이었다.

그 뒤 노을이 지며 은빛 하늘을 희부연 분홍빛으로 물들였다. 찰스가 진심 어린 연설을 짧게 마치고 여왕에게 횃불을 밝혀 달라고 청했다. 이는 영국 전역을 거쳐 저 멀리 지브롤터까지 켜질 천 개도 넘는 횃불 중 첫 번째가 될 터였다. 롱 워크를 따라 줄줄이 켜지기 시작한 횃불은 어두워져 가는 하늘을 배경으로 밝고 멋지게 타올랐다. 그 광경을 보니 전쟁 직후 이어진 기념행사라든지 스페인 무적함대의 침입 때부터 이 땅에서 기별을 전했던 방식이 자연히 떠올랐다. 한편 사이먼 경은 25만 명도 넘는 사람들이 트위터로 생일 축하 메시지를 보냈다고 알려 주었다. 그 많은 사람들이 카드를 한 장씩 보내지 않아서 천만다행이지.

여왕은 오늘 하루를 가능한 한 차분하게 구성해 달라고 부탁했는데, 국가적으로 최대한 요란을 떨지 않은 게 이 정도였다. 노곤했지만 즐거웠다. 윈저성에서 이번 생일을 보내니 정말이지 각별했다. 여왕은 이 도시의 모든 이들과 오늘 하루를 함께 나눈 듯한 기분이 들었다. 사람들도 마찬가지 기분을 느꼈으리라. 이제 성에서 찰스 스타일로 저녁 식사를 할 차례였다―워털루 체임버에서 한껏 요란하게 멋을 부릴 거란 얘기였다. 그리고 여왕은 아침까지 모두들 무사히 살아 있기를 바랐다.

푸틴이 정말로 어떤 메시지를 보내고 싶었다면 오늘 밤을 택했어야만 해. 여왕은 생각했다.

그리고 옷을 갈아입으러 위층으로 올라갔다. 베개 위에 스코틀랜드산 수제 퍼지 한 상자가 놓여 있었다. 필립이 쪽지도 끼워 놓았다. 잊어버린 게 아니었구나. 그녀는 밤 시간을 버티기 위해 퍼지 한 조각을 입에 넣었다.

18장

밤에 비가 내린 뒤 금요일 아침은 맑고 어스레하게 밝아 왔다. 런던에 도착한 오바마 대통령은 다우닝가의 캐머런 총리 관저에 방문할 예정이었다. 그 덕에 몇 시간 동안 윈저성은 언론의 관심에서 벗어날 수 있었으니 여왕으로서는 고마운 일이었다.

오바마 부부는 여왕과 점심 식사를 함께하기로 했다. 다행스럽게도 다른 방문객이 또 살해당했다는 소식은 여왕의 귀에 전해지지 않았다. 하지만 지난번 살인 사건 수사는 여전히 지지부진했다. 여왕은 사이먼 경이 고개를 끄덕여 주기를, 아니면 개빈 험프리스가 접견을 요청해 드디어 뜻밖의 돌파구를 찾았다고 알려 주기를 간절히 바랐으나 시간만 자꾸 흘러갈 뿐 아무 소식도 없었다.

오전 늦게 사이먼 경이 한 가지 소식을 들고 오기는 했지만 그저 사태를 더 혼란스럽게 흔들어 놓기만 했다. 경찰에서 레이철 스타일스의 모발과 브로드스키의 방에서 나온 모발 유전자를 대조해 보았더니 일치하더라는 것이다. 두 사람이 연이어 사망했다는 점, 모발 유형도 일치한다는 점 때문에 검사를 시행한 결과였다.

즉 레이철 스타일스가 이곳에 왔다는 얘기였다. 그렇다 해도 레이철이 자기 아버지의 훈장에 대해 제대로 설명하지 못했다는 사실은 변함이 없었다.

"폐하, 놀라신 모양입니다."

"그런 건 아닐세." 여왕은 평정을 되찾고 말했다. "두 사람이 아는 사이였나?"

"그렇다고 볼 만한 증언은 어디서도 나오지 않았습니다. 하지만 스타일스는 브로드스키가 사망하기 전날 밤 복도에서 잠시 대화를 나눴다고 증언했더군요. 객실 담당원 한 명이 그 사실을 확인해 주었고요. 브로드스키는 다정한 성격이었던 모양입니다. 스트롱 경감이 런던 동부 아일 오브 독스의 범죄 수사과와 연락을 취하고 있습니다. 스타일스의 시신이 그쪽에서 발견되었거든요. 두 사망자가 아는 사이였는지 조사할 인력도 투입한다고 합니다. 하지만 그럴 가능성은 희박해 보입니다. 그렇다고 해도 스타일스가 살인을 저질렀다기에는 설명되지 않는 부분이 너무 많고요. 그 여성은 그날 늦은 오후까지도 자기가 성에서 자고 가게 될지 몰랐으니, 누군가를 죽일 계획을 세울 겨를이 없었을 겁니다."

"알겠네. 알려 줘서 고맙군."

"아닙니다, 폐하."

미국 대통령이 윈저성으로 날아오기 위해 전용 헬리콥터에 올라타려는 순간, 브로드스키 피살 사건 수사는 일시에 두 발짝 뒤로 물러났다. 물론 MI5는 그렇지 않았다. 그쪽 수사만큼은 쭉 진행되고 있었다. 편협한 시야로 고집스럽게. 하지만 아직 반쯤만 모양을 갖췄을 뿐인 여왕의 가설은 이제 다시금 출발선에 서게 되었다.

그래, 좋다. 여왕은 그냥 '묻지도 따지지도 않고' 꿋꿋이 밀고 나가야 하리라. 요샌 그렇게들 말한다고 해리가 믿음직스레 알려 줬듯이 말이다.

사무실 간에 바삐 의견을 조율한 끝에, 오바마 부부가 홈 파크에 착륙하면 여왕이 동쪽 테라스 바로 아래서 직접 맞이하기로 결정되었다. 통상적인 절차는 아니었지만, 그리 따지자면 여왕이 자신의 모든 거처를 통틀어 제일 아끼는 윈저성에서 미국 대통령 부부와 함께 생일을 기념하는 일 자체가 흔치 않았으니. 여왕은 오바마 부부를 레인지 로버에 태우고 오기로 했다. 운전은 필립에게 맡기고.

다행스럽게도 세 대의 헬리콥터 모두 히스로 공역을 잘 통과해 골프장에 안전하게 착륙했다. 산들바람이 제법 부는 날이어서 여왕은 머리카락이 흐트러지지 않게 스카프를 둘렀고 필립은 따뜻하게 방수 외투를 챙겨 입었다. 경호 팀을 대동하고 전용 헬리콥터에서 내린 미국 대통령은 만면에 미소를 지었다.

차 안에서 자리 배치를 어찌해야 할지 살짝 혼란이 일었으나 곧 해결되었다. 수행원들은 공식 만찬 자리에 준하여 여주인과 초대 손님인 신사가 동행하리라고 짐작한 듯했지만 여왕은 사냥 모임 때처럼 남자들끼리 앞장서서 가며 대화를 나누고 싶어 할 거라 생각했다. 그녀는 뒷좌석에 영부인과 나란히 앉았다. 미셸은 일단 긴장이 풀리기 시작하자 언제나처럼 매력을 발산했다.

여왕은 유난히 키가 큰 미셸을 올려다보느라 목이 뻐근해질 정도였다. 좌우간 참 강렬한 존재감을 내뿜는 여성이었다. 여왕은 그 스타성을 상당히 좋아했다. 언론에서 기를 쓰고 사진을 찍으려 드는 여자가 자기만이 아니라는 점도 좋았다. 언론에서는 오바마 여사의 공개적 행보를 일거수일투족 논평하고 분석했으며, 미셸은 그런 찬사나 비난을 듣는 데에 익숙했다. 또 완전히 혼자뿐인 때는 결코 없었다. 여왕과 미셸은 공통점이 꽤 많은 셈이었다─물론 여왕이 왕위에 오른 뒤 거의 10년이 지나서야 미셸의 남편이 태어났을 만큼 나이 차가 많이 났지만 말이다.

그때쯤 성안은 경호원이며 TV 카메라, 직원 일동으로 바글거렸다. 모두를 만족시켜 주기 위해 오크 룸에서 신속히 기자 회견을 연 뒤, 마침내 여왕은 오바마 부부와 느긋한 시간을 보낼 수 있었다. 다가오는 국민 투표영국의 유럽 연합 탈퇴 여부를 놓고 2016년 6월에 실시된 브렉시트 국민 투표와 선거, 백악관을 떠난 뒤 부부의 인생 계획 등 이야깃거리가 많았다. 여왕은 두 사람이 그리울 터였다. 하지만 미국에 여성 대통령이 등장하리란 가능성은 흥미로웠다. 1926년엘리자베스 2세 여왕이 태어난 해이후 세상이 얼마나 변했는지. 그 시절엔 이런 뜻밖의 미래가 열릴 거라고 누가 상상이나 했겠는가?

점심 식사를 마치고 자동차 쪽으로 다시 걸어가 작별 인사를 건넬 때에서야 미국 대통령은 여왕에게 몸을 기울이고 말했다. "이곳에서 조금 어려운 일을 겪고 계신 줄로 압니다. 러시아 청년 문제로요. 뭐든 저희가 도울 수 있는 일이 있다면─"

여왕이 근엄하게 고개 돌려 그를 마주 보더니 일축하는 듯한 미소를 잠깐 지어 보였다.

"고마워요. 보안정보국에서 잘 처리해 나가고 있는 것 같군요. 집사의 소행탐정 소설의 클리셰를 이용한 농담으로, 메리 로버츠 라인하트의 소설에서 유래이라고 보는 모양이에요."

"비밀로 간직해 두겠습니다."

"집사가 범인이 아니길 바라고 있답니다. 나는 집사들을 참 좋아하거든요."

오바마 대통령은 하와이에 사는 이모네 집과 학창 시절 뉴욕의 하숙집, 현재 본인의 온갖 변덕에 장단을 맞춰 주는 백악관 직원들을 떠올리며 점잖게 고개를 끄덕였지만, 눈빛에서는 짓궂은 장난기가 번득였다.

"다들 그렇지 않습니까, 폐하? 우리 모두 그렇지 않아요?"

19장

로지는 불을 켜 둔 채 침실에 주저앉았다. 이렇게나 진이 다 빠지는 하루는 난생처음 겪어 본 것만 같았다. 그러니 바로 쓰러져 자도 좋으련만 아직도 긴장이 가라앉질 않아 쉬이 잠들 수가 없었다. 벌써 새벽 2시였다. 성안 창문들은 거의 다 캄캄했다. 프랑크푸르트에 있는 플리스와 페이스타임을 하고 싶었지만 윈저성 안의 다른 모든 사람들처럼 플리스도 잠들어 있을 시간이었다—마찬가지로 다른 모든 사람들처럼 아침 일찍 일어나야 할 테고.

알람이 울리기까지 채 다섯 시간도 남지 않았다. 로지는 재빨리 샤워를 하고 따뜻한 음료를 한잔하는 편이 낫다는 것을 알고 있었다. 또 머릿속으로 5분마다 오늘 하루를 복기하며 본인의 모든 결정과 반응에 점수를 매기는 짓은 그만둬야 한다는 것도. 하지만 그 대신 디캔터와인 등의 주류를 내기 전에 따로 담아 두는 유리 용기 쟁반(노스켄싱턴에 주전자가 널려 있듯, 윈저성에는 이런 쟁반이 아주 흔했다) 앞으로 가서 위스키를 따랐다. 라고스에서 가져온 바나나 칩은 벌써 다 먹었으니, 밀폐용기에서 동전만 한 잼 샌드위치 몇 개를 꺼내 먹었다. 어제 어린이들 티타임에 내고 남은 간식을 주방에서 나눠 주었다. 로지가 덴마크 왕세자와 농담을 주고받거나 조지 왕자에게 차려 주고 남은 샌드위치를 먹는다는 사실을 할아버지께 알려 드리면 뭐라고 말씀하셨을까?

로지는 여전히 켜져 있던 노트북으로 내일 일정을 확인한 뒤 트위터, BBC, 《파이낸셜 타임스》, 《뉴욕 타임스》, 《워싱턴 포스트》를 쭉 훑어보았다. 그리고 잼 샌드위치를 세 개째 먹으며 《데일리메일》이나 《헬로》를 포함해 왕실 소식을 다루는 쓰레기 언론사 몇 군데에도 들어가 보았다. 늘 오보를 내는 신문이긴 하지만 오늘 행사에 대해 더 심각한 수준으로 헛소리를 하진 않았는지 확인할 필요가 있었다. 블루 노트1939년에 설립된 미국의 재즈 레이블로 재즈 역사에 획을 그은 명반을 다수 발매했다 재즈를 들으면 지나치게 치솟은 코르티솔 수치가 좀 낮아지지 않을까 싶어서 아트 블래키의 음악을 틀어 놓았다. 로지는 유튜브에서 샛길로 빠져 여기저기 기웃거렸다. '생중계: 윈저성에 도착한 오바마 대통령', 'SNL 티저: 힐러리 클린턴이 잇따른 패배에 맞대응하다', '줄리아 루이 드라이퍼스의 우스꽝스러운 올드네이비미국 의류 브랜드 광고 톱 9'. (이때쯤 로지의 마음속에 자기 환멸이 밀려왔다.)

그녀는 여동생과 사촌들의 페이스북을 두루 염탐한 다음 자기가 아는 사람들의 계정을 마구잡이로 찾아보았다. 모니터에 뜬 시계를 보니 거의 3시가 다 되었다. 어서 노트북을 끄지 않으면…… 그럼 무슨 일이 일어날지 생각하기도 힘들 만큼 피곤했지만, 어쨌든 아주 엉망진창이 되리라. 뭐가 됐든. 잼 샌드위치를 하나 더 먹고 메러디스 알렉산더의 이름을 입력했다. 하지만 그 건축가는 페이스북 계정이 없었다. 참 이상한데. 그 여자한테는 인생이 없나? 그다음엔 외국 휴양지에서 보낸 휴가나 영향력 센 여자들의 점심 모임 사진이 끝도 없이 나오길 기대하면서 마샤 페이롭스카야를 검색했다. 하지만 비공개 계정이었다. *그럼 됐어.* 로지는 생각했다. 여세를 몰아 지난번에 런던에서 만났던 '비자이 쿨란다이스와미'도 검색해 보기로 했다―쉽게 잊어버릴 수 없는 이름이었다.

이번엔 제대로 건졌다.

검색어와 일치하는 계정은 딱 하나였고, 프로필 사진도 그때 코번트 가든 아파트에서 만나 본 남자―브로드스키의 룸메이트―와 일치했다. 비자이는 일상을 열심히 공유하는 타입이어서 이런저런 게시물을 전체 공개로 왕성하게 업데이트해 놓았다. 그가 즐겨 올린 미국 선거 관련 동영상이나 밈을 보니 푸근한 기분이 들었다. 세계 각지의 술집과 레스토랑에서 친구들과 함께 찍은 사진도 넘쳐 났다. 로지는 드디어 슬슬 밀려드는 졸음을 반가이 느끼며 위아래로 스크롤했다. 하지만 맨 위 피드까지 되돌아갔을 때쯤엔 다시금 정신이 말똥말똥해졌다.

처음에는 별 신경 안 썼던 제일 최근 게시물은 부스스한 친구들 한 무리와 함께 찍은 옛날 사진이었다. 파티가 끝날 때쯤 술에 취해 흥겨워하는 모습이었다. 사진 설명은 "정말 마음이 아프다. 우리 모두 네가 그리울 거야"로 시작했다. 머릿속으로 쭉 막심 브로드스키를 염두에 두고 있었기에, 로지는 이 게시물을 올린 이유가 브로드스키의 죽음 때문일 거라고 첫눈에 짐작했다.

하지만 이 작별 인사는 브로드스키가 아니라 또 다른 사람, 어떤 여자 친구에게 띄워 보내는 메시지였다. 2주 안에 룸메이트와 친구를 한꺼번에 잃다니 얼마나 불행한 일인지. 설명을 보니 친구는 25세였다. 이름은 애니타 무디였고, 사인은 확실하지 않았다. 재능 있는 가수이자 세계 각지를 여행한 언어의 귀재였던 모양이다. 비자이는 자기 형과 그 여자 친구가 몇 년 전 홍콩 빅토리아 피크에서 함께 찍은 사진도 올렸다. 두 사람의 웃는 얼굴에는 무궁무진한 가능성과 희망이 가득 담겨 있었다.

그저 인터넷상에서 이리저리 기웃댈 때 느낄 법한 가벼운 호기심 말고는 뚜렷한 이유 없이, 로지는 그 젊은 여자가 어떻게 죽었는지 알고 싶었다. 비자이의 글만 보면 그 부분에 대해 우물쭈물 말을 아끼려는 느낌이었다. 끔찍한 사고였을까? 아니면 지병?

로지는 사진에 태그된 친형의 계정을 클릭했다. 비자이의 형 셀반 역시 열심히 일상을 공유하는 사람이었다. 애니타나 다른 친구들과 함께 10대 시절에 찍은 사진이 한가득했다. 막심 브로드스키가 찍힌 사진도 몇 장 보였다. 막심은 바닥에 드러누워 흐느적대는 팔다리로 자세를 취하거나 여자애 한 명을 무릎에 앉힌 채 웃고 있었다.

셀반 쿨란다이스와미의 정보를 확인해 보니 앨링엄 스쿨을 나왔다. 물론 그렇겠지. 비자이와 막심은 학창 시절에 친해졌다고 했으니까. 로지는 지난번에 비자이가 들려준 이야기를 기억했다. 링크를 클릭해 애니타 무디의 페이지를 살펴보니 역시 같은 학교 출신이었다. 생년월일로 보면 셀반과 같은 학년, 즉 막심과 비자이보다 한 학년 위였다. 옛날 사진들로 미루어 보아 최소한 몇 번쯤은 네 사람이 다 함께 어울린 듯했다.

다시 셀반의 페이지를 살펴보았다. 최근 코멘트들 밑에 애니타가 '요절'했다는 언급이 언뜻 보였다. "애니타의 정신 건강이 위태로울 거라고는 전혀 짐작도 못 했는데." 누군가 적었다. 셀반은 슬픈 이모티콘과 함께 "나도 그래. 우리 모두에게 정말 큰 충격이야"라 답했다.

위스키를 한 모금 마시던 로지는 문득 등줄기가 오싹해졌다. 최근 보름 남짓 사이에 20대 중반인 청년 세 명이 연달아 사망했고, 그중 둘은 예전에 함께 학교를 다녔다. 애니타 무디의 사망이 레이철 스타일스나 막심 브로드스키의 사망과 어떻게 연결될 수 있는지는 전혀 감을 잡을 수 없었다. 하지만 순전히 우연의 일치일 리는 없지 않을까? 뭐, 그럴 수도 있겠지만—과연 그럴까?

로지 뒤편 언덕 위 라운드 타워에 스트롱 경감의 사무실 창문이 보였다. 아침에 저기 찾아가야겠어. 그녀는 생각했다. 하지만 자기가 그러지 않으리라는 사실도 알고 있었다. 사이먼 경은 경찰이 브로드스키의 방에서 나온 레이철 스타일스의 머리카락에 얼마나 무관심한지 얘기해 주었다. 그래, 머리카락도 조사하긴 했지만 역시 경찰은 여성용 속옷에 훨씬 더 흥미를 보였다. 로지는 은행에서 일하던 시절 통계 이론을 공부할 만큼 한 터라, 같은 학교라는 연결 고리 안에서 유사한 사건이 연달아 발생하는 건 그리 이례적인 일이 아니라는 점을 잘 알았다. 어떤 젊은이들이 죽었다. 약물을 복용하고 자살했다. 비극적인 일이지만, 그런 일이 일어난 것을 어쩌랴. 그리고 어쨌든 한밤중에 온라인으로 비자이 쿨란다이스와미—엄밀하게 따져 한 번도 만난 적 없는 사람—의 페이스북을 염탐했다는 사실을 어떻게 설명한단 말인가?

하지만 이상하게도 마음이 차분해졌다. 잔에 남은 위스키를 단숨에 들이켠 로지는 아트 블래키의 연주가 노트북에서 흘러나오게 놔두고 옷을 입은 채 침대로 기어들어 불을 껐다.

정신 차려 보니 9시였고 눈을 못 뜰 정도로 두통이 심했다. 어찌 된 영문인지 알람도 안 맞춰 놓고 잤다. 사이먼 경이 상자를 전달하는 날이라 천만다행이라는 생각부터 들었다. 어젯밤에 로지가 서류를 준비해 두었는데, 비교적—적어도 문서 업무만큼은—간소했던 지난 이틀과 달리 평소보다 더 묵직했다. 그렇다, 90세인 국왕은 허비한 시간을 만회하기 위해 당연히 주말에도 일할 것이다. 사이먼 경이 여왕에게 그리 무리할 필요 없지 않겠느냐 조심스레 제안해 보기도 했다던데. 그랬더니 여왕은 깜짝 놀라고 기분 상한 기색을 보였다고 한다.

한 시간쯤 뒤 사이먼 경이 상자들을 들어 나르리라. 로지가 아니라 사이먼 경 차례란 말이지. 어젯밤엔 이 점을 미처 생각해 보지 못했다. 오늘 하루, 또 일요일인 내일까지도 여왕과 대면할 일이 전혀 없다는 사실을. 로지는 어제 얻은 정보를 월요일까지 기다렸다가 알려도 될까 잠시 고민했다. 어쨌든 아무 의미 없는 정보일지도 모르잖은가.

하지만 한 청년이 죽었고, 여왕은 이 문제에 깊은 관심을 기울이고 있었다. 그야 로지도 마찬가지였다.

차 한 잔을 끓여 마시며 마지막 남은 잼 샌드위치도 먹어 치웠다. 이제 두통이 약간 가라앉았고 샤워를 하고 나니 기분도 한결 나아졌다. 10분 뒤 로지는 머리 손질과 기본적인 화장만 한 다음 흰 셔츠 아래 살에 착 달라붙는 펜슬 스커트를 입고, 첫 달 월급을 몽땅 털어 구입한 재킷도 몸에 딱 맞게 걸쳤다. 평소 스타일대로 하이힐도 신었다. 한 가지 계획이 떠올랐는데, 신중하게 타이밍을 맞춰 전화 몇 통만 걸면 제대로 먹힐 듯했다.

사무실에 들어서자 사이먼 경이 왕실 운영 총책임자와 이야기하고 있었다. 그는 자기 자리로 걸어가는 로지를 향해 손목시계를 두드리며 놀리는 듯한 눈짓만 해 보였다. 보스에게 '집중'하지 않는 주말에는 아주 엄격하게 시간을 엄수하지 않아도 괜찮았다.

로지는 데스크톱 모니터에 여왕의 새 일정을 띄우고 점심 식사 전을 주의 깊게 살폈다. 늘 그렇듯 몇 분 뒤 사이먼 경이 호출을 받고 사소한 사항을 처리하러 나갔다. 로지는 기회를 틈타 총리실에 전화 걸어 총리 개인 비서인 에밀리와 대화를 나눴다. 지난 몇 달 사이 두 사람은 친구가 되었다.

"내각에서 여왕 폐하께 무슨 선물을 드리면 좋을지 우리가 좀 생각해 봤거든." 로지가 말했다. "사이먼 경이 목록을 만들어 놨어."

"아, 정말? 총리님_{영국 제75대 총리(2010~2016) 데이비드 캐머런}이 지금 필사적이라니까. 온갖 아이디어를 계속 내놓고는 있는데, 폐하께서 이미 갖고 계시거나 언제든 직접 구하실 수 있는 것뿐이더라. 아니면 보좌관인 샘이 바보 같은 아이디어라고 지적하거나 장관 중 한 명이 언짢은 표정을 짓거나 하지. 그래서 총리님이 자꾸 마음을 바꿔."

"사이먼 경이 어제 기발한 안을 몇 가지 생각해 냈어."

"진짜 잘됐다. 딱 6월까지 마련해야 하는데, 혹시 맞춤 제작이라도 하게 되면 시간 여유가 별로 없는 것 같거든. 게다가 총리님한테 이런저런 고민이 너무 많기도 하고. 폐하께서 *진짜* 생신엔 아무것도 원치 않으셔서 정말 다행이지. 미국 대통령도 뭔가 드리고 갔어?"

"모르겠어."

오바마가 방문하는 동안 로지는 사무실 전화 연락을 담당했다. 사이먼 경이라면 직접 볼 수 있었을 테지. 그 순간 로지는 자기 직업이 얼마나 비현실적인지 새삼 깨달았다. 버락 오바마가 여왕에게 개인적으로 무슨 생일 선물을 줬는지 알고 싶다면…… 그냥 물어보면 되는 거다.

"지금 그분과 통화할 수 있을까?" 에밀리가 물었다. "사이먼 경 말이야."

"잠깐 자리를 비웠어. 11시쯤에 전화해 봐."

"알겠어. 고마워, 로지."

로지는 수화기를 제자리에 내려놓았다. 찰칵 맞물리는 소리마

저 흡족했다. 에밀리는 성실하고 끈기 있는 비서였으며 총리가 해야 할 일 목록을 하나하나 처리하는 데에 매여 살았다. '정부에서 여왕의 공식 생일에 보낼 선물'은 오랫동안 우선순위에 올라가 있었으니, 이 항목을 목록에서 지워 버릴 수만 있다면 에밀리는 뭐든 할 것이다. 로지는 이어서 전화를 몇 통 더 걸었다.

그리고 11시에는 잊지 않고 사이먼 경과 왕실 운영 총책임자, 성 보안 책임자와 함께 어제 들어온 보고를 논의했다. 11시 15분, 로지가 지시한 대로 세인트 폴 대성당 서기가 전화해 공식 생일에 올릴 감사 예배를 두고 시시콜콜한 이야기를 풀어놓았다. 시간이 흘러가는 동안 사이먼 경은 손목시계를 계속 흘끔거렸다. 이제 곧 여왕이 상자들을 다 검토할 텐데. 하지만 11시 반에 그의 비서가 오더니 총리실에서 벌써 세 번째로 전화가 걸려 왔다고 알렸다. 상당히 급한 사안이라 사이먼 경과 직접 통화하고 싶어 하는 모양이었다.

사이먼 경은 지겹다는 듯 눈동자를 굴리고 한숨 쉬며 비서에게 고개를 끄덕였다. "전화 연결해 줘요." 그리고 로지에게 손짓했다. "가서 상자 좀 가져다줄 수 있겠어요?"

물론이었다. 사이먼 경이 전화를 받자 로지는 사무실에서 날쌔게 빠져나갔다. 딱 붙는 치마에 하이힐까지 신고서 어쩜 저렇게 거침없이 빨리 걸을 수 있는지, 사이먼 경은 다시 한 번 혀를 내둘렀다.

"아하, 그래, 자네가 왔군." 여왕은 마지막 서류를 다시 상자에 넣고 뭐 빠뜨린 건 없는지 확인하며 그리 놀란 기색 없이 말했다.

"네, 폐하." 로지가 절했다. 꽉 끼는 치마를 입고 절하는 법을 완벽하게 갈고닦는 과정은 지금껏 흥미로운 학습 곡선을 그렸다.

여왕은 찻잔을 받침 접시에 올렸다. "고맙네."

그러자 뒤에서 서성이던 커피 담당 하녀가 쟁반을 들고 방에서 나갔다. 여왕은 다시 로지를 바라보았다.

"새로운 소식이 있나?"

"네, 폐하."

로지는 무슨 말을 할지, 또 어떻게 해야 귀중한 시간을 낭비하지 않을 수 있을지 고민하며 이미 여러 번 연습해 본 참이었다. 우선 바딤 보로비크가 소호에서 폭행당한 일을 보고했고, 이 사건의 배후에 자기 남편이 있을까 봐 마샤 페이롭스카야가 얼마나 걱정스러워하는지도 전했다. 그다음엔 어젯밤 인터넷 검색을 하다 애니타 무디라는 젊은이의 사망 시점도 기이하게 겹친다는 사실을 알아냈다고 밝혔다.

여왕은 강한 흥미를 보였다.

"두 사람이 친한 친구 사이였던 것 같나?"

"서로 아는 사이였던 건 분명합니다. 또 음악학과라는 접점도 있을지 모르고요. 이미 알려져 있듯 막심은 피아노를 쳤고, 오늘 아침에 찾아보니 애니타도 대학에서 음악을 공부했습니다. 성악 전공이었다네요."

"졸업한 뒤에 하던 일이 그건가? 성악?"

"제가 보기엔 그런 것 같습니다. 페이스북에 활발히 근황을 올리진 않았지만, 친구들 댓글을 보니 애니타의 공연에 대해 언급해 놓았더라고요."

딱 들어맞는 정보는 아니었다. 여왕은 이 정보를 어떻게 이용해야 할지 잘 모르는 채로 일단 받아들였다. "자살이었다는 게 확실한가?" 여왕이 물었다.

"애니타의 친구들은 그렇게 생각하는 것 같아요. 모두들 너무 뜻밖이라 충격을 받았지만요."

"그 젊은이의 사진도 있나?"

"네, 폐하."

로지는 셀반의 페이스북 타임라인이나 애니타 본인 계정에 올라온 사진 여러 장을 자기 핸드폰 카메라로 찍어 왔다. 로지가 몸을 숙이고 핸드폰 화면을 스크롤해 주자 여왕은 다초점 안경을 끼고 들여다보았다. 사진 속 여자는 젊고 예뻤으며, 진지해 보이는 짙은 갈색 눈동자를 빛냈다. 윤기 흐르는 빨간 머리는 턱선 아래에서 똑 떨어지는 단발로 잘랐다. 어느 사진을 봐도 맵시 좋고 우아한 옷을 멋지게 차려입은 모습이었다. 여왕의 머릿속이 빠르게 회전했다.

"아주 고맙네, 로지. 자네가 매클라클런 씨에게 부탁해 줄 수 있겠나? 애니타 무디에 대해 알아봐 달라고 말이야. 그 젊은이의 삶에 대해 조금 더 알아보면 흥미로울 것 같군. 애니타가 표준 중국어를 할 줄 알았는지 한번 알아보라고 전해 주겠어? 또 한 가지 부탁하고 싶은 게 있는데, 샌디 로버트슨이 온라인으로 구입했다는 속옷이 어떤 종류인지 확인해 줄 수 있을까?"

"사실 이미 확인했습니다." 로지가 말했다. 그녀는 무슨 새로운 소식이라도 건질까 해서 라운드 타워에 마련된 스트롱 경감의 좁은 방에 틈틈이 들렀다. 동전 모양 잼 샌드위치나 던디 케이크오렌지 마멀레이드, 건포도, 위스키 등을 첨가하여 구운 케이크 위에 아몬드를 올린 스코틀랜드 전통 디저트를 종종 들고 갔는데, 이 전략은 언제든 잘 먹혔다.

여왕은 놀란 듯했다. "그래?"

"그 구매 내역에 대해 폐하께서 관심을 두실 것 같아서요." 두 사람 다 '여성용 속옷 가설'이 터무니없다고 생각한다는 점을 예의 바르게 표현하는 말이었다. "작년 여름 마크스 앤드 스펜서에서 구입했는데요. 자체 브랜드에서 인기 순위 3위에 10만 장 이상 팔린 상품입니다. 로버트슨 씨는 함께 살고 있는 딸 아일라를 위해 속옷을 샀다고 주장하고 있습니다. 딸은 16살이고요. 아일라에게 필요한 물건은 로버트슨 씨가 정기적으로 구매해 왔는데, 실제로 아일라는 같은 종류 속옷을 여러 벌 가지고 있다네요. 물론 그렇다고 해서 로버트슨 씨가 다른 목적으로 그 속옷을 추가로 구입한 게 아니라고 분명히 입증할 순 없겠죠."

"그렇지. 스트롱 경감이 그 연관성에 아주 들뜬 상태던가?"

"꽤 들떴다고 말씀드릴 수 있겠습니다, 폐하. 속옷 10만 장이라면 어마어마한 판매량인데 말이죠."

"고맙네."

로지는 상자들을 들고 사무실로 돌아갔다. 사이먼 경은 여전히 전화기를 붙들고 에밀리에게 의장을 새긴 은도금 샴페인 쟁반에 대해 설명하고 있었다. 그는 호들갑스럽게 눈을 굴리며 다시 시계를 두드리더니, 다시 눈을 몇 번 더 굴렸다. 로지는 웃음 지었다. 그녀는 사이먼 경이 정말 좋았다.

이런 사람에게 거짓말하는 건 옳지 못한 일이었지만, 참 나, 이렇게 흥미진진할 줄이야.

20장

클래펌 환승역의 퀵 토크 인터넷 카페에 들어서니, 소화가 잘 안 될 듯 꾸덕꾸덕한 케이크나 탄산음료를 파는 바, 테이블 3개, 좌측 벽을 따라 컴퓨터가 늘어선 카운터 등이 보였다. 모니터 8대 중 6대가 켜져 있었다. 키보드를 두드리며 음료를 홀짝이는 손님이 다섯 명이나 되었으니 일요일 아침치고는 꽤 붐비는 셈이었다. 히잡을 쓴 여자 두 명이 문 옆 유모차 안에서 자는 아기를 지켜보며 조용히 이야기를 나누고 있었다. 티셔츠 차림인 젊은 남자가 가게 중앙에 몸을 푹 수그리고 앉아 컴퓨터 화면에 몰두했고, 그 옆에 앉은 노인은 혼잣말을 중얼대며 중지로 자판을 하나하나 누르고 결과를 기다렸다. 자판을 두드릴 때마다 키보드에 케이크 부스러기가 떨어졌다.

카운터에서 제일 가까운 자리에 있는 남자는 수다를 떨거나 케이크를 먹으러 여기 온 게 아니었다. 머리가 살짝 벗겨진 그 남자는 옷을 깔끔하게 차려입고 피코트를 걸쳤다. 다이어트 중이기 때문에 마땅히 먹을 만한 음식이 하나도 없었다. 차는 지나치게 우러난 데다 영 형편없었다. 그는 이 빠진 유리컵에 담긴 수돗물을 홀짝이며 지금 자기 집에서 편히 머물 수 있다면 얼마나 좋을까 생각했다. 리치먼드의 아파트에는 각종 최신 설비와 품질 좋은 주전자, 여기 놓인 것보다 훨씬 더 편안하게 쓸 수 있는 컴퓨터가 갖춰져 있으니까.

하지만 집 컴퓨터에는 고유한 URL이 있다는 게 문제였다. 우회 수단도 알기야 했지만, 무슨 문제가 생긴다면 정부 밑에서 일하는 국내 최고의 해커들이 즉각 달라붙어 자기를 탈탈 털 거라는 사실 또한 잘 알고 있었다. 그러니 기차로 10분 거리에 있는 이런 조그만 카페에서 익명 속에 녹아드는 게 나았다.

빌리 매클라클런은 20분째 애니타 무디에 대해 조사하고 있었다. 그리고 이미 애니타의 인스타그램에서 광맥을 캐냈다고 봐야 했다. 그녀는 셀카 중독이었고 몇 년 동안 꾸준히도 사진을 찍어 올렸다. 지금 매클라클런은 2천 장도 넘는 사진을 하나씩 살펴보는 중이었다. 이런 일이라면 어려울 게 없었다(수돗물에서 고약한 맛이 나서 차라리 차가 나을 정도였지만). 애니타는 여행을 즐겼고 호화롭게 생활했으며 아름다운 장면이나 장소를 퍽 좋아했다. 그는 세심하게 필터를 입힌 그 사진들을 감상했다. 그러면서 추가 조사를 하기 전에 잠시 메모를 했다.

첫 학위를 받은 런던 소아스 대학School of Oriental and African Studies. 런던대학교 소속이며 아시아 · 중동 · 아프리카 지역학에 특화된 단과대학을 떠난 뒤 애니타가 참여한 성악 공연에는 어떤 패턴이 있었다. 아주 흥미로운 패턴이었다. 매클라클런은 키보드 옆에 펼쳐 놓은 저렴한 스프링 노트에 간략하게 개요를 적으며 물을 한 모금 마셨다. 뒤이어 차도 한 모금 홀짝이고는(아니, 역시 차가 더 끔찍했다) 마우스를 스크롤하며 사진을 좀 더 들여다보았다.

오바마가 CIA의 탁월한 정보력으로 무장하고 윈저성에 도착한 반면, 경찰과 MI5에서 가장 뛰어난 두뇌들이 다 모여서도 성내에서 벌어진 살인 사건 하나를 여태껏 해결하지 못하다니. 이 사실에 분개한 사람이 비단 여왕 혼자만은 아니었다. 노력이 부족한 탓은 아닐 텐데.

스트롱 경감은 라운드 타워 사무실의 칸막이벽에 붙여 둔 칠판을 올려다보았다. 거기엔 기막힐 정도로 많은 용의자와 물음표가 적혀 있었다. 범인이 기본 원통형 자물쇠를 능숙하게 딸 줄 알았거나 아예 피해자가 문을 열어 주었다고 치면 그날 밤 수많은 사람들이 막심 브로드스키의 방에 접근할 수 있었다. 일단 방에 들어가면 피해자를 죽이고 현장을 교묘하게 꾸미는 데 필요한 요소는 억센 손힘과 약간의 연습, 사전 준비뿐이었다. 하지만 그런 짓을 벌일 만한 사람이 과연 누구일까? 데이비드 스트롱은 계속해서 그 문제에 부딪혔다.

정보국장은 여전히 잠복 스파이 가설을 굳게 믿고 있었고, 자기 이론을 아주 설득력 있게 설명할 수도 있었다. 정보기관 관련자들 사이에서 험프리스는 소위 우방이라는 국가들의 우려스러운 새 전략에 대해 몇 가지 흥미로운 통찰력을 보여 주었다고 정평이 났다. 비밀리에 치밀하게 진행한 연구를 바탕으로 내놓은 식견이었다. 험프리스는 세세한 부분까지 놓치지 않는 주의력과 인내심을 좌우명으로 삼았다. 그는 인내심이야말로 왕실에 잠복한 스파이의 핵심적인 자질일 거라고 추측했는데, 만약 그의 가설이 옳다면 범인을 제대로 묘사한 셈이었다. 살인 사건이 일어났으나 아직도 해결되지 않았으니—잠복 스파이의 관점에서는 대성공으로 보이리라.

하지만…….

스트롱은 일주일에 두세 번 고위 간부들과 만나는 자리에서 험프리스에게 이 화제를 직접 꺼낼 만큼 분별없진 않았다—그러나 러시아 정보기관은 여왕 폐하의 코앞에서 반체제 인사를 기발하게 암살하고도 의기양양하게 자축하지 않았다. 혹은 너무도 조용히 자축한 나머지 크렘린궁이나 러시아 각지에 숨은 MI6의 귀에는 작은 속삭임조차 들려오지 않았다.

만약 온갖 수고를 기울여 그런 특이한 암살 방식을 택하고, 암살자를 심어 놓기 위해 그렇게 오랜 시간을 들이기까지 했다면, 어째서 이 사실을 두툼한 털모자 아래 이토록 꼭꼭 숨겨 둔단 말인가? 1978년 마르코프 암살과 2006년 리트비넨코 암살, 4년 전 고르분초프 암살 기도 이후, 정보기관 관계자들 사이에서는 푸틴과 그 패거리를 대표하는 허세와 승리 지상주의, 소문과 추측 따위가 뜨거운 화제로 떠올랐다. 이 정도쯤은 스트롱도 이미 파악해 놓았다. 험프리스의 세계를 이해하고 싶었으니까. 그리고 원저성에 와서 일하다 보면 사람들이 이런저런 이야기를 들려주기 마련이었다.

스트롱이 용의자 범위를 넓게 열어 놓은 이유는 이뿐만이 아니었다. 타고난 신중함도 한몫했다. 그는 발레리나 두 명을 철저히 조사했고, 그중 한쪽과 영상 통화를 했다는 남자 친구도 만나 보았다. (그 진술은 사실이었다.) 체구가 너무 작긴 하지만 어찌 됐든 페이롭스카야의 하녀도 조사했다. 그러나 DNA 대조 결과 브로드스키의 방에서 채취한 어떤 DNA와도 맞지 않았다. 그 여자가 사건과 무관하다고 볼 결정적 증거는 없었지만, 어떤 관계가 있다고 볼 만한 증거도 없었다.

정보국 회의에 참석한 여자도 들여다봐야 했다. 브로드스키는 진홍빛 응접실을 떠나 자기 침실로 돌아온 뒤 복도에서 레이철 스타일스라는 여자와 우연히 마주쳤다. 지나가던 객실 담당원이 당시 두 남녀가 같이 있는 모습을 목격했다. 스타일스의 진술에 따르면 콘택트렌즈를 떨어뜨려 찾고 있을 때 브로드스키가 함께 살펴봐 주었다는데, 객실 담당원도 이 진술을 확인해 주었다. 그래서 한동안 스트롱은 브로드스키가 살아 있는 모습을 마지막으로 본 게 스타일스라고 생각했다. 하지만 그 여자가 왜 브로드스키를 공격한단 말인가? 미리 계획했을 리는 없었다. 불과 몇 시간 전까지만 해도 자기가 성에서 묵게 될지조차 몰랐던 사람이니까.

두 사람이 은밀히 만나 미친 듯이 섹스를 했던 걸까? 어떤 식으로든 남자가 여자를 학대했나? 그러다 뭔가 일이 잘못됐을까?

스트롱은 이 지점에 의문을 품고 있었으나, 그 뒤 러시아인 종자에 관한 충격적인 사실을 발견하게 되었다. 경찰청장이 들려준 이야기 덕분에 새로운 정보를 캐낼 수 있었던 거다. 청장은 자기도 전해 들었다면서(여왕에게 직접 들었다던데, 거기다 청장이

살을 좀 붙였을지도 모르지) 방문객과 하인을 바꿔치기하는 속임수라든지, 경비를 뚫고 내빈 숙소로 사람을 몰래 들이는 내기에 대해 얘기해 주었다.

총 세 명뿐인 자기 팀원들과 함께 다시 한 번 모든 가능성을 검토하고 있던 스트롱은 이 얘기를 듣고 자연히 지난주 어느 날 저녁을 떠올릴 수밖에 없었다. 당연한 일이지만 윈저성의 보안 체계는 주로 외부인의 출입을 금지하고 왕가를 살뜰히 보호하기 위해 설계되었지, 이른바 '주요 내빈'을 그의 수행단으로부터 보호해 줄 목적은 딱히 없었다. 그렇다, 나머지 인력은 명확한 초청이 없다면 내빈 숙소 층으로 진입할 수 없었다. 하지만 내빈이 자기 하인들을 번갈아 침대로 끌어들여 뒹굴고 싶어 한다면 따로 그를 ―남자든 여자든―막을 방도가 있을까?

어쨌든 그 덕에 흥미로운 수사가 시작되었다. 그날 밤 근무한 하인이나 경찰을 한 명도 빠짐없이 좀 더 엄격하게 재조사한 결과 페이롭스키가 데려온 종자인 바딤이 내빈 침실로 두 번 올라갔다는 사실이 새로이 밝혀졌다. 아름다운 마샤 페이롭스카야를 수행하러 한 번, 자기 고용주가 불러서 또 한 번.

알고 보니 처음에 페이롭스키는 헤지펀드 매니저인 친구와 아래층에서 술을 마시고 있었다. 그러니 거기까지는 별다른 문제가 없었다. 하지만 수사관 한 명이 이상한 세부 사항 몇 가지를 발견했다. 첫 번째로 내빈 숙소에 올라갔을 때 바딤은 복도에 있던 사람들을 쭉 외면하고 자기 일행하고만 이야기했으며 회색 정장을 입고 있었다. 두 번째엔 다른 사람들 얼굴을 똑바로 쳐다보며 올라갔고 검은색 정장 차림이었다.

좀 이상했다. 그래서 수사 팀은 바딤을 제법 강도 높게 취조했고, 결국 그 종자는 무너졌다. 소호에서 심하게 폭행당한 뒤 회복 중인 상황만 아니었다면 더 완강히 버틸 수도 있었겠지만. 바딤은 그 매력 넘치는 여주인과 은밀한 관계를 맺은 일이 전혀 없는 것으로 밝혀졌다. 자기 말대로 게이였고 오래 진지하게 만나는 남자 친구도 있었던 것이다. 그는 안주인의 비위를 맞춰 주기 위해 마샤가 시키는 대로 증언했지만, 그녀와 단둘이 무슨 수작을 꾸몄다는 의심만큼은 절대로 받고 싶지 않았다. 마샤와 함께 내빈 숙소로 들어간 첫 번째 남자는 바딤이 *아니었다*. 또한 누가 됐든 마샤와 섹스를 하려는 의도를 가진 것도 아니었다―바딤은 그 부분을 확신했다. 마샤 페이롭스카야는 귀중한 보석과 같았다. 그녀는 남편에게 충실했으며 그날 밤엔 성에 머물게 되어 매우 들떠 있기도 했다. 그러므로 그날 저녁을 망쳐 버릴 짓은 절대 하지 않았을 터였다. 그 여자는 그런 타입이 아니었다.

사실 마샤와 함께 올라간 남자는 브로드스키였고, 두 사람은 그저 친구 사이였다. 둘 다 음악을 무척 좋아했으니, 혹시 라흐마니노프에 대해 이야기 나누러 올라간 건 아니었을지?

수사관들과 대면한 마샤는 곧장 메러디스 알렉산더를 팔아넘겼다. 그 건축가는 업무상 상트페테르부르크에 가 있었기 때문에 아직 대면 조사를 하진 못했지만, 브로드스키의 관심을 사로잡은 대상이 본인이라는 점은 부인하지 않았다. 그러니까 브로드스키는 젊은 여자가 아니라 나이 든 건축가와 눈이 맞았던 거군. 누가 상상이나 했겠는가?

다시 말해 수사 팀에서는 브로드스키가 몇 시간 동안 자기 방을 비웠다는 사실도 여태 전혀 모르고 있었단 얘기였다. 스트롱은 이 점이 수치스러웠다. 어쨌거나 이 사실만으로는 그다음에 벌어진 일을 설명할 수 없었다. 경비들은 브로드스키라고 판명된 남자가 그날 혼자 다락방 복도로 다시 올라갔다고 확언했다. 메러디스 알렉산더는 그의 마지막 여정에 따라가지 않았다. 이 사실은 험프리스의 가설을 무너뜨렸다. 국장은 메러디스가 상트페테르부르크에서 프로젝트를 맡고 있으니 뭔가 '푸틴스러운' 낌새가 나지 않느냐, 치킨과 프티푸르식후에 제공하는 한입 크기의 케이크나 과자를 먹은 뒤 브로드스키를 유혹해 살인하려고 잠입한 중년의 마타 하리제1차 세계 대전 당시 독일의 스파이라는 혐의로 프랑스 정부에 체포되어 처형된 여성 (1876~1917). 매혹적인 여성 스파이의 대명사로 불린다 아니겠느냐 짐작했었던 까닭이다. 그 따위 가설을 솔깃하게 생각했다니, 스트롱 스스로도 부끄러운 노릇이었다.

바딤이 페이롭스키를 재운 뒤 내려와 브로드스키를 살해할 수도 있었겠지. 스트롱은 한번 생각해 보았다. 하지만 왜? 동기가 문제였다. 브로드스키가 자기를 사칭해서? 아무리 그래도 살해까지 하는 건 과잉 반응 같았다.

이 모든 일에 가장 겁을 먹은 사람은 메러디스 알렉산더인 듯했다. 상트페테르부르크의 호텔 방에서 전화를 받은 그녀는 국제적인 건축가라는 명성이 걸린 문제이니 제발 함구해 달라고 거듭 간청했다. (스트롱은 그 건축가의 이름을 한 번도 들어 본 적이 없었다. 국제 건축계의 사정이야 그로서도 모를 일이었지만.)

어쨌든 이 정보가 새어나갈 위험은 거의 없으니 메러디스에게는 다행스러운 일이었다. 스트롱이 지금껏 맡았거나 맡을 법한 살인 사건 중에 이만큼 빡빡하게 폐쇄적으로 수사해야 하는 경우는 또 없을 터였다. 완전히 편집증에 사로잡혀 《데일리메일》 헤드라인을 샅샅이 감시하는 상황만 봐도 알 수 있었다. 팀원들은 하나같이 충직한 수사관들이어서 함께 일하기에 이보다 이상적일 순 없었다. 어떤 문서도 아무렇게나 흩어져 있는 법이 없었다. 왓츠앱 메신저에도 샛길로 빠진 잡담은 한 줄도 올라오지 않았다. 어떤 질문에도 단조로운 대답으로 일관했다. 친한 경찰관이 질문해도 마찬가지였다. 그런데도 여러 고위 관리와 험프리스의 부하들이 정기적으로 연락해 혹시라도 경솔하게 굴었다간 어떻게 될지 엄중하게 경고했다. 그야말로 불필요한 협박이었다.

모두들 훈련받은 대로 올바르게 수사해 나갈 거라며 경관들을 신뢰해 주는 사람은 오로지 경찰청장뿐이었다. 스트롱은 싱을 좋아했다. 싱 청장도 별별 압박을 다 받았지만 그걸 부하들에게 떠넘기지는 않았다.

한편 바딤 보로비크는 딘 스트리트 뒷골목에서 소위 동성애 혐오 범죄의 표적이 되고 말았다. 스트롱은 그게 페이롭스키 부부

와 관련된 사적인 문제라고 거의 확신했다. 그는 칠판을 다시 쳐
다보았다. 경찰청장에게 건의해 여왕 폐하께도 이 문제를 보고해
야 할까? 다들 잠든 시간에 브로드스키가 몰래 빠져나갔던 일도?
여왕이 굳이 이런 문제까지 신경 쓸 필요는 없으리라. 이 따위 끔
찍한 세부 사항이야 자기 같은 남자들이 맡아서 처리하면 될 일
이었다.

  노트북에 이메일 알림이 딩동 하고 떴다. 그는 메일을 열어 보
고 큰 소리로 욕을 했다. 여왕이 꼭 알고 싶어 할 만한 정보였다.
그저 자기가 여왕에게 직접 보고해야 하는 입장이 아니라는 것만
도 다행이었다.

21장

어느덧 런던으로 돌아가기 전 윈저성에서 조용히 보내는 마지막 주가 왔다. 어디까지나 성치고는 비교적 '조용하다'는 의미였지만. 더구나 보름 남짓 후면 마술 대회가 열려서 천 마리도 넘는 말이 여기 머무를 테니 말 다 했지. 필립은 물 만난 고기처럼 기운 넘쳤다.

"홈 파크로 가서 경주 코스에 장애물을 어떻게 배치하나 살펴봐야겠어."

문 옆에 선 필립은 재킷을 입고 차 키를 손에 쥐고 있었다. 여왕은 시계를 보았다. 90분 안에 세인트 조지 성당 건물 관리자와 만나 야간 조명을 더 멋지게 변경하자는 제안을 검토해야 했다. 웬만한 사람들은 고건물을 외부에서 비추는 조명이 뭐 그리 중대 사안이냐고 생각하겠지만 윈저성 사람들 사이에서는 백색 조명이냐 살짝 푸르스름한 조명이냐 하는 문제를 두고 브렉시트에 관한 온갖 논쟁을 무색케 할 정도로 격한 소동이 벌어졌다. 여왕은 명료하게 사고할 필요가 있었다.

"나도 같이 갈까 봐."

레인지 로버를 타고 5분쯤 달리면 홈 파크 경기장까지 닿았다. 나무들 위로 위풍당당하게 우뚝 솟은 캐슬 힐이 뒤편으로 보였다. 필립은 윈저 그레이트 파크의 관리인이라는 자기 역할을 매우 진지하게 맡았기에 이곳에서 일어나는 중요한 일은 전부 점검하고 싶어 했다—그리고 곧 열리는 윈저 왕실 마술 대회만큼 중요한 일은 없었다. 이제 막 대회에 참가할 말들이며 수천 명의 방문객, ITV영국 최대의 민간 방송국 방송 팀까지 불러들일 참이었다.

지금 그 부지는 평상형 화물 트럭과 금속 레일, 끝도 없이 쌓인 이동식 울타리로 아수라장이었다. 안전모를 쓰고 앞코에 강철을 덧댄 장화를 신은 현장 주임은 불안한 기색으로 잔디밭을 가리키며 말 운송용 화물차 주차 공간, 식수와 음식 배급소, 천막 상점들이 어디 들어설지 알려 주었다.

멀찍이서는 특별관람석을 개선하기 위한 작업도 진행 중이었다.

"여왕은 43년부터 쭉 참석하고 있지." 필립이 현장 주임에게 말했다. "처음부터 말이야. 그때는 개들도 출입했다니까. 그러다 래브라도레트리버가 왕의 치킨 샌드위치를 냉큼 물어간 뒤로 개는 영영 출입 금지가 된 거야." 필립이 껄껄 웃는 바람에 현장 주임은 한 발짝 뒤로 물러섰다.

"사실 잡종 사냥개였어." 여왕이 다가와서 정정해 주었다. "그리고 그때 30만 파운드 넘게 자금을 마련했어. 40년대치고는 괜찮은 수준이지. 타이푼제2차 세계 대전 당시 영국 폭격기 78대도 충분히 살 수 있는 금액이었으니까."

"차영국의 차 브랜드 '타이푼'로 잘못 알아들은 상황 말씀이십니까, 폐하?" 주임이 물었다.

"비행기 말일세. 전쟁을 승리로 이끄는 데 이용했지."

"제 할아버지가 됭케르크에 계셨습니다, 폐하." 차츰 격의 없는 분위기가 되었기에 주임은 터놓고 말했다.

"아, 그랬나? 참 흥미롭군. 전쟁에서 무사히 귀환하셨고?"

"네, 폐하. 할아버지는 셰필드 웬즈데이 팀에서 축구 선수로 뛰셨습니다. 5년 전에 돌아가셨죠. 거의 마지막까지 기력이 팔팔하셨어요."

"복이 많으셨군." 여왕은 말했다. 아마 그 신사가 자기 또래였으리라는 생각은 들었지만. 악착같이 겨우 버티고 있는 노인 세대 말이다.

성으로 돌아온 그녀는 신선한 공기를 한 차례 쐴 수 있어 다행이라고 생각했다. 이제는 셀 수 없이 많은 세부 사항을 따져 보는 데 정신을 집중할 시간이었다. 왕가 일족 전체가 다시 몰려올 뿐 아니라, 이번에는 바레인 국왕까지 수행단을 이끌고 방문하기로 되어 있었다. 특별 손님을 위한 고급 객실인 225호실 침구에 문제가 제기됐다. 손님들이 좋아하던 리넨 침구가 약간 닳았다는 사실을 객실 담당원이 발견한 것이다. 당연히 그대로 사용할 수는 없겠지만, 에드워드 시대풍 자수 침구를 다시 제작해야 할까? 그 사이에는 어떤 대체품을 갖춰 놓아야 할까? 린리여왕의 조카인 데이비드 린리, 자신의 작위명인 린리를 따서 동명의 가구업체를 설립했다 가족이 늘 묵던 객실은 이번에 다른 손님에게 배정됐는데 평소와 다른 방에서도 다들 편하게 지낼 수 있을까? 이제 성당 건물 관리자를 만나러 성당 근처 관리실로 찾아갈 시간이었다. 조명에 관해 아주 중차대한 결정을 내리도록 의견을 모아 봐야지.

그 일까지 마치고 나니 말 조련사에게서 연락이 왔는데, 바버스 숍이 훈련 중 근육을 다치는 바람에 대회에 출전할 수 있을지 100퍼센트 확신하기 어렵다고 했다. 대회에 못 나가게 된다면 참 가슴 아프리라. 바버스 숍은 승마용 말 부문에서 정말 승산이 있었고 우승할 자격이 차고 넘쳤다. 그리고 어쨌든 몇 달 동안 그 녀석을 못 봤기 때문에 다시 만날 날을 고대하고 있었는데. 여왕은 기다란 복도에서 우중충한 표정으로 다가오는 사이먼 경을 보고 이렇게 말했다. "나쁜 소식은 됐네. 오늘은 이 정도면 벌써 충분히 들었으니까."

하지만 그는 특유의 냉소적인 표정을 짓지 않았다. 오히려 얼굴이 더 굳어졌다. "이 정도라 그나마 다행입니다, 폐하."

기운 빠지는 소리였다.

"들어와서 이야기해 보게."

두 사람은 사각형 안뜰이 내려다보이는 오크 룸으로 들어갔다. 여왕이 자리에 앉자 사이먼 경은 여왕의 총애를 받는 시종인 샌디 로버트슨이 핌리코의 자택에서 해열진통제를 과다 복용해 쓰러졌다고 전했다. 다행히 딸이 그를 발견한 덕택에 지금은 세인트 토머스 병원에서 회복 중이라고 했다.

"고맙네, 사이먼."

사이먼 경은 여왕의 표정에서 완전한 상실감을 읽었다. 침통하고 기운이 푹 꺾인 듯했다. 그는 혹시 여왕에게 눈물을 닦을 시간이 필요할까 싶어 재빨리 방에서 물러났다.

혼자 남은 여왕은 심호흡을 했다.

"나쁜 자식." 그녀는 중얼거렸다. 가엾은 샌디더러 하는 말은
아니었다.

주방과 세탁실과 왕실 운영 총책임자 사무실에서는 모두들 커
피만 너무 많이 마시고 잠은 거의 못 자서 신경이 잔뜩 날카롭게
곤두서 있었다. 냉장창고 한 곳에서 파티시에가 2주 뒤의 대규모
축하연에 낼 새로운 트러플을 만드느라 모양 틀에 초콜릿을 세
판째 붓고 있었다. 초콜릿 크림 작업을 이틀 동안 다 끝내려고 애
썼는데 영 제대로 만들어지지 않았다. 그가 이 냉장창고에서 초
콜릿 틀과 씨름할 수 있는 시간도 이제 몇 시간밖에 남지 않았다.
그 뒤엔 제과 장비를 다 챙겨서 버킹엄 궁전으로 돌려보내야 했
다. 매일 꼭 필요한 작업 도구들만 개별적으로 챙겼는데도 모아
놓고 보면 적지 않았다. 이제 곧바로 가든파티 준비에 돌입했다
가 마술 대회에 맞춰 여기 돌아와야 했다. 그때는 여기서 준비할
수 있는 기간이 단 3일뿐이었다.

집사 보조 한 명은 자기가 지금 적재적소에 와 있는 건지 고민
이 많았다. 이게 누군가 하면, 브로드스키가 윈저성에서 벌인 성
행위에 대해 경찰이 초기 수사를 어떤 식으로 진행했을지 지난번
에 아주 정확하게 어림짐작했던 직원이었다. 그녀는 여왕 폐하를
위해 일하고 싶다는 꿈을 수년 동안 품고 살았다. 그리고 최고 수

준의 훈련을 마친 뒤 최종 면접을 통과했을 때는 넋이 나갈 정도로 황홀해했다. 하지만 요 며칠 동안은 새벽 1시 전엔 잠자리에 들 수도 없었다. 모든 교대조가 다음 조와 겹칠 때까지도 업무를 끝내지 못하는 듯했다. 그리고 오늘 아침에는 무거운 의자 두 개를 옮기다 실수로 문간을 막았다고 앤드루 왕자에게 호통을 듣기까지 했다. 그야 별로 마음에 둘 것도 없는 일이지만, 대체 이게 다 뭐란 말인가? 샌디 로버트슨처럼 사람 좋고 충직한 종복을 갑자기 집으로 돌려보내고, 그와 연락하지 말라고 모두에게 지시하고, 이제는 그 가엾은 사람이 병원에 입원했다는 소문까지 나돌았다. 결국 이런 거였나? 고작 이거밖에 안 되는 건가? 그녀와 같은 경력을 지닌 사람들에게 따뜻한 나라의 대저택 일자리를 소개해 주는 웹사이트들도 있었다. 어디든 십만 파운드 수준의 연봉이 보장되는 것 같던데. 어떤 공고가 나왔는지 오늘 밤에 다시 한번 들여다보는 게 좋을지도 몰랐다.

피터 벤 경은 해자 안쪽 개인 정원이 내려다보이는 노먼 타워의 서재에서 다음 주 회의 일정을 검토했다. 여왕이 떠난 동안 윈저성에서 명목상의 수장 역할을 넘겨받을 준비도 물론 다 갖추었다. 그는 주방과 복도에 감도는 불안한 기운을 감지했다. 보통은 큰 행사가 끝나면 잠잠해지겠지만 지금은 상황이 좀 다르다는 사실 또한 민감하게 의식하고 있었다. 바로 옆의 라운드 타워에서 경찰이 바삐 수사 중이었으니 말이다. 어제 난데없이 기자 한 명이 전화해 러시아 청년에 대해 난처한 질문을 던지며 왜 부검 보고서를 열람할 수 없는지 따졌다. 쓸데없는 호기심이 심각한 의혹으로 변하고 누군가 집요하게 파고들기 시작하는 것은 그저 시간문제였다. 그때는 진짜 지옥이 열리리라.

한편 객실 책임자가 피터 경에게 와서 마술 대회 기간의 방문객 숙소 배정 계획도 새로이 보고했다. 평소 평정심의 화신이나 다름없던 피터 경의 아내는 요새 약간 공황 상태에 빠져 있었다. 수년에 걸쳐 대사나 육군 원수를 여럿 초대했고, 우주 비행사 두 명과 여러 공작 부인도 접대해 본 몸이었지만, 어떻게 해야 앤트와 덱영국 텔레비전 진행자로 활동하는 듀오이나 카일리 미노그호주 태생의 가수로 2008년 4등급 대영제국 훈장을 받았다 같은 사람들에게 좋은 인상을 남길 수 있을지는 알 길이 없었던 것이다.

로지는 주위에서 한여름 천둥처럼 우르릉대는 기운을 느꼈다. 걱정하지 않으려고 노력은 했지만, 다들 얼마나 열심히 일하고 있는지 알고 있었으니 아무래도 마음이 쓰였다. 어떤 연약한 끈이 왕실 사람들을 하나로 묶어 주고 있다는 느낌도 들었다. 사촌 프랜이 자기에게 맞춰 결혼식 일정을 잡아야 했음에도 로지가 너무 부담을 갖지는 않았던 것도 이와 같은 유대감 덕분이었다. 바로 이 유대감 덕분에 로지는 쉬는 날에도 일하고 싶어지고, 침실 외벽이 축축하든 크리스마스나 생일을 가족들과 함께 보내지 못하든 기꺼이 감내할 수 있었다.

이는 의무와 신뢰, 애정에 얽힌 문제였지만 완전히 반대 방향으로 작용할 수도 있었다. 샌디 로버트슨이 겪는 일은 성의 근간을 뒤흔드는 것 같았다. 그러면 무슨 일이 일어날까? 만약 신뢰가 사라지고 애정이 식어 버린다면? 한 사람을 행복하게 하기 위해 —기꺼이—제 삶을 포기하고 사는 이 모든 사람들이 그땐 어떻게 나올 것인가? 땅이 흔들리고 거대한 성 전체가 무너져 내리리라.

로지는 옷을 갈아입고 점심시간 동안 달리기를 하러 나갔다. 슬슬 스트레스가 쌓일 듯할 때면 늘 이렇게 풀려고 했다. 그레이트 파크를 빙 돌아 몇 킬로미터를 뛰며 지금까지 알게 된 사실을 이해해 보려고 애썼다. 경찰이 초점을 맞춰야 하는 인물은 레이철 스타일스겠지? 음주와 약물 문제가 있었고 브로드스키의 방에서 그 여자의 DNA도 확보했으니까. 레이철이 브로드스키를 죽이고 자살했나? 하지만 새로 등장한 여자—애니타 무디는? 스타일스가 애니타도 죽였을까?

40분 동안 폐가 터질 듯 뛰었건만 문제를 해결하는 데엔 별다른 진전이 없었다—그래도 아무튼 기분은 더 나아졌다.

"활기차 보이네요." 사이먼 경은 사무실로 돌아온 로지를 보고 이렇게 말했다. "어머니께서 차도가 좀 있으신가요?"

로지는 어머니가 많이 나았다고 뻔뻔하게 거짓말했다. 엔도르핀이 솟아난 덕에 오후를 잘 넘길 수 있었다.

빌리 매클라클런은 장만한 지 4년 된 혼다 시빅의 운전석에 앉았다. 그리고 서픽이란 동네는 어쩜 이렇게 외따로 떨어져 있는지 새삼스레 놀라워했다. 어딜 가든 한참 걸리니 원…… 들어가 살기에는 아주 쾌적한 동네지만, 아무리 그래도 그렇지, 너무 멀 잖아.

자동차 라디오에서 클래식 채널이 흘러나오다 신호가 끊겼다. 고요해진 틈에 매클라클런은 오늘 아침 하이게이트에서 젊은 여자와 나눈 대화를 곰곰이 생각해 보았다. 그 여자는 런던 북부 상류층 여학교 음악 교사였고 가외로 네트볼도 지도했다. 점심시간 합창 연습과 4학년 B팀 준비 운동 시간 사이에 그 교사를 잠깐 만났다. 두 사람은 빈 교실 뒤쪽에 옹송그린 채 교무실에서 타 온 커피가 담긴 두꺼운 도자기 컵을 손에 쥐고 이야기했다.

애인 대행.

교사는 분명히 '애인 대행'이라고 말했다. 30분쯤 지나 커피는 차갑게 식고 이야기엔 슬슬 열이 올랐을 무렵이었다. 나중에 통화 녹음도 확인해 보겠지만, 매클라클런은 그렇게 확신했다. 그 말이 나온 맥락은 이랬다. "그 애가 잘나갔다는 건 알지만, 그래도 그렇지 고급스러운 옷을 너무 좋아하더라고요. 한번은 애니타가 끝내주는 코트를 걸친 모습도 봤는데, 잘 보니 이번 시즌 구찌 신상품이지 뭐예요. 걔는 제가 오랫동안 갖고 싶어 했던 안야 힌드마치 크로스 백도 가지고 있었죠. 중고 거래 앱으로 구했느냐고 물었더니 아니라는 거예요. 새것이라고요. 또 주로 들고 다니던 멀버리 가방도 새것 같았어요. 뭐 기분 나쁘게 굴려는 건 아니지만, 몇 번쯤은 좀 궁금하기도 했거든요…… 글쎄, 이런 얘기는 안 하는 게 좋겠네요." "괜찮습니다, 말씀하세요." "좋아요, 그러니까…… 심술궂게 굴려는 건 아니지만, 걔가 애인 대행 일을 하는 게 아닌가 생각했죠. 알아요, 바보 같은 소리죠. 애니타는 그런 타입이 아니었으니까. 제 말은, 남자관계를 드러내는 일이 거의 없는 애였단 거예요. 그런데 좋은 물건을 잔뜩 갖고 있었고요. 사실 동기들 중에 노래를 제일 잘했던 것도 아니었거든요. 물론 잘하기야 했지만…… 그냥 운이 좋은 애였죠."

운이 좋았을지도 모르지. 재능이 있었던 건 확실하고. 애니타 무디는 이 여자와 함께 왕립 음악 대학에서 성악 전공으로 석사 과정을 밟았다. 매클라클런은 예전 친구들을 찾아가 이야기를 나누며 애니타 무디라는 인물을 그려 보는 중이었다. 어떤 이들에게는 애니타의 옛 선생님이라고 자기를 소개했다. 부고를 듣고 망연자실해 최근까지 어찌 지냈는지라도 알아보려 한다면서. 다른 이들에게는 자살 관련 기사를 쓰려고 취재하러 다니는 기자인 척했다. 나중에 경찰이 똑같은 코스로 조사할지도 모르는데, 누가 먼저 다녀갔는지 그쪽에서 알아채는 일 없게 처리하고 싶었다. 몇 시간 뒤 마침내 우드브리지에 도착하게 되면, 옛날부터 가족끼리 친한 사이이며 홍콩에 사는 애니타의 친척들에게 전해 주기 위해 추억담을 모으는 중이라고 거짓말할 작정이었다.

매클라클런은 애니타가 어마어마하게 의욕 넘치는 젊은이였다는 사실을 알아 가고 있었다. 애니타는 햄프셔의 기숙학교를 졸업한 뒤 런던 소아스 대학에서 음악을 전공하며 아프리카와 아시아, 중동의 전통 음악을 중점적으로 공부했다. 석사 과정에서도 같은 주제를 연구했고, 독보적으로 실력이 뛰어나진 않더라도 성실하고 진지하게 공연에 나섰다고 평가받았다.

소아스 대학에서 보낸 마지막 해에 친구들은 애니타의 생활 수준이 높아졌다는 사실을 차츰 알아챘다. 애니타는 다른 친구들과 마찬가지로 런던의 구질구질한 동네에 방을 얻었지만, 더 자주 휴가를 떠나고 더 좋은 옷을 입었으며 선명한 핑크색 피아트 500을 몰고 다녔다—그리고 죄다 인위적일 만큼 완벽하게 사진 찍어 인스타그램에 전시해 놓았다.

교사가 된 친구를 제외하면 다들 애니타에게 번쩍이는 아이템이 날로 늘었던 게 유람선이나 외국에서 열리는 화려한 파티에 용케 일자리를 구한 덕택이리라고 생각했다. 애니타는 열대 지방의 웅장한 호텔에서 찍은 사진을 여러 장 올렸다. 안뜰에 분수가 있고 야자수 아래 맥라렌 슈퍼 카가 주차된 곳들 말이다. 줄줄이 달린 반짝이는 샹들리에 아래서 야회복 차림으로 노는 모습도 나날이 자연스러워져 갔다. 애니타는 그리니치의 멋들어진 아파트에 보증금을 냈다. 강변이 한눈에 보이는 조망에 O2 아레나⟨런던 동남부 그리니치 반도의 다목적 실내 경기장 및 공연장⟩도 그리 멀지 않은 곳이었다.

대체 어떤 20대 여자가 런던에 자기 아파트를 장만할 만큼 재력이 빵빵할까? 가족 재산일 거라고 추측하는 친구들도 있었지만, 애니타를 잘 아는 친구들은 그 애의 부모님이 홍콩 증권 거래소에 잘못 투자를 하는 바람에 재산을 날렸다고 말했다. 그래서 10대 중반까지는 유복하게 자랐지만 그 뒤로 집안 형편이 어려워졌다는 것이다. 한 친구는 애니타가 비싼 기숙학교에 계속 다니려면 부모님이 뭔가 뒷거래를 해야만 했을 거라고도 넌지시 말했다.

보자. 고상한 삶에 맛 들인 여자애가 있는데, 뚜렷한 소득은 없다. 애인 대행? 그럴 수도 있겠지. 돈 많은 남자한테서 원조를 받았나? 동창생 한 명은 애니타가 입시생 때 음악 교사와 아주 친밀했다고 말해 주었다. 혹시 나이 든 남자한테 빠지는 스타일이었나? 그 음악 선생은 퇴임 후 서퍽에 거주했으며 애니타 이름을 들더니 만나 주겠다고 했다. 매클라클런은 편견 없이 마음을 열어 놓았다. 어쩌면 기 드 베케는…… 아버지처럼 자상한 사람이었을지도 모르지. 아니면 연락을 안 하고 지낸 지 10년이나 되어서 할 말이 전혀 없을지도 모르고.

하지만 약속을 잡으려고 전화해서 목소리를 들어보니 무심함과는 거리가 멀었다. 드 베케는 충격을 받은 듯 목소리가 떨렸고 몹시 동요했다. 심경이 복잡한 모양이었다.

A12 도로를 타고 에식스 지역을 지나니 차츰 해안이 펼쳐졌다. 그때쯤 매클라클런은 그 남자의 마음이 혼란한 이유가 정확히 뭘까 궁금해졌다.

22장

여왕은 차를 마신 뒤 가족 예배실로 향했다. 1992년 화재 이후 예전 예배당은 영빈관으로 개조했다. 처음 불이 난 장소가 그곳이었기 때문에 계속 거기서 예배를 올리겠다는 생각은 할 수도 없었다.

때가 되면 그마저도 괜찮아졌을지 모른다는 생각이 문득 들었다. 시간은 거의 모든 것을 치유해 주니까. 하지만 그때 내린 결정에 딱히 후회가 들지는 않았다.

이 예배실은 복도를 개조해 만들었다. 천장은 짙은 청색 바탕에 질 좋은 오크 목재를 겹겹이 둘러 고딕풍으로 웅장하게 꾸몄다. 이곳은 왕가 일족을 위한 공간인 만큼, 설계에도 여왕의 개인적인 의견이 오롯이 반영되었다. 데이비드 린리는 여왕의 취향대로 꽤 소박하게 제단을 만들었고, 필립은 명인과 함께 스테인드글라스 창문을 디자인했다. 예배실에 들어가자면 늘 지나쳐야 하는 창문이었다.

그 창문은 추억이 한데 엮인 작품이었다. 맨 위 세 폭에 묘사된 삼위일체는 회색과 녹색이 어우러진 성과 공원 풍경 위로 고요하게 솟았다. 하느님이 애정을 가득 담아 내려다보며 왕실 전체를 굽어살피고 있었다. 아래쪽 세 폭은 화재 당시를 표현했다. 중앙에는 눈이 빨간 용 위에 우뚝 서 있는 성 조지, 왼쪽에는 불길에서 건져 낸 초상화를 들고 있는 자원봉사자, 오른쪽에는 횃불처럼 타오르는 벨베데레 타워 앞에서 불길과 싸우는 소방관이 묘사되었다. 애초에 필립이 마음에 둔 마지막 그림은 날아오르는 불사조였고 여왕 또한 퍽 마음에 들었으나, 여기 완성된 최종안이 더 좋았다. 성은 저절로 재건된 게 아니었다. 우선 더 큰 피해를 막기 위해 소방관들이 밤낮으로 고군분투했고, 그 뒤엔 한 팀으로 뭉친 사람들이 손발을 척척 맞춰 신속하게 다시 세운 것이니까.

넓게 보면 그 모두가 여왕의 가족이었다. 그녀는 여전히 모두에게 큰 고마움을 품고 있었고 앞으로도 마찬가지일 터였다. 1992년은 기억 속에 *끔찍한 해로* 남았지만, 이곳에 올 때마다 그 뒤에 이어진 일을 떠올리며 감사함을 느꼈다. "두려워 말라, 내가 너와 함께 함이라." "내가 너의 힘이요 방패이니라." 어린 시절 그녀는 굳센 마음을 품으면 끝끝내 승리를 거둘 것이라고 배웠다. 바로 이 가르침이 전쟁 기간 내내 그녀의 피난처가 되어 주었다. 때로는 기나긴 시간이 걸리기도 하지만, 이는 진실이었다.

여왕은 제단 근처로 가서 늘 앉던 진홍빛 의자에 앉았다. 추억은 접어 두고 현재로 돌아와 최근에 사망한 세 젊은이, 즉 러시아인과 금융 분석가, 가수를 위해 기도했다. 마지막 젊은이의 경우 어떻게 전체 맥락과 연결되는지 아직은 완전히 이해가 되지 않았지만. 좁은 의미에서나 넓은 의미에서나 가족을 위해서도 기도했다. 그리고 후손들이 아주 훌륭하게 헤쳐 나가고 있음을 감사드렸다. 이제 해리가 괜찮은 아가씨를 찾기만 하면 참 좋을 텐데.

여왕은 통찰력을 내려 달라고 기도했다. 또 다른 젊은이가 목숨을 잃기 전에, 이미 얻은 정보들을 지혜롭게 이용해 이 어둠을 환히 밝힐 수 있게 해 달라고.

그녀는 내일 3시 15분에 출전하는 경주마 배스가 승산이 있을지 통찰력을 달라고 기도하고픈 유혹에 빠졌지만, 하느님은 이런 기도에 응답해 주시지 않았다. 경마에는 다년간의 경험과 노력으로 다져진 판단력, 그리고 행운이 필요했다. 인생이나 마찬가지인 셈이었다.

저녁 식사 전에 옷을 갈아입으려는데 의상 보조가 전화기를 가지고 왔다. 결코 '스마트'하지 않은, 본체와 송수화기가 연결된 구식 전화기였다.

"폐하, 매클라클런 씨 전화입니다."

"고맙군."

의상 보조가 물러났다. 여왕은 화장대 거울에 비친 자신의 모습을 힐끗 보고(약간 붓고 피곤해 보였다) 수화기를 들어 올렸다.

"경감. 전화해 줘서 고맙네."

"이제 때가 된 듯합니다, 폐하. 폐하께서 찾으시던 단서를 확보한 것 같습니다. 그 무디라는 여자는 스스로 목숨을 끊은 게 아니었습니다―제가 얻은 정보들이 전부 정확하다면 말이죠. 그리고 폐하께서 무디가 중국어를 할 줄 아는지 물으셨는데, 맞습니다. 학교에서 중국 표준어를 공부했고 가족들과 홍콩에서 살 때 광둥어도 익혔습니다. 혹시 모르니 사망자가 러시아어도 할 줄 알았는지 캐묻고 다녀 봤지만 그렇진 않은 것 같습니다."

"고맙네, 빌리. 뭘 알아냈는지 전부 얘기해 줄 수 있겠나? 7분 정도 여유가 있네만."

"그 정도면 충분합니다, 폐하."

그는 인스타그램 계정이나 친구들과의 면담을 통해 알아낸 정보를 보고했다. 가장 흥미로운 인물은 마지막에 만난 지인—우드브리지에 사는 드 베케였다. 매클라클런은 그 남자와 이야기하는 동안 언제나 그렇듯 이번에도 여왕이 제대로 짚었다는 점을 확신했다. 그 뒤 집으로 돌아가면서 지금껏 들은 내용을 복기하고는 도착하자마자 성에 전화를 해야겠다고 결심했다.

북부 순환 도로가 A13 도로로 합쳐질 때쯤 뒤쪽에서 오는 검은색 BMW M5 한 대가 눈에 들어왔다. 차량 세 대를 사이에 두고 달리는 중이었다. 하이게이트 거리에서 빠져나올 때도 똑같은 차를 우연히 봤다. 신형이고 속도도 빠르고 날렵하게 생겼으며, 국민연금 납부금이 두 배로 오르는 한이 있어도 기꺼이 업그레이드하고 싶은 차종이었기 때문에 눈여겨보았던 것이다. 그리고 몸담아 왔던 세계가 세계다 보니 외교용 차량 번호판에 자연스레 눈길이 갈 수밖에 없었다. 매클라클런은 속도를 줄이고 서행 차선 쪽으로 빠졌다. 조금 뒤 M5가 스쳐 지나갔다.

멍청이들. 그가 속으로 투덜거렸다. 이런 짓을 할 거면 최소한 흔해 빠진 차라도 구해다가 제대로 하란 말이야. 그런데도 다시

액셀에 발을 올리려니 심장 박동이 빨라졌다.

　정신을 온전히 집중하자 20분쯤 뒤엔 흰색 프리우스도 눈에 들어왔다. 이번 차는 더 구형이고 번호판도 평범해서 길거리에 수천 대는 깔린 우버와 다를 바가 없었다. 하지만 그 차는 매클라클런이 타워 브리지에 이르자마자 차량 여섯 대를 사이에 두고 뒤에 따라붙기 시작했다. 런던의 반대편, 그의 집과 멀지 않은 치직까지 A4 도로를 타다 옆길로 빠져나갈 때까지 프리우스는 결코 5분 이상 시야에서 벗어나는 일 없이 눈에 보였다 사라졌다 했다. 배터시를 거쳐 첼시 교를 타고 북쪽에서 남쪽으로 강을 건넜다 다시 퍼트니 교를 타고 북쪽으로 넘어가는 복잡한 경로—아무리 정신 나간 인간이라도 택하지 않을 코스—로 30분이나 빙 돌아서 운전했다는 점만 뺀다면 우연의 일치라고 볼 수도 있었으리라. 그가 어디로 향하는지 확실해질 때까지 미행하고 있는 게 분명했다. 차 두 대를 이용할 만큼은 노련하지만 두 대 다 서툰 티를 낼 만큼은 아마추어라 다행이군.

　그래서 애당초 계획보다 늦어서야 윈저성에 전화를 걸 수 있었지만, 지금쯤 여왕에게 잠시 짬이 나리라고 짐작했다. 사적으로 대화할 수 있는 시간이라면 여왕은 그의 전화를 금방금방 받았다. 매클라클런은 그 속도에 깜짝 놀라곤 했는데, 이제는 이 또한 일반에 알려지지 않은 여왕의 면모 중 하나로 받아들이게 됐다. 이런 희귀한 정보를 얻을 수만 있다면 저질 언론사 기자들은 자기 할머니라도 죽이려 들 것이다—암만해도 절대 알아내지 못할 테지만.

"무디는 몹시 위태로워 보이는 상태로 은사를 찾아갔다고 합니다." 매클라클런은 애니타 무디의 인생사를 쭉 설명한 다음 드 베케에게 들은 이야기를 전했다. "선생은 남자 문제일 거라 짐작하고 무디의 예술가적 기질이랄까 뭐 그런 면 때문에 더 마음이 힘든 모양이구나 여겼지만, 예전에는 한 번도 그런 모습을 보인 적이 없었다더군요. 그리고 상태가 정말로 안 좋았다네요. 무슨 뜻인지 아시지요. 그냥 슬퍼서 우는 정도가 아니라 아예 통제가 안 되는 상태였던 거죠. 드 베케의 집 잔디밭 한 군데에 앉아 몸을 앞뒤로 흔들며 중얼거리더랍니다. 무슨 소리인지는 거의 알아들을 수도 없었고요. 자포자기해 이성을 잃은 것처럼 보였다고 합니다."

"그러면 자살과 연결 지을 만하지 않나?" 여왕이 물었다. 너무 갑작스럽긴 했지만 무디의 친구들은 그렇게 생각할 수밖에 없었으리라.

"그렇게 볼 수도 있겠죠." 매클라클런이 말했다. "하지만 드 베케는 일단 이야기를 해 보고 생각을 바꿨다고 합니다. 무디가 풍기던 인상이랄까, 느낌에 대해서 말이지요. 무디는 자기가 곧 죽을 거라 생각하고 있었다는군요. 드 베케는 옛 제자를 진정시킬 수도, 위로해 줄 수도 없었는데요. 이제 와 생각해 보니 속상하다기보다는 겁에 질린 느낌이었다고 합니다. 혼이 빠져나갈 만큼 겁먹었던 것 같다고요."

여왕은 그 이야기가 마음에 들지 않았다. "누구한테 알릴 생각은 안 했다던가? 부모님이라든지? 그 애가 그렇게나 위태로운 상황이었다면."

"드 베케의 말로는 무디가 그러지 말아 달라고 부탁했다는군요."

여왕은 어떻게 그 남자를 얼러 정보를 캐냈는지 굳이 묻지 않았다. 매클라클런은 그 방면에 탁월한 재능을 갖췄고, 여왕이 그에게 의지하는 이유도 바로 그 점 때문이었으므로.

"이제 어떻게 하면 좋을까요, 폐하? 다만 놈들이 저를 뒤쫓고 있으니 주의해야 합니다."

"누가?"

매클라클런은 여왕에게 검은색 차와 흰색 차에 대해 알렸다. "아랍 국가 한 곳의 대사관에 소속된 외교용 차량 번호판이었습니다. 세력이 크지 않은 우호국이지요. 그쪽에서 암살을 꾀한다고 상상하기는 어렵습니다." 그 국가가 어딘지 말하자 여왕도 수긍했다.

여왕은 이 문제를 숙고해 보았다.

"우선은 아무것도 하지 말게. 고맙지만 이 정도면 당분간 모험을 벌일 필요는 없을 것 같군. 자네 괜찮겠나?"

"예, 폐하." 매클라클런이 확답했다. 그는 저쪽에서 뭔가 행동에 나서는 꼴을 보고 싶었다. "뭐든 말씀만 해 주십시오."

하지만 이미 여왕의 마음은 다른 데로 떠난 뒤였다. 이제 퍼즐 조각들이 모두 모였다. 그녀는 그저 조각을 연결하기만 하면 되었다. 퍼즐의 기본 형태는 분명했다. 한동안 그랬다. 하지만 고집불통인 세부 사항 몇 가지가 좀처럼 들어맞지 않고 버텼다.

시간이 좀 난다면 그날 저녁 이 퍼즐을 해결할 수도 있었겠지만, 전화를 끊자마자 의상 담당자가 여왕이 신을 새 스타킹을 챙겨 돌아왔다. 그리고 곧 윈저성에서 금주에 마지막으로 저녁 식사를 할 시간이었다. 가족과 친지들이 모여 북적이는 자리였다. 그날 밤 일기장을 집어 들면서 그녀는 레이철 스타일스가 아일오브 독스(밀레니엄 돔새천년을 기념하는 의미로 2000년 1월 1일 개장한 돔형 건축물이며 현재 O2 아레나로 조성됨 근처였는데, 인생 최악의 밤으로 손꼽을 만한 시간을 거기서 보냈기에 여왕은 아무래도 그 건물을 삐딱하게 볼 수밖에 없었다)의 자택에서 경찰에게 진술한 내용과 그 눈동자, 그리고 머리카락 한 가닥을 잠시 생각해 보았다. 그리고 여성용 팬티도. 왜 팬티가 놓여 있었던 거지? 도무지 이해할 수가 없었다.

아주 까다로워 보이는 문제가 있을 때 종종 그랬듯, 그녀는 하룻밤 푹 자고 나서 천천히 생각해 보기로 했다. 하지만 시간이 째깍째깍 흘러가고 있었다. 만약 그녀의 추측이 옳다면 꼴 보기 싫은 험프리스도 부분적으로는 옳다는 얘기였고, 그렇다면 이 문제가 해결되기 전까진 국가가 위태롭다는 뜻이기도 했다.

4 부

—

짧은 만남

짧은 만남 ＊ Brief Encounter.
2장에서 언급된 데이비드 린 감독의
멜로영화 〈밀회〉의 원제

23장

    월요일에 필립은 시내에서 열리는 행사에 참석하기 위해 일찌 감치 종자와 시종무관을 이끌고 나갔다. 여왕이 마지막으로 승마를 하러 나가기도 전이었다. 여왕은 신록이 푸르른 정원과 신선한 공기, 마음을 푸근하게 만드는 조랑말 냄새가 어떤 계시를 내려 주지 않을까 내심 기대해 보았다. 하지만 마술 대회 준비로 너무 초조한 데다 윈저성을 떠나기 아쉬워 영 심란하기도 했다. 게다가 다음 주를 앞두고 마지막으로 마음을 다잡느라 바쁜 나머지 결국 살인 사건에 관해서는 아무 진전을 이루지 못했다.

    로지는 여왕이 차에서 검토할 수 있도록 상자들을 가지고 왔다. 로지도 함께 타고 갈 수 있었지만, 여왕은 잠시 혼자 생각할 시간을 갖고 싶었다.

"버킹엄 궁전에서 보세."

"네, 폐하."

"함께 얘기해 봐야 할 게 몇 가지 있다네."

"언제든 좋습니다, 폐하."

"점심 식사 후에 찾아오게."

한 시간 뒤 여왕이 탄 벤틀리는 조심스럽게 호위를 받으며 윈저성에서 나와 늘 그렇듯 M4 고속도로 방면으로 나아갔다. 오늘은 샬럿 공주_{윌리엄 왕세손의 딸}의 생일이었다. 여왕은 앤머 홀_{샌드링엄에 위치한 윌리엄 왕세손 가족의 별장}에 얼른 전화해 생일을 축하했다. 윌리엄 가족은 조촐한 파티를 준비하느라 바빴다. 조만간 마술 대회에서 다 함께 만날 수 있겠지. 지금은 "안녕하세요, 할머이"라고 수줍게 종알대는 목소리를 듣는 걸로 만족해야 했다. 샬럿은 평소에 그리 부끄럼을 타는 아이가 아니었지만 아직 전화 통화는 어색해했다. 아마 이 사실을 고맙게 여기는 편이 좋으리라. 10년쯤 지나면 그 아이를 전화기에서 떼어 내려야 떼어 낼 수도 없을 테니까.

여왕은 샌드링엄에서 세간의 이목을 피해 무사태평하고 돈독하게 지내는 케임브리지 공작 가족을 떠올렸다. 아주 바람직한 모습이었다. 켄싱턴과 윈저에서 자라나던 시절에는 그녀의 삶도 그러했다. 그때는 앞으로도 쭉 사생활이 보장되는 삶을 살 수 있으리라고 당연하게 생각했는데. 주위의 단짝 친구들과 의지하며 지내던 시절, 결과가 어찌 되든 별로 문제 될 것 없다는 확신을 품고 모험도 해 보고 실수도 저지르던 시절이 어떤 느낌이었는지 이젠 기억조차 가물가물했다. 이제 모든 것이 중대 사안이었으니까. 거의 모든 사람이 이러쿵저러쿵 수군거렸고.

벤틀리는 고속도로에 진입하며 속력을 냈다. 옆 차선을 스쳐 가는 차 안에서 종종 운전자나 승객이 깜짝 놀라 이쪽을 다시 힐끔거렸다. 사람들은 벤틀리 앞쪽에 달린 작은 깃발을 보고 혹시 뒷좌석에 앉은 여왕이 보일까 싶어 눈을 가늘게 뜨곤 했다.

추잡한 살인 사건이 지금껏 뉴스 헤드라인을 장식하지 않았다는 건 기적이나 다름없었다. 모든 관련자가 극도의 신중함을 발휘해야만 가능한 일이었다. 비밀리에 수사를 해 나가야 하니 스트롱 경감도 이만저만 고생이 아닐 테지. 《데일리메일》이 여성용 팬티와 립스틱이라는 기삿거리를 낚아챘다고 상상만 해도…….

그때 불현듯 실내복 가운과 끈에 관한 퍼즐 조각이 제자리에 딱 들어맞았다. *그럼 그렇지.* 스트롱 경감은 제 할 일을 정확히 완수했다.

그 뒤 몇 킬로미터를 달리는 사이, 다른 조각들도 모여들어 착착 끼워지더니 그날 밤의 모든 부분이 정확하게 아귀가 맞았다.

그간 머리카락이 가장 큰 골칫거리였지만, 일련의 사건을 이해하고 보니 DNA 문제에 관한 해답도 명백해졌다. 사실 여왕은 바로 그 지점부터 알아차렸어야 했다.

이제는 살인 현장이 어떻게 설계된 건지, 그리고 왜 그런 방식이어야 했는지 분명히 알 수 있었다. 여왕 본인 때문에 이런 일이 일어났다는 사실도 극도로 명징하게 깨달았다. 바로 이 부분이 무엇보다도 끔찍스러웠다. 그녀는 필립과 함께 그 특이한 욕구 불만에 관해 농담조로 얘기했었다. 하지만 그 문제는 그저 지엽적인 요소가 아니라 딱한 청년이 당한 치욕의 핵심이나 다름없었다. 옷장과 자주색 가운을 비롯해 모든 일의 원인은 바로 여왕이었다.

고속도로가 꽉 막혀서 느릿느릿 움직여야 했다. 여왕은 창밖 저 멀리 공중에 줄지어 착륙 준비 중인 비행기들을 바라보았다. 그리고 어떻게든 침착하게 숨을 고르며 생각하려고 애썼다.

하지만 문제는 그다음으로 벌어졌던 일이었다. 어떻게 그 여자가 동시에 두 장소에 존재할 수 있었나? 아니, 더 정확히 말해 어떻게 두 여자가 한 곳에 존재했을까? 어떻게 아무도 눈치채지 못했지?

머릿속에 정황을 제대로 그려 보기까지 시간이 꽤 걸렸다. 그러다 어떻게 된 일인지 깨닫자 숨이 턱 막혀 헉 소리가 나왔다. 조수석에 앉은 경호원이 고개 돌려 별일 없는지 살폈다. 여왕은 괜찮다는 뜻으로 고개를 끄덕여 보였다.

하지만 사실은 괜찮지 않았다.

그자들이 무슨 짓을 벌였을지 이제 감이 잡혔고, 그렇다면 정말 끔찍한 일이었으니까. 냉혹하고 계산적이며 등골이 오싹해지는 데다 지독히도 소모적인 짓거리였다. 이 정도로는 다 형용할 수도 없었다.

여왕은 모든 세부 사항을 다시 찬찬히 살펴보았다. 그러면서 매클라클런이 들려준 내용, 스트롱 경감의 수사 팀이 파악한 사실, 자신과 로지가 알아낸 정보와 부합하는지 점검했다. 그렇다, 전부 다 연결되었다. 그녀는 매클라클런이 최근에 발견한 사항들 덕분에 자신의 추론이 사실이라고 믿을 용기를 낼 수 있었다.

아직 좀 얼기설기하긴 했지만 곧 가다듬을 수 있는 정도였다. 다들 자기가 뭘 찾고 있는지만 알면 충분히, 아마 훨씬 더 많은 것을 찾을 수 있으리라. 여왕은 그 모든 일의 물꼬를 트기에 누구보다도 적합한 인물을 한 명 떠올렸다. 윈저성을 떠나기 전에 생각해 냈더라면 좋았을 텐데! 미치고 팔짝 뛰겠네! 이야기할 구실을 뭐든 찾아야만 했다.

벤틀리가 오전 나절 교통 체증을 뚫고 해러즈 백화점을 지나칠 때쯤 여왕은 지금 필요한 게 뭔지, 어떻게 실행해야 할지 답을 찾았다. 그러자 기분이 살짝 나아졌지만 죽음과 배반에 관해 너무 많이 고찰한 나머지 진이 다 빠졌다. 어서 어린 샬럿을 만나 삶의 기쁨을 축복하고 싶어 견딜 수 없었다. 열흘을 더 기다려야 한다니 까마득했다.

"윈저성 시종장과 전화 연결 좀 해 주겠나? 물어볼 게 좀 있다네."

"알겠습니다, 폐하."

여왕은 버킹엄 궁전 집무실 책상 앞에 앉았다. 도착하자마자 개들을 데리고 정원으로 나가 한참 동안 산책하고 돌아왔다. 일정에 없던 일이었지만 직원들은 감탄스러울 만큼 침착하게 호응해 주었다. 이젠 기분이 한결 나아졌다. 다시 일에 뛰어들 시간이었다.

몇 분 안에 피터 경과 연락이 닿았다.

"아, 시종장, 떠나기 전에 물어보려던 게 있었답니다. 텔레비전 팀 트럭들이 엄청나게 크던데 어디에 주차할지 정했나요? 잔디를 짓이겨 놓게 놔둘 용의는 전혀 없거든요."

여왕과 피터 경은 몇 분 동안 마술 대회 준비에 관해 막바지 현황을 세세하게 조율했다. 피터 경이 보기엔 여왕이 주장한 것만큼 긴급한 사항은 아닌 듯했지만, 그렇다고 뭐라 꼬집을 마음은 추호도 없었다. 여왕이 본인 집에서 일어나는 일 가운데 무엇을 중요하게 여기든 감히 이래라저래라 참견할 입장이 아니었으니까.

"참, 그냥 생각나서 그러는데—" 여왕은 지나가는 투로 말을 꺼냈다. "런던에서 젊은 여자 한 명이 참담하게 사망한 일이 있었죠. 맞아요, 코카인을 했다지요. 시내에 돌아오니 문득 떠오른 것 같네요. 갑자기 드는 생각이…… 피터 경도 그 여자를 마지막으로 목격한 사람들 중 하나겠구나 싶더군요. 네, 압니다. 하지만 그 젊은이가 성에서 마약을 했던 건 아닌가 궁금해져서 말이에요. 그것만큼은 절대로 안 될 일이지요. 피터 경 바로 옆방에 팀을 꾸린 스트롱 경감이 그 문제를 조사해 봤는지 궁금한데, 혹시 아는 게 있나요? 그 여자와 만난 기억이 납니다. 조용한 젊은이였죠. 어쨌든 아까 트럭 주차 문제에 관해 나눈 얘기는 ITV 쪽에 전해 주세요. 그러면 모르긴 몰라도 잔뜩 겁을 집어먹긴 하겠지요."

그 뒤 여왕은 빌리 매클라클런과 잠시 통화했다.

"자네가 제안한 대로 실행할 때가 온 것 같네. 하지만 아주 조심스레 살살 작업해야 해. 그 뒤엔 그 사람을 예의 주시해 주게. 별 탈 없을 거라 믿고 싶군. 그리고 누군가가 MI5에게 대금 지불에 관해서도 귀띔해 줄 필요가 있을 것 같나? 자네 생각은 어떤가? 고맙네, 빌리."

로지는 메모할 태세를 갖추고 여왕 곁에 서 있었다. 선뜻 이해가 가지 않는 대화였다. 특히 레이철 스타일스가 성에서 약물을 했는지 묻는 이유를 알 수 없었다. 그게 언제부터 중요한 사안이 된 거지? 로지는 일이 어찌 되어 가는 건지 얼른 묻고 싶어서 조바심이 났지만, 지금 벌이는 일에 대해 절대 노골적으로는 이야기하지 않는다는 암묵적인 합의가 두 사람 사이에 존재하는 느낌이 들었다.

"제가 할 일이 있을까요, 폐하?" 로지가 물었다.

"레이철 스타일스가 콘택트렌즈를 끼고 다녔는지 알아봐 줄 수 있겠나? 정보국장과도 잠깐 얘기해 보면 좋겠군. 수요일에 나를 만나러 오면 좋겠다고 전해 주게. 경과보고를 듣고 싶네."

한편 윈저성에서 피터 경은 생각에 잠긴 채 주머니 속에 핸드폰을 넣었다. 분명 마술 대회 책임자가 이미 방송국 트럭 문제를 처리했을 테지만, 여왕 폐하께 확실히 답하기 전에 한 번 더 꼼꼼히 확인해야 했다. 그건 그렇고, 코카인을 했다는 여자에 관해서도 좀 알아봐야겠는데. 레이철 뭐라더라? 스틸러? 스나입스?

피터 경은 설마 그 여자가 성에서 마약을 할 만큼 대범했을까 싶었다. 아무리 그래도 극비 회의를 진행하는 동안에? 하지만 첫날 만났을 때는 컨디션이 좋아 보였는데 둘째 날엔 그렇지 않았던 것만큼은 사실이었다. 설령 그 여자가 약물에 취해 있었다 해도 브로드스키 피살 사건 수사에 무슨 영향을 준단 말인가? 그야 알 수 없는 노릇이었지만, 어쨌든 본분을 다해 극도로 성실하게 확인해 봐야겠다고 다짐했다. 만일 성에서 누가 마약을 했다는 사실이 드러났는데 언론에서 그 소식을 입수하기라도 하면 앞으로 몇 주 동안 《데일리메일》 헤드라인에 도배될 게 뻔했다. 홍보팀에도 경고해 둘 필요가 있었다.

피터 경은 성안 사무실에서 만날 사람이 몇 명 있었지만, 순찰을 마치고 노먼 타워로 돌아가 아내와 점심을 먹기 전에 바로 옆 라운드 타워부터 들렀다. 그리고 계단을 터벅터벅 올라 3층 비좁은 방에 들어섰다. 스트롱 경감은 자리를 비웠지만 앤드루 로버츠라는 수사관이 남아 있었다. 막상 경찰 앞에 서자 피터 경은 자신의 임무가 살짝 우스꽝스럽게 느껴졌다. 이젠 자기가 불필요한 간섭을 하는 게 아닐까 하는 양심의 목소리가 들려오기 시작했다. 경찰은 당연히 약물 복용보다는 살인에 훨씬 더 지대한 관심을 두겠지? (그리고 오랫동안 다양한 방문객을 접하며 알게 된 바를 고려하면, 누가 성에서 약물을 복용한 게 이번이 처음도 아닐 터였다.) 그럼에도 불구하고 로버츠 경위는 기사 작위를 받은 장군이자 공식 직함은 윈저성 시종장인 피터 경 앞에서 자기가 맡은 일을 철두철미하게 해내려고 열의를 보였다.

"아뇨, 정말 잘 말씀해 주셨습니다, 선생님. 들러 주셔서 감사합니다. 그 여성에 관해 저희가 확보한 자료를 꺼내 보여 드리겠습니다……. 네, 이름은 레이철 스타일스입니다. 중국 경제 전문가였고요. '골든 퓨처스'에서 일했지만 안타깝게도 그리 밝은 미래는 펼쳐지지 못했죠. 음…… 네, 제가 잠깐 볼까요. 아뇨, 이 사진이 확실합니다. 직장에서 넘겨받은 사진입니다. 처음에 입수한 사진은 좀 더 작았죠. 저희 쪽에서 실수했을 리는 없다고 봅니다. 원하시면 제가 다시 한 번 확인해 보겠습니다. 5분 안에 연락드리겠습니다. 아니면 제가 알아보는 동안 여기서 기다리셔도 되니 편하신 쪽으로……."

이제 약간 얼떨떨해진 피터 경은 그냥 기다리겠다고 말했다.

몇 시간 뒤, 기 드 베케는 우드브리지의 자택 정원에서 차가운 화이트와인을 홀짝였다. 머리 위로는 새로 도착한 칼새들이 한꺼번에 쏘아 올린 화살처럼 높이 날아올랐다. 그는 잔디밭에 땅거미가 내려앉고 살구색 하늘이 보랏빛으로 저무는 마술적인 시간을 좋아했다. 등 뒤로는 매혹적인 엘가의 음악이 엘피판에서 지지직대며 흘러나와 저녁 공기에 섞여 들었다.

그는 비밀을 지키겠노라고 약속했었다. 그러나 이미 한 번 발설해 버렸고, 이제 또 한 번 말해야 한다는 압박을 느끼는 상황이었다. 처음엔 약속을 지키겠다는 본능부터 고개를 들었다. 애니타는 죽었으니 이제 와서 어떻게 그 애를 실망시킬 수 있겠냐마는. 그렇다 하더라도 처음 그 얘기를 입 밖에 내면서…… 뭐랄까…… 해방감을…… 느꼈던 건 사실이잖은가?

드 베케는 첫 제자들의 자녀가 다시 학교에 다닐 나이가 될 때까지 학교에서 노래를 가르쳤다. 꾸준히 연락하고 지내는 제자들도 여럿 있었고, 더러 결혼식이나 첫 콘서트에 그를 초대하기도 했다. 하지만 진정한 우정을 나누게 되는 경우는 몇 명 없었다. 보통은 재능이 뛰어난 아이들과 친구가 되곤 했지만 사실상 애니타는 그런 경우가 아니었다. 물론 노래도 잘했지만 정말로 두드러지는 애니타만의 특색은 따로 있었다. 그것은 바로 삶과 성공에 대한 굶주림, 어떻게든 최고로 좋은 것을 쟁취하고자 하는 갈망, 그리고 이를 위해서라면 기꺼이 온몸으로 뛰어들려는 강한 의지였다. 경쟁이 치열한 클래식 음악계에서 이런 기질은 그 자체로 재능이었다. 아무튼 나이 차가 많이 나는데도 불구하고 애니타는 드 베케를 신뢰하며 그의 조언을 소중히 새겨들었다. 두 사람은 몇 년에 한 번씩 만났는데—항상 통통 뛰고 명랑했던 애니타는 여행 다녀온 사진을 보여 주며 근황을 들려주느라 여념이 없었다. 하지만 3주 전 그 애가 마지막으로 찾아왔을 때 보인 태도는…… 그때를 생각하면 지금도 몸이 움찔했다. 그때 그 모습은 절망적이었다. 그 애는 절망했고, 눈물과 콧물로 범벅이 된 채 흐느꼈다.

얼마 뒤 가족끼리 친하게 지내 왔다는 친구 하나가 찾아와 애니타에 관해 물어보았다. 이름이…… 뭐더라? 기억이 안 났다……. 어쨌든 그 사람은 애니타의 부모님을 위해서 그 애의 마음을 헤아려 보고자 애쓰고 있었다. 그 애가…… 스스로 삶을 끝내기 전에 어떤 상태였는지. 그걸 누가 알겠는가? 대체 누가 알 수 있겠는가?

그 당시엔 한창 청춘인 여자애가 아주 일진 사나운 날을 보내면 그토록 속상해할 수도 있겠지 생각했다. 하지만 낯선 방문객이 찾아왔을 때에야 그때 그 애가 얼마나 심각한 상태였던가 깨닫고 새삼 놀랐다. 그는 손님에게 그날 일을 설명하다가 왠지 모르게 전부 다 술술 털어놓아 버렸다. 늘 비밀을 굳게 지키는 성격이었는데도.

하지만 얘기하다 보니 그날 평소와 달라도 너무 달랐던 애니타의 상태가 역시 이상하다는 느낌이 들었다. 너무 갑작스러웠고 이유도 불분명했다. 이제 드 베케는 애니타가 거센 파도처럼 쏟아 내던 게 슬픔이 아니었음을 깨달았다—그것은 극도의 공포였다.

애니타는 심지어 자신의 죽음도 예고했다. 그는 쓸데없는 짓하지 말라고 애원했다―하지만 그 애는 실연의 아픔을 토로하던 게 아니었는지도 모른다.

어쩌면 그 남자가 옳을지도 몰랐다. 방금 전 걱정스레 다시 전화해 나누었던 이야기대로 말이다. 경찰에 알리는 게 좋을지도 모른다. 그랬다가 바보 취급을 당할 수도 있겠지만, 만약 그의 느낌이 옳다면?

새로운 각도에서 보자면, 혹시 그때 애니타가 줄곧 뭔가 털어놓으려고 애쓰던 건 아닐까 싶기도 했다. 그 애는 겁에 질린 상태였고 숨기는 게 많은 듯 보였다. 그리고 이틀 뒤에 죽었다. 드 베케는 와인을 한 잔 비웠다. 그리고 자신의 추측이 틀렸기를 기도했다.

"결정했어?"

곁에 다가온 애인이 그의 어깨에 손을 올렸다. 드 베케는 팔을 뻗어 그녀를 안았다.

"내일 아침 일찍 전화할래."

24장

화요일 아침 웨스트민스터에서 제프리 하우 경마거릿 대처 정부에서
재무장관, 외무장관, 부총리를 역임한 영국 정치인(1926~2015) 추모 예배가 열렸다.
마거릿 대처 시절 아주 흥미로운 행보를 보인 인물이었고 여왕과
동갑인 1926년생이기도 했다. 여왕은 그 자리에 참석하지 않았
다. 한 번 참석하자면 추모식마다 일일이 다 얼굴을 비춰야 할 테
니까. 하지만 이번만큼은 직접 가 봐도 좋았을 텐데. 그는 점잖고
친절한 사람이자 훌륭한 정치인—두 가지가 늘 함께 가진 않는다
는 사실을 하느님도 아시리라—이었으며 크리켓에 정통했다. 또
한 명이 이렇게 떠났다.

이 나이가 되고 보니 그들 부부는 끊임없이 부고를 접했다. 요
새는 거의 매일 부고가 들려왔고 그때마다 암울한 기분이 들었
다. 사실 필립은 지난겨울에 이렇게까지 말했다. "한 번만 더 나
를 빌어먹을 추도식에 불러 대면 죄다 끓는 물에 집어 던질 거
야." 하지만 진심으로 하는 말은 아니었다. 그리고 적어도 절친한
친구들은 대개 충만한 삶을 누렸다.

여왕은 거울 속의 자신을 냉정하게 들여다보았다. 우정 공사에
방문했을 때 누군가가 세계 역사를 통틀어 가장 많이 복제된 이
미지가 바로 여왕의 모습이라고 그녀에게 일깨워 주었다(사람들
은 종종 그리 새로울 것도 없는 여왕 관련 정보를 여왕 본인에게
자랑스럽게 들려주었다). 처음 그 사실을 알았을 땐 선뜻 흘려보

냈다. 세상에 어느 누가 그런 사실을 굳이 감내하며 산단 말인가? 그 이야기를 못 들었더라면 여왕은 다이애나의 이미지가 제일 많이 나돈다고 생각했으리라. 90년대에 친구 한 명이 자동차도 전화기도 없고, 심지어 라디오도 없는 네팔 고산 지대에서 막 돌아와 이런 얘기를 했다. 안나푸르나 고원에서 중세 시대 물건처럼 생긴 낫을 휘둘러 추수하는 농부를 보았는데, 작고한 며느리 다이애나의 얼굴이 선명하게 프린트된 티셔츠를 입고 있더라는 것이다. 어딜 가든 다이애나의 얼굴이 보였다.

하지만 온갖 신문과 잡지와 기념품점을 다 합쳐도 지폐와 우표를 이길 순 없었다. 생각해 보면 아주 간단한 문제였다. 긴가민가 하다면 국내에서든 영연방 전역에서든 여왕의 옆모습이 찍힌 화폐나 우표를 발행한다는 사실을 떠올려 보라. 다행히도 아직 턱살이 늘어지지 않았던 젊은 시절의 모습이었다. 그리고 여왕은 지독히도 오래 살아왔으니…….

그녀는 몸을 앞으로 숙이고 안경을 고쳐 쓴 다음 옥체의 콧구멍에서 털이 삐져나오진 않았나 살펴보았다. 노화란 참으로 품위 없는 과정이었다. 자신의 미모가 빼어나다고 생각해 본 적은 한 번도 없었지만, 이렇게 오랜 세월이 지나 돌이켜 보니 어쩌면 꽤 미인이었을지도 모르겠다는 생각이 들었다. 그렇다면 다행스러운 일이지. 매일 쓰는 물건에 꾸준히 그녀의 얼굴을 수십억 번이고 인쇄할 작정이라면야. 이제는 그저 얼굴에서 모낭이 삐죽삐죽 솟아나지 않게 관리하는 게 주된 문제였지만.

여왕이 상자들을 거의 다 검토했을 때 복도가 엄청나게 소란스러워졌다. 발소리가 쿵쿵대다 문이 쾅 닫혔고 언성이 높아졌다.

서류를 갈무리하려고 이미 집무실에 들어와 있던 사이먼 경은 담담한 태도로 일관했다. 반면 여왕은 짜증이 난 듯했다.

"무슨 일인지 봐 주겠나?"

하지만 사이먼 경이 나가 보기도 전에 문이 벌컥 열리더니 얼굴이 벌겋게 달아오른 에든버러 공작엘리자베스 여왕의 부군 필립 공이 성큼성큼 걸어 들어왔다. 그가 씩씩대며 말했다.

"험프리스라는 개자식이 어제 무슨 짓을 했는지 얘기 들었어?"

"고맙네, 사이먼."

사이먼 경이 아무 소리도 내지 않고 밖으로 나갔다. 여왕은 필립을 마주 보았다.

"아니."

"내 종자를 취조했어. 바로 내 종자를 한밤중에 여섯 시간이나 취조했다고. 나한테 미리 물어보기는커녕 한마디 통보조차 안 했다니까. 이럴 수가. 나도 오늘 아침에야 알았네."

"세상에. 왜?"

"그 작자들은 내 종자가 망할 소련 공작원이라고 생각하니까 그랬겠지. 난들 아나. 노리치보다 더 동쪽으로는 가 본 적도 없는 친구인데. 그리고 로버트슨 소식도 들었어? 딸이 발견해서 응급실로 옮겼다지. 사람들이 집요하게 괴롭힘 당하고 있단 말이야.

험프리스가 신통찮은 독재자처럼 우리 집 안을 마구 짓밟고 다니는 꼴이라면 이제 진절머리가 난다고."

"무슨 말인지 알아."

"그래? 그 녀석이 몇 주 동안 윈저성을 휘저으며 헛짓거리만 하더니 이젠 여기서도 기웃거리고 다니네. 위기가 닥치기 전에 그놈을 막아야 돼."

그녀는 눈썹을 치켜올렸다. "내가 MI5 수장을 잘라 버리면 좋겠어?"

"응, 그러면 아주 기분 째지겠군."

"분명 총리도 솔깃해하겠는걸."

"한번 총리를 세뇌시켜 봐."

"오늘 저녁에 만날 거야." 그녀가 말했다. "당신이 그렇게 말했다고 전해 줄게."

"얼마든지. 이봐, 릴리벳, 나 지금 진지해." 필립은 이제 조금씩 평온을 되찾고 있었다. 그의 태도만 보고 이 점을 알아차릴 수 있는 사람은 별로 없을 테지만. 필립이 여왕에게 다가와 책상에 손을 짚었다. "그 작자가 별다른 명분도 없이 계속 이렇게 우리 사람들을 성가시게 하면 안 된다고. 녀석의 형편없는 가설을 뒷받침해 주는 증거가 티끌만큼도 없잖아."

"나도 알아. 사실 험프리스 국장도 곧 만날 거야."

"그래?" 필립이 다시 똑바로 섰다. "그럼 그 인간을 철수시킬 거야?"

"내가 할 수 있는 일은 다 할게." 그녀가 약속했다.

종자를 대신해 진심으로 격분하긴 했지만, 필립 공은 자신이 아내에게 지나친 요구를 하고 있다는 점을 잘 알았다. 그래서 아내가 하도 차분하고 사근사근하게 응답하니 허를 찔리고 말았다.

"정말이야?"

"응, 정말로."

"알았어. 듣던 중 반가운 소식이네. 언제?"

"정확히는 모르겠어." 그녀가 말했다. "내일 중에는 만날 거 같은데. 어느 일정 사이에 잠깐 시간을 내면 좋을까……." 그녀는 이중 초점 안경을 고쳐 쓰고 내려다보았다. "……연방 사무총장, 레스터 주교, 마이클 고브."

"하! 되는대로 말하는 거지?" 이제는 평소대로 쾌활한 기색이었다. 필립은 대개 오래지 않아 분노를 떨쳐 낼 줄 알았다.

"아니."

"나라를 위해 하는 일도 많으시군."

그녀는 눈을 반짝이며 필립을 쳐다보았다.

"그리고 험프리스를 만나면 엄중히 경고하겠다는 거지?" 그가 확인했다.

눈빛만 봐서는 속을 읽을 수 없었지만, 어쨌든 여왕은 미소 지었다. "말하자면 그런 거지."

25장

수요일쯤 되니 버킹엄 궁전에서의 일상도 슬슬 예전처럼 익숙하게 굴러갔다. 다들 자리 비운 적도 없이 줄곧 여기서 지낸 것만 같았다. 로지는 일본 총리 방문을 앞두고 일본 측과 연락을 취하거나 여왕의 6월 공식 생일 일정에 관해 데이비드 캐머런 총리실과 조율하느라 바삐 지냈다.

조사를 마친 로지는 도클랜즈에서 코카인 과다 복용으로 숨진 레이첼 스타일스의 경우 가끔 원시용 안경을 썼지만 콘택트렌즈를 꼈다는 증거는 찾아볼 수 없었다고 보고했다. 여왕은 그 소식을 듣고 그저 미지근하게 "으음"이라고만 대답했다. 로지는 좀 더 물어보고 싶어 입이 근질근질했지만 꾹 참았다. 여왕이 MI5가 내놓은 러시아 관련 가설을 쭉 불신한다는 사실은 로지도 잘 알았다. 그녀 자신이 수행한 모든 일을 떠올려 봐도 그렇고, 매클라클런이 무슨 활동을 했는지 생각해 봐도 브로드스키와 레이첼 스타일스와 애니타 무디가 어떻게든 연결되어 있다는 점만큼은 분명했다. 그녀는 애니타가 레이첼 스타일스라고 사칭한 게 아닐까 의심했지만 그 연결 고리가 뭔지 파악할 수가 없었다. 브로드스키가 어찌어찌 추진한 걸까? 아무튼 그는 애니타와 아는 사이였으니까. 그가 스파이였을까? 매클라클런이 MI5와 애기해 봐야 했던 용건이 그거였나?

로지는 소외감을 느꼈지만 버림받은 기분은 아니었다. 이 점을 깨닫고 스스로도 놀랐다. 아무것도 또렷이 설명해 주지 않는 여왕에게 좀 더 화가 날 줄 알았는데—하지만 애초에 보스는 절대 그런 일을 할 리가 없었다. 뭐, 여왕의 친구나 심복이라도 된다면 모를까. 여왕은 항상 유쾌한 태도를 유지해야 하는 사람으로서 몹시 고독한 삶을 살아왔다. 더구나 어린 공주들에 관한 얘기를 외부에 어디까지 공개해도 되는지 혼동했던 자기 가정교사부터 시작해 수십 년 동안 숱한 사람들의 입에서 별별 이야기가 다 누설됐기에, 여왕이 누군가를 신뢰하기까지는 아마 여러 해가 걸리리라. 로지가 생각하기에 의상 담당자는 여왕의 신뢰를 얻어낸 듯했다—하지만 그 직원은 1994년부터 왕실에서 일해 왔고 로지는 여기 들어온 지 고작 6개월 됐을 뿐이니.

개빈 험프리스는 군인 출신인 아버지가 사랑하던 격언에 따라 체계적으로 살아왔다. '제대로 계획하고 대비하면 형편없이 실행할 위험을 예방할 수 있다'는 '7P' 원칙Proper Planning and Preparation Prevents Piss Poor Performance. 영국 육군에 전해 내려오는 격언 말이다. MI5 국장은 계획을 세우고 철저히 대비했으며, 성과를 내지 못하리라고는 상상조차 하지 않았다.

그러므로 버킹엄 궁전에서 스파이 추적 경과보고를 하라고 연락이 와도 전혀 불안할 게 없었다. 그러다 밀뱅크의 사무실을 떠나려는 순간에야 초조감이 찌르르 밀려왔다. 모든 계획과 대비가 지금쯤 실질적인 진전으로 결실을 맺었다면 좋았으리라. 물론 서

둘러서는 안 될 일이었다. 여왕 폐하도 이 점은 헤아리고 있을 터였다. 싱이 얘기해 준 바로는 두루두루 이해의 폭이 넓은 분인 모양이니까.

하지만 오늘 아침에 에든버러 공작은 상황을 나쁘게 받아들였다. 게다가 종자 가설은 거의 가망 없다고 결론이 났기에 영 멋쩍게 됐다. 처음에는 조짐이 좋았다. 그 남자의 예전 여자 친구는 터키 호텔 체인 두 군데에서 근무했는데, 하필 두 곳 모두 운영자가 푸틴 지지자라고 알려진 업체였다. 그 여자를 통한다면 러시아 연방 보안국에서 공작의 종자에게 쉽게 접근할 수 있었겠지만, 조사 결과 그는 새 여자 친구—정확한 보직은 모르겠지만 왕실 직원 중 하나—를 사귀고 있었고 '만찬과 숙박' 행사가 열린 날 밤에도 두 사람이 함께 침실에 머물렀다. 그 여자는 정보 통신 본부 차장의 딸이었고 여러 증언을 종합해 볼 때 나무랄 데가 전혀 없었다. 시종 로버트슨이나 기록 보관인 도시–존스 쪽도 뚜렷한 진전이 없었다. 험프리스는 잠복 스파이가 애당초 예상했던 것보다도 훨씬 더 깊숙이 침투해 있던 게 아닐까 의심하기 시작했다.

블라디미르 푸틴은 이번에도 능수능란하게 수를 뒀다. 부도덕한 21세기 독재자라 해도 경외할 만한 인간이었다. 이 점은 인정할 수밖에 없었다.

험프리스는 여왕을 알현할 1844 특실1844년 러시아 황제 니콜라이 1세의 국빈 방문에 맞춰 꾸민 방. 엘리자베스 2세 여왕의 연례 크리스마스 연설 영상이 종종 여기서 촬영된다 문 앞까지 시종무관과 동행했다. 그는 심호흡을 하며 방 안에 코기들이 없기를 기도했다.

다행히 개들은 없었다. 대신 하이힐을 신은 보조 비서가 눈에 들어왔다. 여왕은 비서가 남아서 대화를 들어도 괜찮겠느냐고 물었는데, 험프리스야 거리낄 게 없었다. 노기등등한 필립 공이 보이지 않아서 오히려 다행이었다. 여왕 폐하는 싱이 말했던 대로 더없이 정중하게 격려와 공감을 보냈다. 국가를 보호하는 임무가 얼마나 어렵고 중대한 일인지 잘 헤아리는 분이었다.

험프리스는 푸틴의 치밀한 잠입 작전을 간파해 내기가 얼마나 까다로운지 설명했다. 본인 생각엔 제법 조리 있게 풀어낸 듯했다. 아무리 힘들어도 머지않아 기필코 진상을 규명하리라는 장담도 덧붙였다. 그는 성안에 혼란이 빚어지는 상황을 두고 여왕이 쭉 불만을 품고 있다는 점을 알아챘다. 여왕 폐하는 자기 신하들에게 마음을 너무 많이 쏟았다. 험프리스로서는 공감할 수 없는 부분이었다―그의 집에 주 2회 방문하는 가사 도우미가 있었는데 아직도 그와 아내는 그 아주머니의 이름을 몰랐다. 감상에 빠지지 않는 게 상책이건만, 국왕에게 그렇게 말할 수야 없는 노릇이었다. 특히나 이토록 연로한 분이니. 험프리스는 여왕에게 최대한 빨리 수사를 마무리 짓고 떠나겠다고 정중히 확답했다.

"한 가지 흥미로운 사항이 발견됐습니다." 그가 여왕을 안심시키려는 취지로 덧붙였다. "그날 밤 윈저성 방문객 하나가 신분을 위장해 들어왔다는 사실을 확인했습니다. 시종장이 발견해 냈죠."

"그래요?"

"그 여성은 그저 단역일 뿐입니다, 폐하. 국가 안보에 별다른 위협은 안 됩니다. 하지만 물론 그 건도 들여다보고 있는데, 벌써 수사에 행운이 따랐다고 볼 수 있죠. 브로드스키 사건과 연관이 있을 가능성은 희박합니다. 그 여성은 애초에 성에 머물 계획도 잡혀 있지 않았고요. 희한한 우연 중 하나라 봐야겠습니다."

그가 웃음 지으며 어깨를 으쓱하자 여왕도 미소를 보냈다. 이제 접견을 마무리 지을 시간이었다.

"바래다드리겠어요." 여왕의 제안에 험프리스는 뜻밖이라고 생각했다. 하지만 이곳은 여왕 폐하의 성 아닌가. 여왕은 마침 그쪽으로 갈 생각이라고 덧붙였다.

진홍빛 카펫이 깔린 복도를 따라 걷는 동안 시종무관과 하이힐 신은 보조 비서가 세 걸음 뒤에서 따라왔다. 여왕은 이제 부활절 기간이 끝나 가는 때라 자기가 아주 바빠질 거라고 스스럼없이 말을 건넸다.

"나는 대학을 비롯해 여러 학교들을 방문하는 일이 참 많아요."

여왕이 학교 이름 몇 군데를 언급했다. 고령이라는 점을 감안하면 기억력이 상당히 비상했다. 그중 한 곳은 브로드스키가 피아노를 배웠다는 학교라기에 분위기가 조금 가라앉았다. 청년이 여왕에게 직접 알려 주었다는데, 학교명은 앨링엄이었다. 여왕은 그가 뛰어난 피아니스트였으며, 자기도 그곳의 음악학과를 둘러보면 좋겠다고 말했다. 마침 앨링엄 이야기가 끝났을 때 문 앞에 다다르면서 여왕과의 접견도 끝났다. 험프리스는 여왕이 필립 공의 종자에 대해 언급하지 않고 넘어가 주어서 고마움을 느꼈다. 오히려 여왕은 내내 기운 넘치게 수다스러웠다. 사각형 안뜰 대문이 등 뒤로 닫히자마자 험프리스는 안도의 한숨을 내쉬었다.

자기 자리로 돌아와 앉자마자 경찰청장에게서 전화가 걸려 왔다.

"여왕 폐하는 어떠셨죠?"

"지극히 쾌활하셨습니다. 그쪽에 뭐 새로운 소식이라도 있습니까?"

"사실 일이 터졌습니다. 흥미로운 CCTV 영상을 확보했거든요. MI5로도 곧 정보가 전달되겠지만, 국장님께서 알고 싶어 하실 것 같아서 말입니다."

26장

목요일엔 일본 총리가 방문했다. 앞서 오바마 대통령이 그랬듯, 단상에 올라 데이비드 캐머런 옆에 선 아베 신조는 다가오는 브렉시트 국민 투표의 위험성을 경고했다. 일본에서조차도 우려를 표하고 있었다. 로지는 갖가지 암울한 전망에 진저리를 쳤지만 지나치게 걱정하지는 않았다. 어쨌든 스코틀랜드 독립 국민 투표2014년 9월 18일에 실시된 스코틀랜드 분리 독립 찬반 투표. 16세 이상의 모든 스코틀랜드 주민을 대상으로 진행되었으며 반대 55%로 부결되었다도 결국엔 별 탈 없이 끝났잖은가. 게다가 오늘 로지는 일본 측을 상대하느라 고생할 일도 없었다. 여왕이 아베를 접견하는 건 잠깐일 테고, 그 정도 행사는 사이먼 경 혼자 가볍게 해치울 수 있었다.

사이먼 경은 로지에게 다음 주엔 미친 듯이 바쁠 테니 비번인 김에 오늘 하루 푹 쉬라고 제안했다. 그래서 로지는 오후에 억만장자를 만나러 클래리지스 호텔 스위트룸으로 향했다. 마샤 페이롭스카야가 한 번 더 얘기 좀 하자고 청했던 것이다.

로지는 런던에서 가장 고상한 호텔의 환한 스카치 캔디빛 로비로 걸어 들어갔다. 그러면서 주위의 절제된 호화로움이 얼마나 압도적인지보다는 스스로가 얼마나 이 공기에 느긋이 녹아드는지 깨닫고 깜짝 놀랐다. 차츰 직업 세계에 물들어 가는 모양이었다. 지금 왕실도 그렇지만 예전에 일하던 은행도 마찬가지였다. 주말이면 스파 호텔에서 직원 단합 모임을 여는 게 관례였고, 고객과 저녁 식사를 할 땐 베네치아 샹들리에가 밝혀진 레스토랑 별실에서 고급 와인을 곁들였으니. 로지는 이제 고급 와인을 즐기게 됐고 어느 정도 품질도 감별할 수 있었다. 그녀는 프란체스코 루소 하이힐로 바둑판무늬 대리석 바닥을 또각또각 디디는 소리가 마음에 들었다. 자기가 페이롭스카야라는 이름을 대자 안내원이 순간적으로 얼어붙었다가 그랜드 피아노를 구비한 스위트룸으로 매끄럽게 인도해 준 것도 기분 좋았다. 왕이나 대통령을 만나게 될 땐 로지 자신의 얼굴도 잠시 그렇게 얼어붙었다. 하지만 그 뒤 곧바로 매끄럽게 처신하는 면에서도 이젠 누구 못지않게 능숙해져 가고 있었다.

저 위층 스위트룸에서 마샤는 피아노 앞에 앉아 대담하고 극적인 곡을 연주하고 있었다. 팔을 뻗어 양쪽 끄트머리 건반을 칠 때마다 온몸이 흔들렸다. 로지는 한동안 잠자코 서서 그 모습을 지켜보았다. 문을 열어 준 하녀는 다른 방으로 곧 사라졌다.

마침내 한 곡이 끝났다. 마샤는 숨을 깊이 들이마시고 눈을 감았다.

"차이콥스키." 마샤가 몸을 돌리지도 않고 말했다. "지금 내 기분과 딱 어울려요."

"정말 아름답게 연주하시네요."

"알아요." 마샤는 왼편 창문을 힐끗 보았다. 레이스 커튼을 걷어 놓아 메이페어 주택가 지붕들이 내다보였다. "프로 연주자로 활동했어야 하는데." 그리고 어깨를 으쓱하더니 로지에게 희미하게 미소를 지어 보였다. "왔군요. 여왕 폐하는 잘 지내시나요?"

"아주 잘 지내세요."

"그분께 안부 전해 주시겠어요?"·

"물론이죠."

"만약에 여왕님께서…… 러시아 스타일의 피아노 연주를 더 듣고자 하신다면……." 마샤는 수심에 잠긴 듯한 목소리로 말했다.

처음에 로지는 뭔가 일자리를 얻으려고 꺼낸 얘기인가 생각했다. 그러다 이 딱한 여자가 그저 여왕과 다시 만나 친해지고 싶은 거구나 하고 깨달았다. 보스를 만나면 이런 갈망을 품게 되는 이들이 꽤 있었다. 로지가 경험한 바로는 사람들 대부분이 그랬다.

"그분께서 이제 브로드스키 씨의 연주를 들을 수 없다니 유감이에요." 로지는 화제를 살짝 바꿔서 이렇게 말했다. 아직도 자기가 왜 여기로 불려 왔는지 확실히 알 수가 없었다.

"한잔 드릴까요?" 마샤가 물었다. 그러더니 자리에서 일어나 벨벳 소파 쪽으로 가서 아무렇게나 비스듬히 주저앉았다. 로지는 맞은편 안락의자 하나에 좀 더 점잖게 앉았다. 오늘 마샤는 맨발에 스키니 진, 헐렁한 티셔츠 위로 목걸이를 여러 줄 늘어뜨린 차림새였다. 머리를 안 감은 데다 빗질도 안 한 듯했고, 화장기도 전혀 없었다. 하지만 오히려 그 어느 때보다도 아름다워 보였다.

로지가 차를 마시겠다고 얘기하려던 찰나 집사가 쟁반을 들고 나타났다. 차와 커피, 생수와 탄산수, 스무디 두 종류와 과일이 담긴 크리스털 그릇까지 보였다.

"편하게 드세요." 마샤가 로지에게 거들먹대듯 손짓하며 권했다. 그 손짓 한 번으로 집사까지 곧바로 내보냈다. 로지는 핑크색 스무디를 집어 들고 구두를 차듯이 벗어 버린 뒤 엉덩이로 두 발을 깔고 앉았다. 뭐가 어찌 되어 가는 건지 여전히 알 수 없었지만 그냥 즐기는 편이 나을 듯했다.

"제가 뭐 도울 일이라도 있을까요?"

그때부터 마샤가 로지에게 결혼 생활의 고민거리를 시시콜콜 털어놓기 시작했다. 아주 기묘한 시간이었다.

"남편은 나를 자기 발밑의 달팽이처럼 취급한단 말이에요. 그이는 내가 예술에만 관심을 쏟는다고 생각하죠. 하지만 나랑 말도 섞지 않으면서 내 머릿속에 무슨 생각이 들었는지 자기가 어떻게 알 수 있겠어요? 잠자리를 갖지 않은 지도 7주나 됐어요. 전에는 정말 좋은 연인이었는데 지금은…… 안을 때조차도 나를 혐오하는 것 같아요." 마샤는 천장을 올려다보았다. "그이가 나한테 마지막으로 준 선물은 조그만 비숑 프리제였어요. 개년한테는 개새끼가 딱 어울린다면서요. 그런 소릴 하다니 상상이나 가요? 자기 아내한테? 난 그 강아지를 요리사에게 넘겨줬어요. 그랬더니 남편은 요리사를 잘라 버렸고요. 참 훌륭한 요리사였는데." 이제 마샤는 손가락에 낀 반지를 빙빙 돌리며 갈매기알만 한 다이아몬드에 반사되는 빛을 지켜보았다. "그이는 매일 바딤에 관해서 꼬치꼬치 캐물어요. 진짜 게이 맞아? 아니면 같이 장난질한 거야? 그럼 우리 셋이 같이 잔 거나 마찬가지인 거야? 그런 남편이 너무 역겨웠어요. 내가 떠나겠다고 말하니까 남편도 그러라고 했죠. 그래서 눈에 보이는 것 중에 제일 비싼 호텔 방을 골라—여기로 온 거예요."

"그것 참…… 힘드시겠네요." 로지는 본인의 대답이 너무 절제된 표현임을 의식하며 말했다. 사실 로지라면 개를 이용해 모욕을 주는 남자하고는 절대로 함께 살 수 없었다. 하긴 애당초 갈매기알만 한 다이아몬드 반지도 절대 안 받았으리라. 그런 물건에는 뭔가 조건이 따라붙기 마련이라고 생각하니까.

"그 남자를 떠나는 게 좋을까요?"

"저는 전문가가 아니지만—"

"로지 씨는 여왕님 밑에서 일하잖아요! 늘 최고 수준의 식견으로 조언해 주는 사람이고요."

"이런 방면에는 그렇지 않아요."

"그분은 자녀가 넷인데 전부 다 이혼했잖아요!"

"세 분만 이혼했어요. 웨섹스 백작엘리자베스 2세 여왕의 막내아들 에드워드 왕자은—"

"여왕님이라면 고통을 이해하실 거예요. 그분이 로지 씨에게 조언을 구하시지 않아요?"

"전혀요."

"구하실 것 같은데요." 마샤는 마침표를 찍듯 단호하게 말하며 소파에서 빙글 돌았다. 그리고 맥없는 팔다리로 자세를 바꿔 로지처럼 엉덩이로 다리를 깔고 앉았다. "내 생각엔 여왕님이 당신을 신뢰하는 것 같아요. 나도 당신을 신뢰해요. 당신은 뭔가 있단 말이에요. 내가 믿는 사람은 당신밖에 없어요. 그래서 여기로 부른 거고요."

"저는 그런—"

"로지 씨는 다른 사람들처럼 좋알좋알 지껄이지 않잖아요. 엄마는 그이를 떠나라 하고, 언니는 나중에 이혼해서 돈방석에 앉을 때까진 곁에 딱 붙어 있으라 하고, 할머니는 아예 평생 함께 살라 하고. 다들 이것저것 충고를 해 댄다고요. 대체 내가 어떻게 해야 하죠?"

로지는 미간을 찡그렸다. "진심으로 물어보는 거예요?"

"당연하죠. 말해 봐요. 어, 지금 웃네요. 왜 웃는 거예요?"

"마샤 씨 입으로 말했잖아요. 다른 사람들이 이래라저래라 하는 건 싫다고요. 어떤 선택지가 있는지도 전부 알고 있죠. *마샤 씨는 어떻게 하고 싶은데요?*"

"흐음." 마샤는 정말로 깊이 생각에 잠긴 듯했다. "이제껏 나한테 그렇게 물어본 사람은 아무도 없었어요. 하! 당신은 똑똑하다니까요! 거봐요."

"제 여동생이 상담사거든요." 로지가 인정했다. "마샤 씨가 얘기해 봐야 할 사람은 제가 아니라 제 동생이에요."

마샤가 눈썹을 치켜올렸다. "어? 좋아요."

"농담이에요. 그 애는 지금 프랑크푸르트에 있어요."

"그게 어디죠? 서리_{잉글랜드 남동부의 주}에 있나?"

"아뇨—프랑크푸르트요. 독일이에요."

마샤는 잠깐 천장을 올려다보며 생각하다 말했다. "좋아요."

"'좋다'니, 무슨 뜻이에요?"

"로지 씨 동생분을 런던으로 다시 모셔 와서 상담을 받겠단 얘기죠. 여기 클래리지스로 와서 나랑 이야기 나누면 되잖아요. 그 분이라면 내가 어떻게 해야 좋을지 말해 줄 수 있겠네요."

로지의 머릿속에 생생한 영상이 펼쳐졌다. 히스로행 정기 항공 편에 탑승하는 플리스. 바로 여기 스위트룸에서 수심에 잠긴 러시아 미녀와 이야기하며 스무디를 홀짝이는 플리스. 분명 그 애 는 한껏 즐거워하리라. 그리고 돌아가기 전에 기회가 되면 가족 들과 시간을 보낼 수도 있겠지.

마샤는 꽤나 진지하게 제안했다. 심지어 애걸하기까지 했다.

"한번 물어볼게요." 로지가 말했다. 하지만 플리스에게 이런 사정을 다 얘기해 주더라도 결코 진지하게 제안하지는 않을 작정이 었다. 그 애가 유리 페이롭스키의 세계에 휘말리는 결과만큼은 절대 초래하고 싶지 않았으니까. 지난번에 바딤이 어쩌다 구타당 한 건지 마샤에게 듣지 않았던가. 로지는 마샤의 말을 믿었다. 여 태껏 삶이 위태로운 사람들을 많이 봐 왔으나, 그랜드 피아노 스 위트룸에 묵는 이 기막힌 미인이야말로 로지가 아는 웬만한 사람 들보다 훨씬 더 위태로운 상황에 처한 듯했다. 위협적인 느낌이 갑자기 아주 생생하게 몸속에서 되살아났다. 그것은 여왕이 '일 대일로' 회의에 참석한 여자를 조사했던 때 이래로 로지가 한동안 잊고 지낸 감각이었다.

호텔에서 나온 로지는 겸사겸사 근처 옥스퍼드 거리에서 쇼핑을 했다. 30분쯤 지나자 하이힐 신은 발이 저렸다. 더구나 웬 멍청이한테 떠밀려서 버스 도로로 떨어질 뻔했기에 깜짝 놀라고 화도 났다. 순발력 있게 피하지 않았더라면 아주 큰일 날 수도 있었다. 로지는 옥스퍼드 광장에서 그린 파크까지 지하철을 타고 돌아가기로 했다.

승강장으로 내려가는 에스컬레이터에 발을 올렸을 때 처음으로 오싹한 불안감이 밀려왔다. 버스로 떠밀린 건 우연이었는지 몰랐다. 하지만 에스컬레이터에서 거의 내동댕이치듯 거칠게 떠밀려 균형을 잃고 오른쪽으로 휘청했을 때, 바로 뒤편에 서 있던 키 큰 금발 남자가 히죽히죽 웃는 모습이 눈에 들어왔다. 로지는 그 비웃음을 똑똑히 목도했다. 이번엔 앞줄에 선 남자가 손 내밀어 로지의 팔을 잡아 준 덕에 가까스로 위기를 모면했다.

"이봐, 운동화 좀 신고 다니지. 바보 같긴." 앞줄 남자가 중얼거렸다.

"네, 감사합니다." 로지는 뒤에서 이죽이던 남자가 증발해 버려 너무도 혼란한 나머지 앞 사람에게 뭐라 따질 정신도 없었다.

점심시간 인파를 헤치고 빅토리아선 방향으로 나아가는 동안 그녀는 한 번씩 등 뒤를 흘끔거렸다. 텁수룩한 금발 머리를 찾고 있었지만 흔적도 없이 사라진 뒤였다. 그러는 내내 아까 일어난 일이 그저 우연이었는데 자기가 피해망상에 빠져서 괜히 불안해하는 건 아닌지 고민했다. 하지만 승강장에 도착한 다음엔 안쪽으로 멀찍이 물러나 있으려고 주의를 기울였다.

1분 뒤 열차가 들어오자 로지는 중간쯤에 탔다. 객차에 승객이 가득 차 있어서 마음이 놓였다—사실 너무 북적여서 사람들 틈에 서서 가야 했다. 시끌시끌한 학생들 한 떼가 로지 뒤에 끼어 탔다. 딱 한 정거장만 가면 되었다. 집에 도착하면 마음이 퍽 놓이리라.

하지만 열차가 출발하자마자 뒤쪽 학생 무리가 움직이는 게 느껴졌다. 어쩐지 뒤통수가 따끔한 느낌이라 주위를 둘러보니 진회색 후드 아래로 삐져나온 금발 머리가 얼핏 눈에 띄었다. 그 남자는 1미터쯤 뒤에서 무표정하게 다가오는 중이었는데, 로지가 잠깐 쳐다보자 히죽이는 미소가 다시 스쳐 갔다. 학생들은 남자가 지나갈 수 있게 길을 터 주었다. 군사 훈련 경험이 머릿속에 각인되어 있었기에 로지는 그 남자의 팔과 어깨가 뭔가 부자연스레 움직인다는 점을 직감했다. 남자의 왼손을 내려다보니 꽉 움켜쥔 주먹에 작고 검은 물건을 숨기고 있었다.

로지는 그 남자와 다시 눈을 마주치지 않도록 조심하며 고개를 들었다. 그자는 내내 비웃음을 머금은 채로 흔들림 없이 침착하게 다가왔다. 무슨 짓을 할 셈인지는 모르겠지만 아무도 자기를 막을 수 없다는 굳은 각오와 의지를 온몸으로 뿜어내고 있었다.

그자가 한 발짝 앞까지 다가왔다. 키 190센티미터 정도—로지

보다 10센티미터쯤 컸다—에 몸무게는 75킬로그램쯤 나갈 듯했다. 호리호리했지만 근육질이었고 목은 역도 선수처럼 강인했다. 야외에서 운동을 많이 한 듯 피부도 까무잡잡하게 탔다. 보는 눈에 따라 잘생겼다고 느낄 수도 있겠지만 다분히 늑대처럼 흉포한 인상이었다. 손에 칼을 쥐고 있다는 가정을 하지 않더라도 로지는 그 남자가 영 마음에 들지 않았을 터였다.

열차는 이제 최고로 속도를 높여 요란스레 터널을 통과했다. 로지는 무게 중심을 발바닥 앞쪽으로 옮기고 주위 승객들을 하나하나 둘러보며 혹시 누군가 다칠 염려는 없는지 가늠해 보았다. 더 멀리 떨어진 쪽 문 앞이 좀 더 한산했기에 주위 사람들에게 부드럽게 사과하며 그리로 비집고 나아갔다. 그러자 남자도 똑같은 속도로 따라오며 역시 사과의 미소를 지었다.

로지는 문 앞에 가서 멈춰 섰다. 돌아보진 않았지만 등 뒤에 그자가 있다는 건 느낄 수 있었다. 곧 문 유리에 비쳐 일그러진 형상이 눈에 들어왔다. 놈은 아직 행동에 나서지 않으리라. 열차가 역에 도착할 때까지 기다리고 싶겠지. 그래야 목적을 달성하고 잽싸게 도주할 수 있을 테니까. 눈에 띄지 않게 몸 아래쪽을 찌르지 않을까 싶었다. 하지만 이젠 로지에게 들켰다고 판단해서 아무 짓도 하지 않을 가능성도 있었다.

열차는 1분 더 터널을 지나친 뒤 덜컹대며 속도를 줄이기 시작했다. 놈은 바싹 다가와 있었다. 로지는 심호흡을 하고 어깨에서 힘을 빼려고 애썼다. 금속끼리 맞부딪쳐 끼익 소리가 났다. 열차가 갑자기 속도를 줄이자 두 사람 다 옆으로 살짝 밀려났다.

그때였다.

난데없이 주먹이 거세게 날아들었다. 남자는 눈앞이 핑핑 돌아 비틀대며 한 걸음 물러서더니 아무것도 쥐지 않은 오른손을 자기 코 가까이로 가져갔다. 여전히 앞이 보이지 않았지만 물렁뼈가 어그러졌다는 게 느껴졌다. 저 여자가 코뼈를 부러뜨린 거다. 개년이.

남자는 칼을 움켜쥔 손을 맹렬히 휘둘러 상대를 찌르려 했지만, 칼이 어디 닿기도 전에 손을 탁 얻어맞고 칼자루를 떨어뜨렸다. 본능적으로 허리를 굽혀 칼을 잡으려 하다 또 한 대를 맞았다. 거의 몸이 마비되는 듯한 고통이 몰려왔다. 이번에는 턱을 정통으로 들이받는 박치기였다. 남자는 화가 머리끝까지 나서 으르렁대며 덤벼들었으나 로지가 무릎으로 낭심을 호되게 가격하자 숨이 턱 막혀 버렸다.

야시시한 하이힐이나 신는 비서 따위가! 망할 년! 남자는 무릎을 꿇고 주저앉았다. 차츰 시야가 맑아지자 팔 뻗으면 닿을 곳에 떨어진 칼이 보였다. 열차는 그린 파크 역에 들어서고 있었다. 로지가 그만두라고 소리쳤지만 그는 말을 듣지 않았다. 그러다 어느 틈엔가 바닥에 엎드린 자세로 제압당하고 말았다. 로지는 그의 척추를 찍어 누르며 오른팔을 등 뒤로 팽팽히 꺾었다.

"찍 소리라도 냈다간 손가락을 다 부러뜨릴 거야." 로지가 낮게 윽박질렀다.

그는 이제 어디로 갈 거냐고 물었다. 그랬더니 놀랍게도 상대는 칼같이 약속을 지켰다. 새끼손가락이 부러지는 듯하더니 극심한 고통이 퍼졌고, 그 옆의 손가락 두 개도 하도 세게 양쪽으로 잡아당겨져서 다시 손을 제대로 움직일 수나 있을까 걱정될 지경이었다.

남자는 비명을 지르며 욕설을 내뱉었고, 열차 문이 열리자마자 젖 먹던 힘까지 쥐어짜 로지를 떨쳐 내고 열차를 기다리던 사람들 사이로 돌진했다.

로지는 쫓아가지 않았다. 아드레날린이 솟구쳐서 벌써 머리가 어질어질했고 진이 쭉 빠졌다. 상황이 일단락되자 비로소 약간 두려워지기도 했다. 빗방울이 떨어지는 듯한 소리가 들렸는데, 깨닫고 보니 주위 승객들이 박수를 치고 있었다.

"아가씨, 어디 다친 데는 없어요?" 한 여자가 로지 옆에 쭈그리고 앉아 물었다.

"이런, 칼이 있어요! 조심해요!"

누군가가 비상 제동 장치를 작동시켜야 할지 물었지만 로지는 괜찮다고 말했다. 몰려든 군중이 사진을 찍어 트위터에 퍼 나르기라도 하면 더없이 난감해질 테니까.

사람들은 로지가 발을 질질 끌며 승강장으로 나갈 동안 문이 안 닫히게 잡아 주었다. 다들 별 탈 없이 열차를 쭉 타고 갈 수 있어 안심한 기색이었다.

로지는 벽에 기대앉아 무릎 사이에 머리를 파묻고 숨을 돌렸다. 곧 런던의 활기가 주위를 감쌌다. 애초에 그 남자가 거기 나타난 적도 없었던 것만 같았다.

27장

금요일에 여왕은 의전용 리무진을 타고 (앨링엄이 아니라) 버컴스테드 스쿨에 가기로 했다. 여왕의 시종무관과 사이먼 경이 차 옆에서 여왕을 기다리고 있었다. 원래는 일정을 준비했던 로지가 수행해야 했지만 몸이 안 좋아 불참했다. 여태껏 한 번도 없던 일이었다. 로지는 '몸이 안 좋은' 경우가 없는 사람이었다.

"아이고, 이런." 여왕이 말했다. "심각한 문제는 아니겠지?"

"로지가 지하철에서 습격을 당했습니다. 웬 불쌍한 자식이 아무것도 모르고 덤벼든 거죠. 훈장까지 받은 참전 용사에게 감히. 로지는 그 불량배가 자기 핸드백을 훔치려 했던 모양이라고 생각하더군요. 하지만 그 남자는—" 사이먼 경이 말을 멈추었다.

"뭔가, 사이먼? 그 남자가 뭐?"

"칼을 가지고 있었습니다, 폐하." 그는 이렇게 털어놓고 곧 후회했다. 여왕은 정말로 충격을 받은 듯했다. 지극히 드문 일이었다.

"로지는 괜찮나?"

"물론입니다. 조금 충격을 받았을 뿐이고요. 하지만 범인은 그 정도로 끝나지 않았죠. 로지 말로는 손가락을 세 개쯤 부러뜨린 것 같다네요."

"훌륭하군." 여왕은 선한 자와 악한 자에 대해, 그리고 각각에게 응당 뒤따라야 하는 상벌에 대해 확실한 기준을 갖고 있었다.

여왕의 자녀들은 모두 호신술을 익혔다. 특히 앤은 오래전 납치 미수 사건이 벌어졌을 때 실제로 자기 몸을 지켜야 했다. 여러 신문에서 그 일화를 신나게 보도했다. 총 두 자루를 든 남자가 차에서 내리라고 명령하자 앤이 "말도 안 돼!"라 쏘아붙였다고 말이다.

그래야 내 딸이지. 여왕은 보조 비서가 앤과 비슷한 성미를 지녔다는 사실을 알고 크게 안도했다.

로지가 토요일에 다시 모습을 보였을 때쯤 여왕은 깊은 회한을 느꼈다. 물론 말로 표현하지는 않았다. 여왕은 그러지 않는 법이니까. 하지만 마음속엔 후회가 가득했다.

"좀 어떤가, 로지? 나아졌다면 좋겠는데."

"말끔히 회복됐습니다, 폐하."

"자네 당분간 외출할 때 조심해야 할 것 같네."

"걱정 마십시오―주의하겠습니다."

"내 말은, 아주 조심해야 한다는 게야. 공무가 있는 게 아니라면 되도록 궁궐 안에만 머물렀으면 좋겠군."

로지가 쓸쓸한 미소를 지었다. "온전히 제 잘못이었습니다. 그날 마샤 페이롭스카야를 보러 갔거든요. 마샤의 남편이 위험한 사람이라는 건 알았지만 얼마나 막장으로 치달을 수 있는지는 미처 생각지 못했습니다. 하지만 제 생각에 그런 짓을 두 번 시도하진 않을 듯합니다, 폐하. 그랬다간 누가 벌인 짓인지 너무 빤히 드러날 테니까요."

여왕은 한숨을 쉬었다. "나는 페이롭스키의 소행이라고 생각하지 않네. 그런데 페이롭스카야 부인은 왜 보러 갔지? 내가 그러라고 권한 적은 없는 것 같은데."

"폐하께서 분부하신 일이 아닙니다. 페이롭스카야 부인이 저를 불렀습니다. 이유가 뭔지 잘 모르는 채로 갔는데 알고 보니 결혼 생활에 조언을 구하려던 것이었죠. 부부 사이가 잘 안 풀리는 모양입니다."

"자네가 어떤 조언도 내놓지 않았길 바라네만."

"사실 해 줄 말이 아무것도 없었습니다. 저는 부부가 어떻게 함께 살아가는지 전혀 아는 바가 없거든요."

"그야, 부단한 훈련이랄까. 아무튼 잘했네. 남의 이혼에 또 다시 말려들 마음은 추호도 없거든. 멀찍이 떨어져 있게."

"그럴 작정이었습니다, 폐하. 하지만 페이롭스키는 어찌 됐든 저를 추적했습니다. 아니면 적어도 사람을 보냈죠."

로지는 이런 소동에 플리스를 끌어들이려는 시도도 안 한 게 천만다행이라고 생각했다. 로지가 육군 사관학교에서 호신술을 갈고닦는 동안 플리스는 신입생 행사에서 비욘세처럼 요염하게 춤을 추며 데킬라를 가장 많이 들이켜 상을 받았다. 플리스는 댄스 플로어에 나갔다 하면 꼬박꼬박 상을 탔다. 칼을 휘두르는 러시아 불량배와 싸우는 데는 영 불리하단 얘기였다. 하지만 잠깐—방금 전에 보스가 뭐라고 했지? 배후에 있는 게 페이롭스키가 아닐지도 모른다고 하지 않았나?

"저, 그러니까 저는 페이롭스키가 배후라고 짐작했는데요. 폐하께서는 그렇지 않다고 보십니까?"

여왕이 안경 너머로 침착하게 응시했다. "페이롭스카야 부인과는 아무 상관이 없는 일일세. 설령 상관이 있다 해도 아주 간접적으로만 닿을 뿐이지."

"하지만 제 생각엔……"

"요즘 자네는 레이철 스타일스에 대해 수소문하고 다녔지. 그러지 말게. 당분간은 안 돼."

로지는 되짚어 보았다. "하지만 저는 얼마 전에 그저 스타일스가 콘택트렌즈를 끼고 다녔는지만 알아봤을 뿐인데요."

"나도 아네." 여왕이 말했다. "바로 그게 걱정일세."

버킹엄 궁전 가든파티는 원래 이번 주 런던에서 제일 흥미로운 이야깃거리로 퍼졌어야 했다. 하지만 애석하게도 모두에게 큰 실망을 안기고 말았고, 여왕조차도 눈에 띄게 실망스러워했다. 여왕은 자신을 보러 오는 사람들 모두에게 그날이 얼마나 특별한 하루인지 알고 있기에 늘 최고로 멋들어진 정원을 보여 주고자 했다. 빗물이 뚝뚝 떨어지는 거대한 캔버스 천막 아래에서 말고. 보통 5월 첫째 주는 정원이 가장 아름다운 때였지만 올해는 날씨를 도무지 종잡을 수가 없었다. 찰스는 물론 지구 온난화를 탓했고 여왕도 그 의견에 동의하는 편이었다.

문제는 웨스트민스터에 비가 퍼붓는다면 윈저에도 똑같이 폭우가 내릴 게 거의 분명하다는 점이었다. 내일부터 마술 대회가 시작되어 마장 마술도 선보이고 지역 주민들에게 무료입장 기회도 제공할 예정이었다. 행사 때문에 군중이 몰려들고 말 운송용 화물차가 줄줄이 이어져도 선뜻 배려해 준 주민들을 예우하는 뜻이었다. 이미 1년 전에 계획을 세워 두고서 수백 명의 사람들이 각고의 노력을 기울여 준비했다. 하지만 대회 감독은 땅이 너무 젖을 경우 내일 행사를 취소해야 할지도 모른다고 통고했다.

그다음엔 설상가상으로, 캔디가 다탁 위 비스킷 한 접시를 날름 먹어 치우려 하길래 급히 막으러 가다 발받침에 다리를 부딪치기까지 했다. 저녁 내내 침대에 누워 다리를 냉찜질하고 있자니 정말 처량한 기분이 들었다.

사이먼 경이 들어와 새로운 소식 두 가지를 전해 주었다. 그중 첫 번째 소식을 로지에게 곧바로 알려 주지 못해 좀 안타까웠다. 하지만 그 얘기를 듣는 것만으로도 어찌나 기운이 샘솟던지, 홈 파크 주차장이 정말로 침수되어 수요일 개막 일정이 취소되고 말았다는 낙심천만인 소식조차도 거의 만회할 정도였다. 그 실망감을 완전히 메울 수야 없었지만 말이다.

두 소식을 모두 전한 사이먼 경은 그중 한 가지 덕분에 여왕 폐하가 얼마나 환히 미소를 머금는지 살펴보고 깜짝 놀랐다. 그는 개빈 험프리스가 여왕에게 보고해 달라고 부탁한 내용을 전했을 뿐이었다. 살인 사건 수사가 예상치 못한 방향으로 새롭게 전개되고 있다는 보고였다. 사이먼 경은 이 새로운 정보에 여왕이 더 낙담하리라고 생각했다. 지금처럼 어수선한 상황이 더 오래 이어질 가능성이 높다는 뜻이므로. 《데일리메일》이 자주색 가운에 대해 알아내고 집요하게 파고들어 그들 모두를 욕보일 기회도 그만큼 늘어날 테고.

그럼에도 불구하고 여왕은 미소 지으며 "아, 그런가?"라고만 말했다. 꽤나 *태평한* 기색이었다.

"혹시 원하시면 제가 국장에게 더 자세히 보고해 달라고 할까요?"

"그럴 필요 없네. 그쪽에서 우리에게 전반적인 상황을 계속 알려 주기만 하면 돼. 뭐든 우리가 도울 수 있는 일이 있다면 편히 알려 달라고 전해 주게나."

"알겠습니다, 폐하. 물론이지요. 보아하니 험프리스가 알아서 잘 해 나가는 게 확실하지만 말입니다."

28장

개막 행사가 취소된 다음 날, 로지는 보스가 더욱 쾌활해 보인
다는 점을 알아챘지만 그야 당연한 일이었다. 이제 모두 윈저로
돌아온 데다 여왕도 다리가 회복되어 말짱히 걸어 다닐 수 있었
으니까. 여왕은 상자들을 검토하기도 전에 서늘하지만 햇빛 쨍쨍
한 야외로 나가 말들부터 살펴보려고 채비했다.

폭풍우가 한차례 지나갔다. 말 호송용 화물차를 댈 수 있을 만
큼 주차장도 복구되었다. 일기 예보도 맑음으로 떴다. 무엇보다
도 바버스 숍이 완전히 회복되어 승마용 말 챔피언전과 생일 행
렬에 참가하려고 몸을 들썩인다는 게 제일 좋았다.

여왕은 레인지 로버를 직접 몰고 활짝 웃으며 홈 파크로 내려
갔다. 대회를 지켜보려는 인파가 벌써부터 몰려들어 북적였다.
챔피언전은 코퍼 아레나의 첫날 행사에 포함되어 있었다. 카디건
과 패딩 재킷에 부츠와 스카프를 매치한 여왕은 기수와 조련사,
말을 사랑하는 팬들과 어울리며 날씨에 관한 농담을 던지고 어마
어마한 호우가 어찌나 끔찍했는지 몸짓으로 표현하기도 했다.

로지도 사이먼 경과 함께 내려왔다. 그녀는 여전히 성 밖 외출
이 금지된 상태였지만 여기라면 더없이 안전할 터였다. 두 사람
은 VIP석 맞은편에서 참가자들을 지켜보며 한가한 시간을 즐겼
다. 이렇게 함께 쉴 수 있는 기회는 좀처럼 찾아오지 않았으니.

로지는 미약하지만 끊임없이 내리쬐는 햇살, 걸걸하고 듬직한

목소리의 홍보 멘트, 말과 젖은 모래와 파리약 냄새를 온몸으로 만끽했다. 빌린 말을 타던 10대 시절로 돌아간 기분이었다. 제일 높은 장애물에 바짝 긴장하며 어떻게든 뛰어 넘으려고 안달하던 시간이 새록새록 떠올랐다.

"사이먼 경도 승마하세요?" 로지가 물었다. 그러고 보니 여태껏 사이먼 경은 승마에 관해 한 번도 이야기한 적이 없었다.

"아뇨. 어머니께서 말 알레르기가 있으셨죠. 말 근처에도 가지 않으셨어요. 개도 마찬가지였는데 테리어 두 마리에 래브라도레트리버도 한 마리 키웠으니 참 웃긴 일이죠. 거기다 고양이 세 마리에 기니피그까지 한 마리 키웠는데." 사이먼 경이 어깨를 으쓱했다.

"혹시 그냥 말을 별로 안 좋아하셨던 건 아닐까요?" 로지가 의견을 내놓았다.

"나도 가끔 그게 궁금했어요. 우리 모두 승마를 하고 싶어 했지만, 특히 누이들은 아주 푹 빠졌거든요. 여동생 비티가 유독 그랬죠. 동생은 말을 어떻게 솔질하고 꼬리를 땋아 주어야 하는지, 어떤 품종이 있는지, 말 엉덩이를 어떻게 관리해 줘야 하는지 모르는 게 없을 정도였어요. 죄다 책에서 얻은 지식이었죠. 아마 어머니는 우리가 실제로 말을 가까이서 봤다간 비티의 집착이 돌이킬 수 없이 심각해질까 봐 두려우셨던 것 같아요. 당연히 우리한테는 그럴 만한 여유가 없었으니까요. 학교 등록금만으로도 벅찼는데."

로지는 고개를 끄덕였다. 그리고 잠깐 동안 자기가 말을 한 마리 살지 기숙학교에 갈지 선택하는 문제를 주변 사람들과 일상적으로 이야기하며 자라난 여자애라고 상상해 보았다. 켄싱턴에서 초등학교를 다니던 때는 그런 아이들이 더러 있었지만 그 애들은 늘 다른 세계—일렬로 붙어 선 파스텔 톤 고급 주택의 세계—에 살았다. 너무도 가깝지만 결코 손이 닿을 수 없는 세계. 로지는 상사의 어깨에 정답게 손을 얹으며 웃었다.

"저런! 정말 고생스러웠겠네요."

"그렇다니까요!" 사이먼 경도 로지를 보고 싱긋 웃었다. "고달픈 어린 시절이었죠."

본인은 아마 모르겠지만, 로지가 채용된 이유는 바로 솔직한 성격 때문이었다. 지원자들은 모두 공직이나 금융권에서 빼어난 경력을 갖춘 명민한 인재였다. 하지만 속내를 깊이 들여다보면 대부분 경솔하고 오만했다. 로지는 전혀 그렇지 않으면서 내면엔 자신감을 품고 있었다. 살짝 짓궂은 농담을 던질 때도 불쾌하지 않은 진심이 느껴졌다. 또 쓸데없이 기를 쓰기보다는 제 깜냥 안에서 최선을 다하는 성격이었는데, 그런 점도 사이먼 경 마음에 들었다. 어려운 문제를 맞혔을 때 짓는 따스한 함박웃음에다 그 터무니없는 하이힐이 절묘하게 어우러지니 아주 멋져 보이기도 했다. 하지만 사이먼 경은 늘 전문가다운 태도를 유지하는 사람이었기에 뭐가 어떻든 채용 결정을 내리는 데는 아무 사심도 개입시키지 않았다. 더구나 최종 결정은 여왕 폐하의 몫이었다.

바버스 숍이 경쾌한 발걸음으로 챔피언다운 자태를 뽐내며 코퍼 아레나에 들어섰다. 극도로 꼼꼼하게 다듬은 밤색 털에서 윤기가 자르르 흘렀다. 사이먼 경의 여동생이 봤더라면 틀림없이 한눈에 반했으리라. 엄청나게 긴 다리는 양말 신은 듯 종아리만 검었고 어깨는 건장했다. 녀석은 경탄하며 박수를 보내는 군중 쪽으로 귀를 쫑긋 세우며 영리하게 고개를 움직였다. 여왕은 바버스 숍을 보자마자 기뻐서 활짝 웃었다. 그리고 그 말이 순수한 힘에 극적인 연기력을 더해 맹렬히 마장 마술과 점프를 선보이는 내내 만면에 미소를 머금었다. 바버스 숍은 자신에게 요구되는 바가 뭔지 정확히 알고 격렬히 과시했다. 공중으로 붕 떠오르듯 점프했다 매번 곡예사처럼 정확하게 착지한 다음엔 자신의 성취에 만족해 고개를 치켜들었다.

로지는 바버스 숍이 정말 좋았지만 어쩐지 녀석의 주인에게 더욱 눈길이 쏠렸다.

"폐하께서 정말 행복해 보이시네요."

"맞아요."

"하지만…… 언짢은 일은 전혀 없이 쭉 이렇게 '명랑한' 기분이었던 듯 보이시는걸요. 그런데 어제만 해도 몹시 참담해하셨고 다리 때문에 끙끙 앓으셨다면서요."

"기쁨을 누리는 데에 재능이 충만한 분이니까요." 사이먼 경이 말했다. "다행스러운 일이죠. 폐하께서는 사랑을 듬뿍 받으며 행복한 어린 시절을 보내셨지요. 그 덕분에 이후 70년을 꿋꿋이 버텨 오신 게 아닐까 싶네요."

"그러려면 엄청나게 행복하셨어야만 하겠는데요."

"그러셨을 겁니다."

당연하게도 바버스 숍이 우승을 차지했고, 마주인 여왕은 순수한 기쁨을 느끼며 테스코 슈퍼마켓 50파운드 상품권을 받았다. 그 뒤엔 조련사와 바버스 숍을 만나 잠시 시간을 보냈다. 여왕은 또 한 번 훌륭한 기량을 발휘해 준 둘 모두에게 축하를 건네고 환희의 순간을 나누었다. 그러고 나서 조랑말을 탄 아이들을 보러 자리를 떴다. 완전히 새로운 세대의 젊은 기수들이 훌륭하게 달리고 있었다. 경탄이 나오는 광경이었다. 50파운드면 테스코 슈퍼마켓에서 당근을 몇 개나 살 수 있을까? 궁금증이 일었다. 한번 알아봐야지.

그날 저녁 피터 벤 경은 축하연에 이어 40인이 참석한 저녁 만찬까지 워털루 체임버에서 마무리한 뒤 사이먼 경의 집으로 전화해 그리 건너가도 괜찮겠느냐고 물었다. 친구는 흔쾌히 그러라고 했다. 그러니 피터 경은 그곳에 보조 비서도 함께 있는 것을 보고 깜짝 놀랄 수밖에 없었다. 그 여자는 의자 옆 테이블에 위스키 잔을 올려놓고서 발을 엉덩이 밑에 깔고 편히 앉아 있었다.

"미안하네. 방해할 생각은 없었는데."

"전혀 그렇지 않아, 피터. 로지와 나는 그냥 밀린 얘기를 좀 하고 있었던 거야. 뭐 마시겠나? 글렌모렌지? 페이머스 그라우스?

고든스? 포트와인? 풍미가 제법 좋은 96년산 테일러 포트와인도 있는데."

"응, 그걸로 부탁해." 피터 경은 고마움을 담아 말했다. 그리고 빈 안락의자로 가서 털썩 주저앉았다. "아이고, 진짜 고단한 하루였어."

"축하연에서 자네를 봤어. 안색이 영 안 좋던데. 지금은 괜찮나?"

사이먼 경이 피터 경에게 자그마한 크리스털 잔을 건넸다. 유리잔 안에서 적갈색 도는 1996년산 포트와인이 타오르듯 빛났다. 피터 경은 와인을 한 모금 마신 다음 눈을 감고 다시 의자에 푹 기대앉았다.

"이제야 좀 살 것 같네. 일을 마치고 여왕 폐하도 뵈어야 했는데, 솔직히 즐거운 마음으로 찾아뵐 수가 없었거든."

"으응?" 사이먼 경이 의자에 기대앉아 다리를 꼬고 걱정스러운 표정을 지었다.

피터 경은 불안한 눈빛으로 로지를 흘낏 보더니 다시 자기 친구를 쳐다보며 조용히 프랑스어로 중얼거렸다. "*빠* 드방이 친구 앞에서?"

"아, 로지도 전부 다 알고 있어. 혹시 모르는 부분이 있으면 알아야 되고. 우리 모두 이곳의 종복인걸, 뭐. 그리고 로지는 프랑스어를 할 줄 안다네."

피터 경은 잠시 얼굴을 붉혔지만 곧 평정심을 되찾았다. "좋아.

내가 '만찬과 숙박' 행사 기간에 윈저성 안으로 순 사기꾼을 들였다는 사실이 밝혀졌어."

"우리도 아네."

"음, 안다는 얘기를 안 해 줬잖나. 미리 나한테 말해 줬더라면 좋았을 것을. 폐하께서 그 사실을 알게 되시면 뭐라고 말씀하실지 상상하면서 엄청 초조해하고 있었거든. 그 사기꾼이 성에 들어왔다는 것만으로도 충분히 나쁜 일이었지만, 거기다 더해 내가 왕실 운영 총책임자한테 개인적으로 부탁해서 하룻밤 묵게 한 형편이었으니⋯⋯."

"하지만 자네는 그 여자가 사기꾼인 줄은 알 길이 없었겠지. 그렇지 않나?" 사이먼 경이 온화하게 말했다.

피터 경은 와인을 한 모금 더 홀짝였다. "과연 그걸 미리 알아챌 방법이 있었을까 싶어. 애초에 나 혼자 주관한 게 아니라 그냥 외무부 친구 부탁으로 개최한 회의였는데. 여기 보안이 아주 철저하고—하! 웃기는 얘기지—히스로 공항에서 오가기도 편리하니까 말이야. 나는 흔쾌히 회의를 준비했어. 하지만 누가 누군지 정도는 MI6와 외무부, 윈저성 보안 팀에서 당연히 잘 알고 있을 거라 생각했지. 알고 보니 스타일스라는 여자는 이쪽 전문 분야에 발을 갓 들인 초짜더군. 박사 과정에서 중국의 해군 기반 시설에 관해 연구했는데, 쉽게 상상해 볼 수 있겠지만 흔히들 연구하는 주제는 아니지. 런던의 연구 기관들에 논문을 몇 편 제출했지만 이번 회의 참석자 중에 실제로 그 여자를 만나 본 사람은 아무도 없었고. 이메일을 꽤 자주 주고받았다 해도 딱 그뿐이었지. 그리고 스타일스는 덥수룩하게 기른 머리가 특징적이었단 말이야. 보안 팀이 보기엔 여권 사진과 똑같았지. 거듭 확인해 볼 생각은 누구도 하지 못했던 거야.

어쨌든, 최근에 나는 그 여자가 마약 중독자였다는 점이 좀 마음에 걸렸지. 사망 당시 뉴스에 그렇게 나오지 않았나? 갑자기 이런 생각이 들더군—혹시 성안에서 약을 했으면 어쩌지? 그 사실이 밖으로 새면 어떻게 될지 상상이 가? 그래서 스트롱 경감 수사팀과 상의를 해 보기로 했어. 그런데 사망한 여자의 최근 사진을 수사관한테서 넘겨받는 순간, '내가 만났던 건 이 사람이 아닌데' 하고 바로 알아차렸네. 당연히 그 즉시 내 생각을 수사 팀에 알렸고. 하지만 폐하께서 노발대발하실 거라는 생각이 들더군. 그게 말이지, 지부티에서 온 신동이 참여할 수 있게 본회의를 다음 날로 연기한 건 내 아이디어였거든. 그러니 사기꾼이 성에서 하룻밤 묵은 것도 결국 내 탓이지. 전적으로 내 잘못이야." 피터 경은 한숨을 내쉬며 술잔을 비웠다.

"전혀 그렇지 않아." 사이먼 경이 힘주어 말하며 일어섰다. 그리고 팔을 뻗어 포트와인 디캔터를 쥐더니 피터 경의 팔꿈치 곁에다 내려놓았다. "그 회의는 대단히 유익했다고 보네. 켈빈 로가 참석하지 못했다면 실패로 끝났을 거야. 자네가 참가자 모두 성에 머물게 설득한 건 잘한 일이라고."

"그렇게 말해 주니 고맙군. 훌륭한 회의였다는 점에는 나도 동감이야. 회의가 진행되는 동안 자리를 지키진 않았지만, 그 시간 덕에 일대일로 전략에 대한 우리의 관점이 새로운 방향으로 물꼬를 텄다는 건 알지. 지금껏 우리는 일대일로가 야심 찬 전략이라 해도 근본적으로 온건한 성격이라고 생각해 왔어. 그리고 주로 '일대'—육로—부분에만 주목했단 말이야. 예를 들면 중국이 아프리카 대륙에다 선뜻 상상하기도 힘든 막대한 규모로 벌이고 있는 사업이라든지. 하지만 켈빈 로는 '일로'—해상—부분에 관해 아주 흥미로운 식견을 가지고 있거든. 바로 여기서 중국 금융 전문가인 스타일스 박사의 의견이 필요한 거지. 켈빈 로는 개발 도상국들의 새로운 항구에 중국이 조달한 자금을 흥미롭게 들여다보며 그 사업이 중국의 해군 역량에 어떤 효과를 미칠지 우려하고 있으니까. 물론 의아할 거야. 중국이 강한 해군력을 지닌 나라라는 생각은 안 들잖아? 하지만 그 이상으로, 켈빈은 중국이 이런 개발 도상국들 중 몇 군데를 계획적으로 부채의 늪에 빠뜨리고 있는 게 아닌가 우려해. 항만 시설을 지어 주고 부채를 떠안기는 거지. 그러면 필연적으로 중국은 인도양과 서태평양 주변에 계약 관계로 묶인 본거지를 줄줄이 마련할 수 있을 테니까."

"뭐랄까, 우리가 19세기에 취했던 방식에 가까운데." 사이먼 경이 골똘히 생각하며 중얼거렸다.

"그래, 뭐…… 우리는 이제 그러지 않지. 심지어 홍콩도 반환했잖아. 그러니까 중국이 우리의 교역로에 부적절한 압력을 가할수 있다는 뜻이야. 외무부가 고민해야 할 게 많지. MI6도 그렇고.

켈빈한테서 중국이 인프라에 투자하는 자금 규모를 전해 듣고 다들 몹시 충격에 빠졌거든."

피터 경의 얘기를 듣는 동안 로지의 머릿속에 뭔가가 문득 떠올랐다.

"그럼 스파이를 심은 게 중국이었나요? 우리가 어디까지 아는지 파악하려고?"

이야기를 풀어놓을수록 생기를 되찾아 가던 시종장은 다시금 의자에 푹 기대앉으며 말했다. "내 개인적인 초청을 받아 하룻밤 성에 머문 마약 중독자가 첩자로 활동하기까지 했다는 얘기인가요? 그럴 수도 있겠죠. 글쎄, 모르겠네요."

"죄송합니다, 피터 경. 그런 뜻이 아니라—"

"아니, 아닙니다, 신경 쓰지 마세요. 전적으로 내 잘못입니다. 모든 이의 자격 증명서를 재차 확인하도록 보안 팀에 지시했어야 하는데. 하지만 심사가 수준 미달이리라고는 상상도 못 해 봤으니까요. 명색이 국가 보안을 담당하는 팀인데 이렇게 한심한 일을 벌이다니, 세상에!"

"그렇다니까." 사이먼 경이 달랬다. "자네가 어찌 알 수 있었겠어? 스트롱 경감은 뭐라던가? 살인 사건 관련해서 그 여자하고도 면담을 해 봤을 거 아냐? 경감도 같은 실수를 한 건가?"

"난들 알겠나. 그쪽에서는 나한테 한마디도 안 해 줄 거야. 험프리스는 당연히 우리 모두가 크렘린을 위해서 일한다고 생각하니까. 내가 나토에서 일하던 때 스칸디나비아를 거쳐 공격하는 러시아 연합군에 맞설 방어 전략을 세운 사람이라 해도 말이야. 험프리스라면 아마 바로 그 점 때문에 더 스파이 같다고 의심할 걸. 뭐가 어찌 된 건지 도통 모르겠네. 다만 두 여자가 다 연루되었을 거라는 추측만 해 볼 뿐이야. 그게 아니라면 진짜 레이철 스타일스가 왜 경찰에 알리지 않았겠나? 분명 그 여자는 너무 많이 알고 있다는 이유로 살해당했을 거야."

"자네는 누군가가 그 여자를 계획적으로 살해했을 거라고 봐?" 사이먼 경이 물었다.

"그런 것 같지 않아?"

"나도 이제 막 의심이 들던 참이네. 그럼 지금까지 두 명이 죽었군."

세 명이 죽었지. 로지는 생각했다.

"어쨌든—" 시종장이 말을 이었다. "오늘 저녁에 자결할 각오를 하고 폐하께 가서 말씀드렸는데, 화를 내시기는커녕 아주 유쾌하게 받아들이시더군. 신원 확인 절차의 허점까지 대비하는 건 당연히 내 소관이 아니라고 말씀하셨고. 내가 알기론 지금 그 문제를 새롭게 설계하는 중일 텐데, 마술 대회가 끝나고 시간 여유가 생기면 개선되겠지. 아, 마구간 문은 말짱한지, 말들이 도망쳐 날뛰진 않았는지 같은 소리는 제발 꺼내지도 마."

"그런 얘기를 입에 올릴 생각은 추호도 없네." 사이먼 경이 장담했다.

"딱 그렇게 생각하고 있었잖아."

"아냐, 아냐, 아니라니까."

"실실 웃는 거 봐."

"보스가 자네를 닦아세우지 않아서 다행이라 생각했을 뿐이야."

"바버스 숍 덕에 여왕님 기분이 좋으셔서 천만다행이지." 피터경이 술잔을 내려놓고 자리에서 벌떡 일어섰다. "자, 와인 잘 마셨네, 사이먼. 로지 씨도 평안한 밤 보내시고요. 집에서 크리스틴이 기다리고 있으니 어서 가 봐야지. 72시간 안에 카일리 미노그가 도착할 텐데, 우리 집의 남는 침실 한 군데에 머물기로 확정됐단 말이지. 솔직히 크리스틴이 방문객을 맞이하느라 치르는 온갖 노고를 리스트로 적는다면 내가 나토에서 작성한 방어 전략 보고서가 무색해질 정도라네."

29장

여왕은 수사가 새로운 방향으로 접어들었다는 소식을 듣자마자 마음을 느긋이 먹기 시작했다. 더 바랄 나위 없을 만큼 좋은 타이밍이었다. 빌리 매클라클런은 확실히 여왕이 제안한 대로 행동에 나섰고, 험프리스는 미끼를 물었다. 어제 피터 경이 고뇌에 찬 모습으로 잠시 들렀을 때 여왕은 그의 공로를 치하하고 싶었다. 맡은 역할을 충실히 다해 주었으니까. 하지만 공식적인 경로로 듣게 될 때까지는 이미 아는 소식도 죄다 깨끗이 모르는 척하는 게 중요했다.

일요일에 전화가 왔다. 가족들과 가벼운 점심 식사를 막 마친 참이었다. 행사 마지막 날인 오늘 오후엔 공원에서 시상식을 열 터였다. 그때 사이먼 경이 MI5 국장과 런던 경찰청장의 접견 요청을 알렸다.

"일단 이번 행사를 끝내고 한숨 돌리신 뒤로 일정을 잡으면 될 듯합니다, 폐하."

"날 잘 알지 않나, 사이먼. 내일 아침 일찍 일어날 걸세. 좋은 소식인가?"

"딱히 그런 얘기는 없더군요. 하지만 분명 새로운 소식이 있긴 하겠죠. 적어도 한 명은 체포되었다고 알고 있습니다, 폐하. 그래도 험프리스와 싱이 모두 정식으로 설명하려 할 겁니다."

"더 이상 내 사람들을 감옥에 넣을 계획은 없겠지?"

"제가 알기로는요."

"적당한 시간으로 잡아 놓게. 자, 이제 말들이 다 떠나기 전에 보러 가야겠군."

다시 홈 파크로 내려간 여왕은 더없이 즐거운 시간을 보냈다. 여왕 주위엔 조랑말 클럽부터 장애물 경주 챔피언들까지, 티 없이 깨끗한 승마 바지와 빛나는 장화 차림으로 경기장에 오를 준비를 하거나 경주로에서 튄 흙탕물을 그대로 묻힌 채 활짝 웃고 있는 열정적인 기수들이 가득했다. 오래전 여왕에게 우승 리본을 수여받은 부모들이 이제 어린 자녀들을 데리고 왔다. 아이들은 생애 첫 트위드 코트를 차려입고 노먼 텔웰유머러스한 말과 조랑말 삽화로 유명한 영국 만화가(1923~2004). 귀여운 어린이들이 말 타는 모습을 즐겨 그렸다 만화 속 캐릭터처럼 말 위에서 위태위태하게 균형을 잡고 있었다. 그런가 하면 곧 리우 올림픽에 나가 금메달을 놓고 경쟁할 건장한 유명 선수들이 그 대척점을 이뤘다. 여왕이 리우까지 따라갈 순 없는 노릇이니, 저 선수들이 화창한 날 윈저성을 은은하게 배경 삼아 여왕의 정원에서 출중한 기량을 선보인다는 게 얼마나 멋진 일인지. 그리고 왕실 기병대가 음악과 함께 행진할 시간이 왔다. 이런 장관에 감격하지 않을 이가 어디 있겠는가?

하지만 그날 밤 폐막 공연에 비하면 전부 다 보잘것없을 정도였다. 앤과 에드워드는 며칠 전에 미리 연습 공연을 확인한 바 있었다. 그들은 여왕에게—여왕은 자기도 다 안다고만 생각하겠지만—무엇을 기대하든 무조건 그 이상으로 특별한 공연을 보게 될

거라고 이야기해 주었다. 형편없었던 다이아몬드 주빌리_{군주의 즉위}

_{60주년을 기념하는 행사. 엘리자베스 2세의 다이아몬드 주빌리 때는 템스강에서 수상 퍼레이드가}

_{진행되었는데, 강추위 속에 서 있었던 필립 공은 다음 날 병원에 입원했다}와는 전혀 다를

거라고 말이다. (필립은 강 위에서 행사를 치르느라 거의 나가떨

어지지 않았던가.)

　이런 행사를 활기 넘치게 이끌며 900마리 말이 10분의 1초도

틀리지 않고 박자를 맞춰 움직이도록 하는 데는 군인이 적격이었

다. 안무가인 더기 스콰이어스는 어느 때보다도 탁월했다. 물론

몇 주 동안 현장에서 리허설을 해 온 오만 기병대와 아제르바이

잔 무용수들, 마치 마술사처럼 동물을 다독이는 특출한 조마사,

라인스톤과 스팽글로 우아하게 치장하고서 경기장을 음악 소리

로 가득 채운 셜리 배시, 캐서린 젱킨스, 카일리 미노그도 빼놓을

수 없었다. 하지만 이 시간이 각별히 감동적인 것은 더기 스콰이

어스가 말을 향한 여왕의 사랑을 이해하고 그 사랑이 얼마나 *개*

*인적*인지에 기초해 공연을 구성한 덕분이었다. 만약 여왕이 울보

였다면―다행히도 그렇지 않았지만―눈물을 주르륵 흘리기 십상

이었으리라. 특히 앤과 에드워드가 어린 루이즈와 함께 경기장에

들어선 순간 눈물이 그렁그렁했겠지. 루이즈는 여왕이 그 나이

때 그랬듯 자기 조랑말을 타고 아주 침착하게 등장했다.

　돌아오는 길에 필립이 물었다. "그 험프리스란 녀석이 덜떨어

진 마녀사냥은 잘 되어 가는지 꾸준히 알려 주고 있어?"

　"응."

"당신이 그 녀석을 좀 바로잡아 줬다면 좋겠군."

"어느 정도는 그래."

"좋아. 녀석이 충분히 뉘우쳤으면 좋겠는데."

머릿속엔 여전히 말을 향한 애정만 한가득했지만, 여왕은 다시 눈앞의 문제로 주의를 돌렸다.

"아직 잘 모르겠네. 내일이면 좀 더 분명히 알게 될 거야."

"혹시 기분이 언짢으면 나한테 말해. 신문 보도에 따르면 난 그 자식을 쥐도 새도 모르게 없애 버릴 수 있는 사람들하고 친분이 있다니까 말야."

"내 생각엔 험프리스가 바로 그런 사람인 거 같은데." 여왕이 온화하게 말했다.

"재수 없는 놈." 그러더니 필립은 투광 조명등을 밝힌 성을 올려다보았다.

그녀는 웃음 지었다.

이번에 개빈 험프리스는 그 어느 때보다도 만반의 준비를 다했다. 본인의 철칙대로 계획하고 대비했다. 그는 요 근래 수사에 눈부신 진전을 거두었다. 그러니 이번에야말로 여왕 앞에서 제대로 해내리라고 굳게 확신했다.

다만 한 가지 걱정되는 문제는 여왕 폐하가 자신의 사고 과정을 따라올 수 있을지 알 수가 없다는 점이었다. 아마 중간중간 속도를 늦추고 어떤 부분은 반복해서 설명해야 하리라. 그는 라비

싱에게 여왕이 언제 혼란스러워하는지 주의 깊게 살펴보다 고갯
짓으로 알려 달라고 부탁해 두었다. 혹시 자기가 설명에 열중한
나머지 여왕이 어리둥절해하는데도 눈치채지 못할 경우에 대비해
서 말이다. 상황이 워낙 복잡하고 여러 가지 요소가 뒤얽혀 있었
기에 여왕을 위해 찬찬히 풀어서 얘기해야 할지도 몰랐다. 험프
리스는 뭔가 설명할 때 보통 터치스크린 노트북을 사용했지만 윈
저성에서는 그렇게 최신식으로 보고할 수가 없었다. 그냥 종이,
줄 없는 백지가 필요했다—이 또한 'P'로 시작하는군Plain paper. '7P' 원
칙을 신조로 삼는 인물이기에 P로 시작하는 단어를 의식하고 있다. 그는 비서에게 종이
를 찾아오라고 시켜 서류 가방에 챙겨 넣은 뒤 공무용 재규어를
타고 윈저성으로 출발했다.

월요일 오전 10시 반에 여왕의 시종무관이 그와 경찰청장을 오
크 룸으로 안내했다. 여왕은 그들을 맞아들인 다음 늘 앉는 창가
자리에 앉았다. 연보랏빛 니트와 카디건 세트를 입고 진주 목걸
이를 한 여왕은 오늘따라 활기차고 느긋해 보였다. 개 두 마리가
여왕의 발치에 편안히 누워 반쯤 졸았고 다른 한 마리는 껑충 뛰
어올라 여왕 옆에 자리 잡았다. 하이힐을 신은 보조 비서가 한쪽
구석에 앉았고, 다른 쪽 구석에는 금몰 달린 빳빳한 제복을 입은
시종무관이 차려 자세로 버티고 섰다.

여왕 폐하는 셜리 배시의 노래를 듣고 말 묘기를 지켜보느라
밤늦게까지 깨어 있던 것치고는 컨디션이 아주 좋아 보였다. 험
프리스는 어젯밤 공연을 보지 못했지만 뒤쪽에서 아내가 TV로

시청했다. 화면에 비친 왕실 사람들은 모두 무척 쾌활해 보였고 말들도 엄청나게 많았다. 그는 오늘 보고할 내용을 연습하느라 바빴기 때문에 TV에는 눈길도 제대로 줄 틈이 없었다.

그리고 이젠 여왕 폐하를 마주하고 앉았다. 여왕은 그와 경찰 청장에게 차나 커피를 마실지 물었다. 그는 설탕 없이 우유만 넣은 커피를 마시겠다고 대답했다. 그다음엔 잠시 엊저녁에 관해 점잖게 한담을 나누었지만, 이내 여왕이 불가피한 질문을 던졌다.

"자, 그럼 국장—누가 브로드스키 씨를 살해했는지 말씀해 주시죠. 답이 나왔나요?"

험프리스는 미디어 트레이닝에서 배운 대로 다리를 살짝만 벌리고 똑바로 앉았다.

"네, 그렇습니다. 폐하." 그는 근엄하게 말했다—차근차근 깊이 들어갈 셈이었기 때문에 처음부터 몽땅 털어놓진 않았다. "그리고 한마디 덧붙이자면, 악의 세력이 영향을 끼치고 있었습니다."

"이미 말씀해 주셨지요." 여왕이 고개를 끄덕였다. "푸틴의 세력이라면서요."

"사실 그쪽은 아닙니다." 험프리스가 시인했다. "처음에 저희는 브로드스키 살해 사건이 어떤 파렴치한 메시지라고 추정했습니다. 사실은 정반대였죠. 심각하게 오해받으려는 속셈으로 꾸민 일이었습니다. 오랫동안 저희가 잘못된 방향으로 파고들었던 겁니다."

"어머나. 그랬나요?"

그가 진지하게 고개를 끄덕였다.

"참 안타깝군요."

잠깐 동안 험프리스는 열 살 때 할아버지에게 자기 죄를 이실직고해야 했던 순간을 떠올렸다. 할아버지의 금제 회중시계가 어떻게 작동하는지 궁금해서 분해해 보다가 그만 수리를 못 할 정도로 고장 내고 말았던 것이다. 하지만 이번에는 모든 게 잘 해결됐다! 그리고 이젠 본인도 54세나 먹었고 말이다. 그는 옛 기억을 떨쳐 버리고 사건 설명으로 돌아갔다.

"살인까지 수면 위로 올라올 일은 한동안 없을 뻔했습니다. 어쩌면 좀 더 오래 잠복했다 터져야 하는 사건이었을지도 모릅니다." 그리고 말을 이었다. "아라비아반도에 폭풍이 몰아치지 않았다면, 또 어떤 젊은 여성이 콘택트렌즈를 떨어뜨리지 않았다면 말이죠." 험프리스는 연습해 온 대로 이 부분을 강조하며 만족감을 느꼈다. 여왕이 눈을 빛냈다. 기운이 솟은 그는 조금 긴장을 풀고 말했다. "약간 카오스 이론_{무질서하게 보이는 혼돈 상태에도 논리적 법칙이 존재한다는 이론}과 비슷합니다, 폐하. 나비가 날갯짓을……" 빌어먹을. 역시 애드리브로 나가면 본전도 못 건진다니까. 나비가 날갯짓을 하는 게 어디였더라? 그러면 어딘가에서 폭풍이 일어나는 건데. 하지만 이번 경우엔 폭풍이 곧 나비에 해당했다. 그는 재빨리 얼버무렸다. "……어어, 아마존에서 날개를 펄럭이면 말이죠. 그 결과 세 사람이 사망한 겁니다." 그리고 연극적으로 말을 멈추었다.

"세 사람이나? 세상에."

예상대로 여왕은 깜짝 놀랐다.

"한 사람 덕분에 모든 진실을 낱낱이 파헤칠 수 있었다는 점을 이쯤에서 말씀드려야겠군요." 험프리스가 여유로운 태도로 말했다. "그렇지 않았다면 저희는 아직도 엉킨 실타래를 풀려고 씨름하는 중이었을 겁니다."

"그래요?"

"알고 보니 피터 벤 경의 초청을 받은 여성 한 명이 신원을 속이고 성에 들어왔습니다. 그러니까 이 사건에서 저희가 찾던 사람이 바로 이 여인인 거죠. *세르세 라 팜*Cherchez la femme(여자를 찾아라).

알렉상드르 뒤마의 소설에서 따온 표현으로, 탐정 소설 속 사건의 배후에는 어떤 여인이 숨겨져 있기 마련이라는 의미로 통용된다."

여왕이 고개를 살짝 갸웃했다. "아. *라 팜*. 네, 그래요."

"열린 자세를 유지한 것이 유효했습니다. 피터 경 덕분에 저희는 '만찬과 밤샘' 참여자와는 완전히 별개의 무리에 초점을 맞추기 시작했습니다."

"숙박." 경찰청장이 끼어들었다.

"뭐라고요?"

"'만찬과 숙박'입니다."

이런, 싱에게 틀린 표현을 지적당하는 상황은 절대 만들고 싶지 않았건만. 험프리스는 심호흡을 하며 마음을 다스리고 말을 이었다. "그 사람들은 브로드스키가 시신으로 발견되기 전날 열릴 예정이었던 회의에 참석하고자 윈저성에 왔습니다. 전부 '일대일로'라는 프로젝트에 관한 회의였는데요. 일대일로 전략이란—"

"일대일로에 대해서는 나도 압니다." 여왕 폐하가 단언했다.

"아. 음, 좋습니다. 어쨌든, MI6와 외무부가 기획하고 윈저성 시종장이 사려 깊게 자리를 마련해 준 회의였습니다. 폐하의 조촐한 연회와는 관련이 없는 일처럼 보입니다만, 조금만 더 참고 들어 주십시오. 사실 지금 서로 연결되어 있는 세 사건을 들여다보고 있는 거니까요."

백지를 가지고 와서 정말 다행이었다. 험프리스는 서류 가방에 손을 넣어 종이 몇 장을 꺼낸 다음 눈앞의 다탁에 가로로 쌓아 놓았다. 그리고 맨 위 페이지 위쪽 중앙에 펜으로 '브로드스키'라 적고 네모 칸으로 감쌌다. 그다음엔 오른쪽 아래 모서리에 네모 칸을 하나 더 그리더니 휙 하고 동그라미를 쳤다.

그 옆에 있던 라비 싱이 참지 못하고 말을 보탰다. "브로드스키와의 연결 고리는 정말 *기상천외*합니다, 폐하. 험프리스 국장이 어떻게 알아냈는지 아직도 잘 모르겠어요. 정말 비약적인 상상력으로—"

"고맙습니다, 라비 씨. 제가 직접 설명하겠습니다. 폐하, 그 회의는 중국의 계획에 대해 기밀 정보를 공유하고 영국이 어떻게 대응하면 좋을지 고차적인 자문을 구하려는 목적으로 열렸습니다. 문제의—원래 윈저성에 오기로 되어 있던—방문객은 레이철 스타일스라는 젊은 여성이었죠." 그는 빈 상자 안에 '스타일스'라고 적어 넣었다. "그 여성은 중국 경제 전문가였습니다. 회의의 초점이 완전히 중국에 맞춰져 있었거든요. 러시아와는 전혀 관련이 없고요."

"세상에나." 여왕이 차분하게 말했다. "정말 흥미롭군요."

"그렇죠?" 험프리스는 아래쪽 중앙에 '일대일로'라고 적었다. 아주 단순화한 도식이었지만 앞으로 설명하는 데에 제법 유용할 터였다. 그의 머릿속에는 문득 이 종이를 액자에 넣어 자기 집 책상 위에 걸어 둔 환영이 스쳐 갔다. 그리고 훗날 손님들과 저녁 식사를 하며 어떻게 종이 한 장으로 여왕 폐하께 브로드스키 사건을 설명했던가 이야기보따리를 풀어놓는 자신의 모습도 그려 볼 수 있었다.

"다양한 분야의 전문가를 한데 모은 회의였습니다. 물론 모든 참석자를 면밀히 심사했습니다만—모두 한자리에 모이는 건 또 생소한 경우였죠. 회의 참석자 중 누구도 예전에 레이철 스타일스를 만나 본 적 없다는 사실이 밝혀졌습니다. 스타일스 박사는 파란 눈동자에 검은 머리를 묵직하게 기른 20대 여성이었습니다. 성에 들어온 여성도 똑같았죠. 신원 확인서상의 증명사진과 동일 인물로 보였습니다. 시일이 지나 피터 경이 문제를 제기한 뒤에야 저희는 안면에서 몇 가지 차이점을 발견해 냈습니다. 그마저도 아주 분간하기 힘든 차이였고요."

험프리스는 여왕이 여기까지 알아들었는지 확인하려고 잠시 말을 멈추었다. 보아하니 잘 따라오는 듯했다.

"저희가 그 속임수를 눈치챘을 때 스타일스 박사는 불행히도 이미 사망한 뒤였습니다. 하지만 다른 참석자들에게 적당한 크기의 사진을 보여 주자 다들 그때 봤던 레이철 스타일스와 다른 인물이라고 확인해 줬습니다. 그러면 문제는 이거죠. 그 여자는 누구였는가?"

"부디 알아내셨다면 좋겠군요." 여왕은 눈썹을 치켜올렸다.

"처음엔 알 길이 없었죠." 험프리스는 몸을 앞으로 숙이고 왼쪽 아래 모서리에 세 번째 상자를 그렸다. 상자 안에 물음표를 적을까 생각해 봤지만 그랬다간 이따 지저분해지기만 할 테니 그대로 두었다―텅 빈 네모 칸이 무수한 가능성으로 열려 있도록. 그리고 종이를 여왕 쪽으로 돌려 친절히 톡톡 두드렸다.

"일단은 그 여자를 그냥 불량 국가의 요원이라 부르기로 하죠."

여왕의 목소리가 종소리처럼 또랑또랑하게 울렸다. "그래요? 어느 나라죠?"

험프리스는 이 역시 차근차근 풀어 나갈 작정이었지만 여왕이 정확한 답을 원하는 게 분명하기에 마지못해 털어놓았다. "들으시면 깜짝 놀라실 겁니다, 폐하."

"그렇다면 러시아는 아닌가 보죠?"

"알고 보니 러시아가 아니었습니다."

"중국도 아니고요?"

"역시 아닙니다. 믿기지 않지만 우리 우방이 벌인 일이더군요."

그리고 국가명을 댔다.

"정말요?" 여왕은 눈살을 찌푸리며 몸을 앞으로 숙였다. "그쪽에서 왜 우리를 염탐한 거죠?"

"방금 말씀드린 국가에 문제가 좀 있습니다. 그리고 사실, 이 문제의 출발점은 바로 저였다는 생각이 듭니다." 그 순간 보조 비서의 얼굴에 희미하게 미소가 스친 듯했지만 험프리스는 자기가 잘못 봤으려니 생각했다. 여왕은 그저 호기심을 품고 열중하는 것 같았다. "폐하께서도 보고를 받으셨겠지만 작년에 자이드 왕이 어린 조카들 중 한 명을 자국 경찰 및 정보국 수장으로 임명하겠다는 결정을 내렸습니다. 저희는 자이드 왕이 그 아이—청년이라 해야겠죠—에게 리더로서의 잠재력이 있는지 시험하고 있는 거라 봅니다. 폐하께서 파잘 왕자를 꽤 잘 아신다고 들었습니다."

여왕이 고개를 끄덕였다. "꽤 잘 알지요."

"기숙학교와 육군 사관학교 재학 시절 파잘 왕자가 방학 때면 종종 윈저와 샌드링엄에 방문해 폐하를 뵈었다던데요." 여왕은 금방이라도 버럭 화를 낼 듯한 표정이었다. 험프리스가 듣기로는 여왕이 그 젊은이를 가족처럼 대해 준 모양이었다. "알아보니 왕자는 왕립 육군 사관학교에서 이상적인 리더로서의 잠재력을 보여 주지 못했더군요. 강인한 성품에 명사수이긴 했지만, 수시로 시내에서 싸움을 벌이는가 하면 런던으로 슬그머니 빠져나가 카지노에 죽치곤 했으니까요. 왕자는 두 학기밖에 버티지 못했다고 합니다. 아직 어리기도 했죠. 그래서 저희 쪽 고위 간부들은 왕성한 호르몬 탓이려니 생각합니다. 그렇지만 저희에게 선택권이 있다면 일국의 경찰이나 정보국 수장 후보자로 파잘 왕자를 주저 없이 고르진 않았을 겁니다."

"나도 마찬가지예요." 여왕이 동의했다. 여왕의 목소리로 미루어 보건대 그 왕자가 여왕이 기르는 개들이나 말한테 못되게 굴었던 게 아닐까 싶었다.

"아시다시피, 저희는 직책을 맡은 왕자가 처음 몇 달 동안…… 미흡한 모습을 보였다고 판단합니다. 그 국가에서 교도소 내 고문을 허용하는 경우가 늘어나는 추세입니다. 일부 운동가들이 행방불명되었는데 사망한 것으로 추정되고요. 공식적으로 확인된 바는 없지만—왕자가 사람들을 자기 집으로 불러들여 몸소 최후의 일격을 가하는 데 취미를 붙였다는 소문도 돕니다. 왕자는 그지역에 전쟁이 필요하다는 주장도 꾸준히 펴고 있죠. 제가 정보국장에 취임했을 때 그쪽 기관과는 정보 공유를 제한하기로 결정했습니다. 왕자가 우리 정보원들을 보호해 주리라는 믿음이 가지 않았으니까요. 말할 것도 없이 파잘 왕자는 노발대발했습니다."

"그렇군요."

"왕자의 백부인 자이드 왕이 폐하께 그 문제로 항의할 수도 있겠다고 생각했습니다만."

"그런 일은 없었어요."

"그렇다면 그 자체로 흥미로운 일입니다, 폐하. 그 청년의 권력이 빠르게 쇠퇴하고 있거나 반대로 국왕이 힘을 잃어 가고 있음을 시사하니까요. 어쨌든 왕자는 독자적인 행동에 나서기로 결심한 것 같습니다. 자기가 원하는 정보를 우리 쪽에서 얻을 수 없다면 스스로 알아내겠다는 거죠. 조사해 보니 왕자가 몇 달 동안 모든 주제에 걸쳐 우리 정보를 빼내려 시도했다는 사실이 드러났습니다. '일대일로'도 포함해서 말입니다."

"어떻게?" 여왕이 물었다.

"무슨 말씀이신지요, 폐하?"

"어떤 식으로 정보를 빼내려 했다는 거죠?"

"아, 외무부에 정보원을 두고 있던 것으로 밝혀졌습니다."

"음." 여왕이 차분하게 말했다. "그럼 내부 협력자가 있었군요."

"네, 폐하. 그리고 저희는―"

"하지만 우리 성내에는 없었던 거고요."

"그게 말이죠, 폐하, 제가 그 말씀도 곧 드리려고―"

"미안해요. 계속 말씀해 주세요."

험프리스가 빈 상자 옆에 '파잘'이라 적고 밑줄을 그었다.

"이 내부자가 안내해 준 덕에 그 여성 요원은 전문가 그룹의 일원으로 성에 잠입할 수 있었습니다. 그 여자는 조용했지만, 첫 만남이라 쑥스러워하는 사람들이 그 밖에도 더 있어서 특별히 눈에 띄지는 않았습니다." 험프리스는 문득 생각나서 덧붙였다. "폐하, 기억은 안 나시겠지만 그날 저녁 시종장의 응접실에서 환영회가 열리는 동안 폐하께서도 그 여자와 마주치셨을지 모릅니다……."

그리고 그 알 수 없는 이례적 가능성을 따져 보느라 말을 멈추었다.

"그랬을 수도 있겠군요." 여왕이 온화하게 말했다. "커피 더 드릴까요?"

"저는— 어……" 그러고 보니 문득 목이 말랐다. 아까 따라 놓은 커피는 차갑게 식었지만 하인이 조용히 다가와 새 잔으로 바꿔 주었다. 새로 따른 커피를 쭉 들이켠 험프리스는 잠시 머릿속이 혼미해졌다.

"어디까지 말씀드렸죠?"

"시종장의 응접실." 여왕이 일러 주었다. "거기 스파이가 있었다는 얘기요."

험프리스가 고마움을 담아 미소 지었다. 여왕은 보기보다 예리했다. 지금 상황에서는 그게 도움이 되었다.

"맞습니다. 그리고 원래 거기서 끝났어야 했죠. 그날 밤 전원 귀가할 예정이었으니까요. 하지만 그 회의의 핵심 분석가가 지부티에서 날아와야 했는데 폭풍 때문에 도착 시간이 지연되고 말았습니다. 처음에 말씀드린 폭풍이 바로 이겁니다, 폐하. 나비의 날갯짓 같은—어쨌든, 그 분석가가 두바이에서 갈아타려던 항공편이 몇 시간 연착되어 본회의도 연기되었기 때문에 시종장은 임기응변으로 회의 참석자들이 여기서 하룻밤 머물 수 있게 처리했습니다."

"그래요, 시종장에게 얘기 들었어요."

"아량 넓은 결정이었습니다. 어떤 결과가 초래될지는 알 수 없는 노릇이었죠. 자칭 '스타일스 박사'를 포함해 그 무리는 꽤 늦게까지 남아 술을 마시며 담소를 나눴습니다. 다른 참석자들 말로는 이때쯤엔 그 여자가 꽤 활발하게 농담하며 어울렸다고 합니다. 사람들은 그 여자에게 호감을 느꼈고요. 이제 와서 생각해 보면 그 나름대로 꽤 인상적인 일입니다, 폐하."

"그런가요?" 여왕이 다소 딱딱하게 물었다.

험프리스는 한발 물러났다. "음, 물론 그 여자가 했던 행동은 전부 비난받아 마땅하죠. 하지만 가끔은 적을 예우할 필요도 있습니다. 이런저런 역경에 직면하여 용기를 발휘하는……"

"우리 윈저성의 환대를 역경이라 생각하고 싶진 않군요, 국장."

"그럼요, 물론 그렇지 않습니다." 그는 커피를 한 모금 더 홀짝였다. "어쨌든 회의 참석자들은 자정 전에 전부 자기 방으로 올라갔습니다. 그 무리에게 배정된 숙소는 여러 다락방 구역에 흩어져 있었는데요. 스타일스, 정확히 말해 그 공작원은 공교롭게도 방문객용 숙소 위쪽에 방을 배정받았죠." 험프리스가 앉은 자리에서는 커다란 창밖으로 안뜰이 내다보였고 바로 그 숙소 건물—육중한 돌담에 줄줄이 이어진 고딕 양식 창문들, 망루와 총안몸을 숨긴 채로 총을 쏘기 위하여 성벽, 보루 따위에 뚫어 놓은 구멍과 땅딸막한 탑들—도 훤히 보였다. 그는 세상에서 제일 오래된 성에 얼떨결에 갇혀 경찰과 무장한 근위병들에 둘러싸인 젊은 여성을 머릿속에 그려 볼 수 있었다. 마음의 준비도 전혀 못 한 채로 얼마나 겁에 질렸을지. 여왕은 생각이 다를지 몰라도 험프리스는 그 공작원이 용감하다고 생각했다. 세계 각지에서 젊은 여성 요원들이 위기에 처한 모국을 위해 헌신하며 이와 비슷한 역경을 헤쳐 나간다는 사실을 잘 알았으므로. 그는 그 노고를 얕잡아 보지 않았다.

"밤 12시 반쯤 객실 담당 직원 한 명이 그 여자를 목격했습니다. 샤워를 마치고 돌아가던 길에 몸과 머리에 타월을 두른 채로 쭈그리고 앉아 뭔가 찾고 있었답니다. 뭘 찾느냐고 직원이 물었더니 콘택트렌즈라고 대답했고요. 처음엔 별 의미 없는 정보로 보였지만 저희는 곧 그게 핵심적인 단서임을 깨달았습니다. 렌즈가 아주 중요한 실마리입니다, 폐하. 요원의 눈동자는 갈색, 레이철 스타일스의 경우는 파란색이었다는 사실이 그 뒤에 밝혀졌으니까요. 그래서 저희는 그 여자가 찾던 게 파란색 콘택트렌즈였다는 사실을 알게 됐죠. 다음 날에도 꼭 필요한 물건이었으니 필사적으로 찾았을 겁니다.

직원이 같이 찾아 주겠다고 했지만 그 여자는 사양했습니다. 그때 그저 우연히 막심 브로드스키가 근처 자기 방에서 나왔습니다―이 유감스러운 사건 전체가 그저 순수한 우연으로 빚어진 겁니다, 폐하. 네, 드디어 얘기가 브로드스키까지 왔죠. 이제야 다 왔네요, 하하." 험프리스는 펜을 집어 들고 도표의 '브로드스키' 칸을 두드렸다.

"브로드스키는 어딘가로 가던 중이었습니다. 하지만 핵심은 그 남자가 여자를 봤다는 것, 머리를 틀어 올리고 허우적대며 뭘 찾는 여자를 보고 도와주려고 몸을 숙였다는 것이죠. 그리고……
이때 브로드스키는 끔찍한 실수를 저질렀습니다, 폐하."

이번엔 극적으로 말을 멈춘 게 부조리한 효과를 제대로 거뒀
다. 마치 제과 제빵 경연 TV 쇼에서 우승자가 발표되길 기다리는
순간 같았다. 모두가 다음 말을 기다렸다.

결국 라비 싱이 뛰어들었다. 더 이상은 참을 수 없었던 것이다.
"바로 여기서 험프리스 국장이 뜻밖의 사실을 밝혀냈습니다, 폐
하. 그야말로 놀라운 영감을 발휘했어요. 어떻게 그럴 수 있었나
아직도 믿기지가 않네요."

"고맙습니다, 라비 씨." 험프리스는 겸손하게 고개를 저었다.
"청장님과 수사관들이 없었더라면 해낼 수 없었을 겁니다. 남녀
불문하고 모든 경관들이 수고해 줬죠. 전적으로 다 함께 협동한
덕분입니다."

"하지만 완전히 별개인 세 건의 수사를 연결하다니. 정말로 재
기 넘치는 성과잖습니까."

험프리스는 점잖게 얼굴을 붉혔다. 그리고 자기 허벅지를 내려
다보며 있지도 않은 보풀을 무릎께에서 떼어 내는 척한 뒤 펜을
집어 종이 아래쪽 빈칸과 '스타일스' 사이에 선을 그었다.

"재기라고 할 것도 없습니다." 험프리스가 부정했다. "그저 운
이 좋았죠. 거기다 방금 말씀드린 대로 팀워크 덕분이고요. 그래
서—"

"그래서 뭐였죠?" 여왕이 끼어들었다. "재기 넘치는 성과란

게?"

험프리스는 겸손한 태도를 보이느라 여왕과 눈을 마주치지도 못하고 언젠가부터 개를 보며 얘기하고 있었다. 윌로인지 홀리인지 모르겠지만 아무튼 여왕 폐하 옆자리에 웅크린 코기 한 마리 말이다.

"라비 싱 청장이 세 건의 수사라고 말씀해 주셨는데요. 엿새 전 이미 스타일스 사건을 조사하던 중에 잠재적 스파이에 대한 익명의 제보가 들어왔습니다. 확인해 보니 그 제보자가 옳았고—저희는 해외 은행 계좌로 송금되는 일정한 패턴을 신속히 발견했죠. 이 인물은 해외에서나 국내에서나 이미 저희 레이더에 걸려 있는 연락책들과 틀림없이 연결되어 있더군요. 바로 파잘 왕자 밑에서 일하는 공작원들 말입니다. 사무 요원이 이를 국장실로 알렸고, 즉시 제 책상에 파일과 쪽지 한 장이 올라왔습니다. 그때 저희 둘이 얘기하고 있지 않았나요, 청장님?"

"예, 그렇죠. 저희가 의논하던 게 에든버러 공작의 종—"

"그건 중요하지 않고요. 중요한 건 그때 저희가 스타일스 사건에서 중국 금융 전문가 행세를 했을 만한 인물—어, 물론 여성이어야 하고요—을 찾고 있었다는 거죠. 그리고 여기서 애니타 무디라는 여자가 등장합니다. 홍콩에서 태어나고 영국에서 학교를 다녔으며, 광둥어와 중국 표준어를 유창하게 구사하는 데다 연령과 체형도 딱 맞는 여자죠……. 그렇지, 찾았다. 저는 혼자 이렇게 중얼거렸습니다. 하지만 이걸로 끝이 아니었습니다.

라비 싱 청장이 자리를 뜨고 얼마 지나지 않아, 스타일스에 관해 고민하며 무디 사건 파일을 들여다보는데 이들이 불현듯 전부 하나로 합쳐진 겁니다. 지금 루트나 공범이나 그 여자가 돌아다닌 장소 같은 게 아니라 한 가지 간단한 세부 사항 덕분이었는데요—어떻게 이런 사소한 정보를 포착했을까 저 자신도 깜짝 놀랐죠. 그건 바로 무디의 기숙학교 이름이었습니다. 음."

험프리스가 잠시 말을 멈추고 올려다보았다. 구석에 앉은 보조 비서가 음료를 마시다 사레들려 캑캑거리더니 사과의 표시로 한 손을 들었다. 그는 이어서 설명했다.

"무디는 앨링엄이라는 학교에 다녔는데, 이 이름이 왠지 익숙하다 싶었습니다. 그러다 막심 브로드스키도 같은 학교를 졸업했다는 사실이 기억났죠—물론 수사 파일에 다 적혀 있었으니까요. 그 순간 번쩍 깨달음이 찾아오더군요. 이 여자다. 무디가 여기 들어왔던 거구나. 그리고 간단히 말해—브로드스키는 같은 학교 출신인 무디를 알아봤던 겁니다. 아마 렌즈를 찾아 주려고 허리를 굽혔겠죠. 그때 무디는 묵직한 가발도 안 쓰고 최소한 한쪽 눈동자는 원래 색깔이었으니 브로드스키가 한눈에 알아볼 수 있었을 테고요.

제가 연도를 확인해 보니 앨링엄 재학 시절 무디는 막심 브로드스키보다 한 학년 위였습니다. 아시다시피 바로 위 학년 선배들은 늘 기억에 남는 법이잖습니까? 음, 폐하께서는 아마 그렇지 않으시겠지만—왕실에서 교육을 받으셨으니까요—보통 사람들은 그렇거든요. 알고 보니 두 사람은 함께 공연도 했더군요. 브로드스키는 여러 콘서트에서 무디의 노래에 맞춰 피아노 반주를 해주었습니다. 사람을 잘못 봤다는 식으로 넘어갈 여지는 없었던 거죠. 브로드스키는 그 여자의 이름이 애니타이며 음악인이라는 사실을 알고 있었지만 여기서는 금융 분석가 레이철로 통하는 상황이었잖습니까. 애니타 무디는 아침이 밝기 전에 이 문제를 해결해야만 했습니다. 브로드스키가 윈저성에서 동문을 만났다고 떠들기 전에 말이죠."

험프리스가 말을 멈추자 방 안은 다시 고요해졌다. 그는 자기가 꽤 빠르게, 다소 지나치게 열띤 말투로 설명하고 있었음을 깨달았다. 하지만 그 놀라운 통찰에 이르렀던 순간이 아직도 5분 전처럼 생생히 떠올랐다. 그 순간의 기분이 한 번씩 되살아날 때면 언제나 전율이 일었는데…… 이런 상황에서 기쁨을 느낀다고 말할 수야 없겠지만…… 전율의 진원은 확실히 뿌듯함이었다.

"세상에." 여왕이 마침내 입을 열었다. "국장은 아주 직관적인 수사관이시군요?"

"네, 폐하." 그가 꽤나 자부심을 느끼며 수긍했다.

여왕이 미소 지었다. 바로 그 순간, 험프리스의 눈엔 여왕이 정말로 아름답게 보였다.

그는 다시 공손하게 시선을 내리깔며 여왕의 사파이어빛 눈동자를 피했다. 그리고 마지막 빈칸에 '무디'라 갈겨쓴 다음 꼭대기의 '브로드스키' 상자와 연결하자 마침내 트라이앵글이 완성됐다.

"이렇게 된 겁니다, 폐하. 영국 기숙학교 체계가 국제적인 영향력을 미쳤다고 할까요. 단 한 번의 불운한 만남 때문에…… 여기까지 왔네요."

여왕은 여전히 진지한 눈빛으로 쳐다보았다. "무디라는 여성이 브로드스키를 살해한 게 확실한가요?"

"물론입니다, 폐하. 저희는 무디의 신원을 확인하는 즉시 브로드스키의 방에서 검출된 DNA와 대조해 보았습니다. 심지어 방에 지문도 남아 있었고요. 그런데 이 부분은 경찰청장님께서 저보다 잘 설명해 주실 것 같네요."

옆에 있던 경찰청장은 그리 내키지 않는 기색이었다. "그리 생각하신다면야."

"말씀해 주시죠, 라비 씨." 험프리스가 소탈하게 말한 뒤 이제야 편히 기대앉아 다리를 꼬았다. 그리고 이따 자리를 뜰 때 도표를 가져가면 혹시 실례가 될지 고민해 보았다.

경찰청장이 여왕에게 이야기하기 시작했다.

"무디가 곧바로 그 문제를 처리한 건 아닙니다. 사실 그럴 수가 없었죠. 아마 브로드스키가 자리를 비운 덕에 계획을 짤 기회가 생겼을 거예요. 왜냐하면, 그게……." 어떻게 표현해야 할지 망설이던 라비 싱은 이러한 측면도 염두에 두도록 귀띔해 준 게 바로 여왕이었다는 사실을 떠올렸다. "브로드스키는 내빈 한 명과 밀회를 가졌으니까요." 여왕의 안색을 살펴보니 다행히도 스멜링 솔트를 들이마실 필요는 없어 보였다. 그렇다 해도 엘리자베스 2

세 여왕 폐하께 이런 얘기를 하려니 오히려 라비 싱 본인이 살짝 어질어질했다.

"브로드스키는 아래층에 있던, 음, 상대 여성의 방으로 갔고 둘은 아주…… 좋은 시간을 보냈습니다." 뺨이 점점 화끈거렸다. "그 뒤에 브로드스키는 밖으로 나가 담배를 피웠고요." 싱은 헛기침을 했다. 대강 쉽게 넘어갈 순 없었다. "브로드스키가 돌아왔을 때 무디는 그 남자의 방에 같이 들어갈 핑곗거리를 찾아 놓았을 겁니다. 어쨌든 옛 친구였으니까요. 상대를 유혹할 수도 있겠다는 희망을 품고 들어갔을지도 모르지만 그러기는 쉽지 않았겠죠……. 그때 브로드스키는 아마 꽤…… 음…… 피곤했을 테니까요. 아무튼, 무디는 새벽 어느 시점에 남자를 제압했습니다. 부러진 목뼈로 보건대 손수 목을 졸라 죽인 뒤 끈을 감은 듯한데요. 브로드스키는 마음 편히 풀어진 채로 무디와 함께 있었을 테니 기습하기도 쉬웠을 거예요. 무디는 체구가 작았지만 강했습니다. 아마 훈련도 받았을 테고, 필사적이기도 했겠죠."

"정말 참혹하네요." 여왕이 말했다. 그 목소리를 듣자 문득 라비 싱은 왕실에 사건을 보고하는 게 아니라 어떤 이의 끔찍한 죽음에 관해 진심으로 안타까워하는 사람과 함께 이야기 나누는 듯한 기분이 들었다. 갓 경관이 되어 순찰을 돌던 시절이 아스라이 떠올랐다.

"그렇습니다, 폐하." 라비 싱은 조용히 대답했다. 여왕이 발치에 누운 개에게 발목을 슬쩍 붙이는 모습이 그의 눈에 들어왔다.

다탁 건너로 팔을 뻗어 여왕의 손을 꼭 붙들고 싶은 충동이 일었다. 하지만 정말로 그러지는 않았고, 순간적인 충동은 이내 지나갔다.

"그래서 이제 시체가 있으니 아침에 문제가 되겠죠. 무디는 사고인 것처럼 위장해야 했어요. 하지만 그보다도, 그 여자는 수사가 *진행돼* 본인이 연루되었다는 사실이 들통날까 봐 전전긍긍했을 겁니다. 그러니 최대한 우리를 골치 아프게 만들어야 했습니다. 문제는 이거였죠. 어떻게 할 것인가?"

라비 싱은 그저 수사적으로 질문을 던진 것뿐이었다. 막 이어서 설명하려는데 여왕이 먼저 대답했다.

"나를 끌어들이는 거죠." 여왕이 엄숙하게 말했다. "상황을 아주 추잡하게 만들면 내 평판을 보호해야 할 필요가 생길 테니까."

전적으로 옳은 대답이었다. 라비 싱은 여왕이 그토록 빨리 이해했다는 데에 감명 받았다. 이미 다 알고 있었던 것처럼 느껴질 정도였다. "정확히 그렇습니다, 폐하." 그가 고개를 끄덕였다. "무디는 현장을 조작해 놓았습니다. 우선 브로드스키를 벌거벗긴 다음 성에서 지급하는 가운을 입혔죠. 그리고 피해자의 목에 끈을 감고 꽉 조인 다음 옷장 안에 넣고 끈 한쪽 끝을 손잡이에 묶었습니다. 하지만 그 끈을 제대로 꽉 당기진 않았던—"

"두 번째 매듭에 관해서는 알고 있어요." 여왕이 일러 주었다.

"예, 폐하. 그렇죠. 처음에 저희는 시신의 목과 끈 사이에서 발견된 머리카락의 유전자가 스타일스 박사와 일치해서 난감했습니다. 그 때문에 한동안 수사가 약간 갈팡질팡했던 건 사실이지요. 하지만 그 머리카락은 무디가 입고 있던 스타일스 박사의 옷에서 떨어졌을 겁니다."

"아. 그런가요?"

"거의 확실합니다. 폐하. 무디가 스타일스의 가방을 들고 왔다는 사실도 확인됐고요."

"아, 정말요?"

싱은 여왕의 반응에 약간 놀랐다. 온갖 정보 중에서 가방만큼 딱히 주목할 필요가 없어 보이는 세부 사항이 또 있을까? 하지만 여왕은 여기에 흥미가 동하는 모양이었다.

"그날 아침 누군가 스타일스 박사의 아파트에서 기내용 캐리어를 가져갔습니다. 무디가 성에 가지고 들어온 것과 정확히 일치하는 가방입니다. 형태와 크기를 보면 스타일스 박사의 회의 자료와 저녁 환영회 때 갈아입을 옷이 들어 있었으리라고 짐작됩니다. 여벌 속옷 같은 것도 챙겼겠지요. 사건 이후 그 가방이 사라졌기 때문에 정확히 알 순 없습니다만."

"그렇군요." 여왕이 고개를 끄덕였다. "알겠어요."

여왕은 묘한 표정을 지었다. 눈빛이 날카로웠고, 깊이 생각에 잠긴 듯했다. 라비 싱은 어떻게든 도움이 되고 싶었다. "다행히도 그 가방은 이번 수사에 별다른 영향을 미치지 않았습니다, 폐하."

"네. 그렇겠죠. 계속 말씀해 주세요."

"머리카락 얘기로 돌아가서, 애니타 무디가 의도적으로 현장에 머리카락을 흘린 것 같진 않습니다. DNA를 제거하기 위해 스타일스 박사의 립스틱을 깨끗이 닦아 낼 만큼 신중했으니까요. 그다음에 립스틱에다 브로드스키의 지문을 묻혀 시신 근처에 버려 두었죠."

"속옷이나 립스틱 얘기는 이미 들은 것 같네요." 여왕이 덧붙였다. "어디서 난 물건들이죠?"

이 또한 굳이 들춰낼 필요가 없어 보이는 정보였지만, 라비 싱은 개빈 험프리스가 여왕의 시종이 구입한 여성용 속옷을 두고 얼마나 고집불통으로 굴었는지 기억했다. 여왕은 분명 그 때문에 꽤나 짜증이 났을 터였다.

"저희 추측으로는—" 라비 싱이 약간 떨리는 목소리로 말했다. "음, 스타일스 박사의 자택 화장실을 살펴본 바…… 어, 그 여성은 그때…… 음, 월경 중이었습니다, 폐하. 제가 알기론 여성들이 보통 짐을 꾸릴 때 여분의—"

"고마워요, 청장. 알겠어요."

"그래서 무디는 그 물건들로 현장을 꾸며 내 브로드스키가 사망한 게 마치 한창……"

"네—에." 여왕의 대답은 여러 음절로 분리된 듯 들렸다. 묵직한 울적함에 짓눌린 목소리였다. "무디라는 여자와 학창 시절부터 알고 지낸 친구이자…… 상당히 특별한 청년이었죠. 나는 그 청년과 춤도 추었어요."

"유감입니다." 라비 싱이 말했다.

"음, 그래요. 나도 마찬가지예요."

그는 분위기를 밝게 전환하고 싶었지만, 다음에 나올 얘기가 뭔지도 의식하고 있었다. "그럼 무디가 스타일스 박사 행세를 하며 바삐 돌아다닐 동안 스타일스 본인은 뭘 하고 있었는지 폐하께서도 아마 궁금하시겠지요?"

"뭐 그렇다고 볼 수 있죠." 여왕이 알쏭달쏭하게 대답했다.

"원하신다면 다음에 이어서 들으셔도 좋습니다."

여왕은 깊은 한숨을 내쉬었다. "아뇨, 지금 말씀해 주세요."

라비 싱은 여왕에게서 약간 내키지 않는 기색을 느꼈다. 어젯밤 행사 이후로 피곤하기야 할 테지만, 그보다도 마치 다음에 무슨 이야기가 나올지 이미 아는 듯한 느낌이었다. "음, 피터 경이 사칭 사기를 눈치챘을 때쯤 스타일스 박사는 이미 사망한 뒤였는데요. 저희는 스타일스가 매수당하거나 협박당해서 애당초 계획한 사기 행위까지는 동조했다고 추정했습니다. 어쨌든 경찰에 신고할 생각을 전혀 안 했으니까요. 하지만 알고 보니 공식적으로만 원저성에 방문했다고 되어 있을 뿐 실제로는 회의 전날 이후로 그 여성을 직접 목격한 사람이 아무도 없더군요. 스트롱 경감은 스타일스를 만났다고 생각했습니다. 아파트로 직접 찾아가 목격자 진술을 받았으니까요. 하지만 피터 경 덕분에 사기가 발각된 뒤 경감은 그때 면담했던 게 스타일스 박사가 아니라 무디였다는 사실을 깨달았습니다.

그래서 저희는 스타일스의 아파트 외부 CCTV 영상을 확인했습니다. 회의 전날 저녁 후드를 쓴 키 큰 남자가 찾아오는 장면이 찍혔더군요. 다른 주민들 중 건물에서 그 남자를 봤다는 사람은 아무도 없었고요. 저희는 남자가 스타일스 박사의 아파트에 몰래 들어가 박사가 마시던 음료에 의식을 잃게 하는 약물을 슬쩍 탔다고 봅니다."

"내가 젊었을 적엔 그런 음료를 '미키 핀'이라 부르곤 했죠." 여왕이 말했다.

"예, 저도 들어 본 것 같습니다. 이 경우엔 로히프놀이라는 진정제가 거의 확실한데요. 참담하지만 데이트…… 으흠…… 폭력에 악용되는 약입니다, 폐하. 불안감을 낮춰 주는 효과가 있지만 약에 취한 사이 무슨 일이 있었는지 잊어버리게 만들 위험성도 있지요. 다음 날 몸 상태가 아주 안 좋아질 수도 있고요. 저희가 추측하기로 스타일스는 그날 밤 인사불성이었고 다음 날 아침엔 본인이 독감에 걸렸다고 생각했을 겁니다. 그래서 '일대일로' 회의 담당자에게 이메일을 보내 그렇게 알렸지만 또 다른 문제가 있었어요—박사의 이메일이 해킹당했다는 사실을 정보 통신 본부에서 발견했거든요. 해킹이 무엇인지 아십니까, 폐하? 예, 아시는군요. 스타일스는 이메일을 발신했지만, 아무도 수신하지 못했던 거죠.

CCTV로 미뤄 보면 후드를 쓴 남자는 그때까지도 아파트 안에 있었습니다. 무디가 성에서 제 역할을 하는 동안 스타일스를 감시하려는 계획이었을 겁니다. 임무를 완수한 뒤엔 박사를 그냥 놓아줬을 테고요. 로히프놀은 곧 체내에서 분해되니, 박사는 독감처럼 머리가 띵한 증상에서 회복되어 일상으로 돌아갈 수 있었겠죠. 기억이 좀 흐릿하더라도 최소한 몸 상태는 괜찮아졌을 겁니다. 하지만 브로드스키가 죽은 뒤 범인들은 다른 계획을 세웠지요. 괜찮으십니까, 폐하?"

"괜찮아요, 청장. 차를 한 잔 더 마시는 게 좋겠어요. 고맙네." 여왕은 차를 따라 주는 시종에게 고개를 끄덕였다.

라비 싱은 걱정이 되었다. 갑자기 여왕의 안색이 창백해졌던 것이다. 정말로 흉흉한 부분은 아직 나오지도 않았는데 말이다. "그래서…… 혹시 제 이야기가 너무 과하다 싶으시면 언제든 그만하라고 말씀해 주십시오……."

"아니에요, 계속 말씀해 주시죠."

"예, 폐하." 그는 여왕이 차를 한 모금 마실 동안 기다렸다 말했다. "그 남자는 잠시 스타일스의 아파트를 떠났지만 곧 돌아왔습니다. 그다음엔 스타일스에게 진정제를 투여해 침실에 뻗어 있도록 조치했을 겁니다. 스트롱 경감이 방문한 동안 애니타 무디가 거실에서 소임을 다할 수 있게 말입니다. 하지만 이제 그 패거리는 수렁에 빠졌죠. 우려했던 대로 저희가 살인에 무게를 두었으니까요. 스트롱 경감 수사 팀이 언제든 다시 방문해 추가 질의를 할 수 있는 상황이었어요. 스타일스 박사를 언제까지고 그렇게 제쳐 둘 순 없었습니다. 게다가 벌써 사흘이나 지났고요. 다시 정신을 차리고 나면 스타일스는 본인이 단순한 독감으로 앓아누

웠던 게 아니라는 사실을 알아차리겠죠. 범인들이 자신에게 무슨 짓을 했는지 조금이나마 기억할지도 모르고요. 그래서 그자들은 사흘을 더 기다렸습니다. 저희는 범인들이 스타일스를 쭉 약물로 잠재워 놓고 이메일이나 SNS를 이용해 친구들에게든 직장에든 몸이 좋지 않다는 소식을 전했다고 봅니다. 그러면서 다음에 일어날 일을 원저성의 사건과 연결 짓지 못하도록 시간적 간격을 충분히 두려던 거죠. 정보 통신 본부에서는 그자들이 더 이상 이메일 등 메시지를 우회시키지도 않았다는 점에 주목했습니다. 그쪽에서는 스타일스 박사가 이제 메시지를 읽거나 확인할 일이 결코 없다는 점을 알고 있었던 겁니다."

여왕은 잠든 개의 따뜻한 몸에 자기 발목을 더 찰싹 붙였다. "결국 스타일스 박사는 어떻게 사망한 건가요?"

"보드카입니다, 폐하." 라비 싱이 단도직입적으로 말했다. "로히프놀과 섞어서요. 술병이 아파트에 남아 있었습니다. 스타일스는 정신이 너무도 혼미해서 거부할 힘도 없었을 겁니다. 그 남자는 스타일스의 잇몸에 코카인까지 묻혀 놓았습니다. 충분히 심장마비를 일으킬 만했죠."

우아한 금속 장식 시계가 째깍거렸다. 개들이 코를 킁킁댔고, 여왕은 침울해 보였다.

"아무래도…… 내가 바라는 바는……" 여왕은 기침을 하더니 마음을 추슬렀다. 그리고 허리를 꼿꼿이 펴고 앉아 다시금 종소리처럼 또랑또랑하게 말을 이었다. "스타일스 박사는 공무 중에 사망했어요. 바로 나를 위한 일이었죠. 내가 박사의 가족에게 조의를 표할 때 이 얘기도 확실히 전할 수 있다면 좋겠군요. 우리가 정의를 실현하기 위해 최선을 다했다고 말이에요."

험프리스는 애당초 의도했던 것보다 더 오랫동안 묵묵히 앉아 있었다. 그래서 이젠 여왕 폐하의 기운을 북돋아 드릴 때가 됐다고 생각했다.

"코카인은 범인들의 실수였습니다, 폐하." 험프리스가 끼어들었다. "애니타 무디도 좀 그랬지만, 그 패거리는 너무 연극적이었거든요. 만약 스타일스에게 술과 진정제만 투여했다면 검시관도 사망자가 직접 복용한 거라 결론지었을지 모릅니다. 하지만 그자들은 금융가 사람들이 상용하는 코카인을 끼워 넣는 게 더 자연스러워 보일 거라고 생각했죠. 오히려 뉴스감이 되고 말았지만요. 즉 피터 벤 경이 스타일스 박사의 약물 문제를 알아보려고 스트롱 경감을 찾아가게 됐고…… 뭐, 그러다 보니 여기까지 오고 말았다는 뜻입니다."

"'여기'라는 게 정확히 어디지요?" 여왕이 물었다.

험프리스가 자신이 그린 도표를 가리켰다.

"아까 세 가지 사건이라고 말씀드렸죠. 애니타 무디도 사망했습니다, 폐하. 그 여자는 저희가 주목하기도 전에 죽었는데요. 레이철 스타일스의 시신이 발견된 지 이틀 지나 무디도 시신으로 발견되었습니다. 자살처럼 보이는 정황이었지만, 저희는 무디가 생명의 위협을 느끼고 있었다는 사실을 알게 됐죠."

"그래요?"

"오랜 지인이 경찰에 전화해 그 사실을 알렸거든요. 짐작건대 스파이 활동에 관해 익명의 제보를 해 준 것도 바로 그 남자였을 겁니다."

"으음."

"그리고 무디가 옳았죠. 그 여자는 자신이 작전을 망쳤으니 처벌받을지도 모른다고 짐작했고, 실제로 그랬으니 말입니다. 무디의 아파트 외부 CCTV 영상에서도 사망 당일 키 큰 금발 남자가 건물로 들어갔다가 30분 뒤 나오는 장면을 확인했습니다. 강제로 침입한 흔적도 없고 뚜렷이 검출된 DNA도 없으며 자살이 아니라는 결정적인 증거도 없지만, 저희는 무디가 피살되었다고 확신합니다. 그 여자는 자기 배후 세력에 폐를 많이 끼쳤고 결국은 그 패거리의 손에 제거된 겁니다, 폐하. 제 생각에 범인들은 '눈에는 눈'식의 정의 구현을 의도했던 듯합니다. 무디는 브로드스키를 형편없는 솜씨로 목매달았잖습니까. 그자들도 무디를 목매달았지만, 더 전문적으로 처리했죠."

표정을 보니 여왕은 이런 행위에서 어떤 의미로든 정의를 찾을 수 없다고 여기는 듯했다. "정말 처참하군요."

"맞습니다. 하지만 한 가지 중대한 진전이 있었습니다. 두 여성 모두 사망 시점에 어떤 남자와 함께 있었는데, CCTV 영상으로 그게 동일 인물이라는 사실을 확인했거든요."

"아, 그렇군요."

드디어 여왕 폐하의 얼굴이 살짝 밝아진 듯했다.

"무디의 아파트 외부에서 찍힌 영상은 훨씬 더 선명합니다. 그 때는 후드를 쓰고 있지 않았기 때문이죠. 조사해 보니 조니 호건 이라는 남자인데, 파잘의 정보국에 고용된 삼류 폭력배입니다. 파잘이 직접 지목되는 불상사가 없게끔 런던에서 이런저런 일 처리를 담당했고요. 다만 누가 그 남자를 고용했는지 저희도 알기 때문에 *사실상* 파잘 일당이 수사망에 들어오게 되죠. 저희는 레이철 스타일스 살해 혐의로 호건을 체포해 런던 경찰청에 구금해 놓았습니다. 스타일스의 아파트에서 그 남자의 DNA도 채취했습니다. 놈이 말끔히 닦아 내려고 시도는 했지만, 어딘가에 그렇게 오래 머물면서 흔적을 전혀 남기지 않기란 어려운 일이죠. 아예 스팀 청소기로 구석구석 닦은 티가 나게 처리하지 않고서는. 호건에게 애니타 무디를 살해한 혐의도 걸 수 있을지는 확실치 않습니다. 하지만 경찰에서 지금 열심히 노력하는 중입니다."

라비 싱이 동의하며 고개를 끄덕였다.

"스타일스 박사의 아파트에서 가방을 가지고 나가 무디에게 전달한 사람은 대사관 운전기사입니다." 험프리스가 말을 이었다. "파잘 왕자는 사실 스스로 생각하는 것보다 훨씬 더 아마추어였거든요. 그 운전기사는 내일 추방됩니다. 폐하께 보고드렸으니 이제 총리께도 알리겠습니다. 왕자는 본국에 있고 어쨌든 저희가 건드릴 수도 없었지만, 이렇게 되면 국왕은 자기 조카가 국가의 명예를 실추시킨 위험한 얼간이라는 사실을 확실히 인지할 겁니다. 폐하께서 나서 주신다면 자이드 왕도 이 메시지에 귀를 기울일지 모릅니다. 폐하의 말씀이라면 말입니다."

"그럴지도 모르지요. 노력해 보겠어요. 아, 내부 협력자는 어떻게 됐나요? 외무부에 있다는 사람 말인데요."

"어제 히스로에서 비행기에 탑승하려다 붙잡혔습니다." 험프리스가 말했다. "마침 아이러니하게도 프랑스 남부에 폭풍이 몰아친 탓에 그자가 탈 비행편이 몇 시간 지연되었습니다. 어쨌든 저희는 그 남자를 체포하러 가던 중이었고요. 덕분에 멀리 안 가도 되고 서류 작업도 줄었죠."

"잘됐네요. 이제 하던 일로 돌아가 봐야겠군요."

여왕이 치마를 반듯하게 펴고 일어났다. 주위 사람들도 전부 벌떡 일어섰다. 여왕은 한쪽 팔에 핸드백을 걸치고 끈을 매만진 뒤 싱과 험프리스에게 미소를 보냈다. "수고 많으셨어요. 세 건의 살인…… 그걸 전부 해결하다니 정말 총명하십니다. 그동안 밤낮으로 애쓴 수사 팀에도 감사하다고 전해 주세요. 우리 모두 지금까지 이 사건 때문에 불안했지요. 다시 발 뻗고 잘 수 있다고 생각하니 참 좋네요."

"영광입니다, 폐하." 라비 싱이 살짝 고개 숙여 절하며 말했다.

"영광입니다." 험프리스도 호응했다.

영광이란 말이 나와서 말이지만…… 허리를 굽혀 작은 도표를 집어 들 때 험프리스의 머릿속엔 '개빈 험프리스 경'이라는 말이 멋대로 맴돌았다…… 개빈 험프리스 경……. 언젠가 영광스런 작위를 받게 될 거라고 생각은 했지만, 앞으로 5년 안에는 힘들지 않을까 싶었는데. 개빈 험프리스 경이라. 아내도 심장이 저리도록 황홀해하리라. 그는 이번에 스파이를 색출했고 그 과정에서 혼자 힘으로 세 건의 살인 사건을 일거에 해결했다. 솔직히 말해, 여왕 폐하가 서훈을 내릴 수밖에 없지 않겠는가?

여왕이 걸어 나가자 시종무관이 뒤따랐고 개들도 졸졸 따라갔다.

30장

예배실에 조용히 앉아 있던 여왕은 문이 열리는 소리를 들었다. 필립이 들어와 문간에 멈춰 섰다.

"내가 옆에 앉아도 될까?"

"그럼."

필립이 천천히 여왕 곁으로 다가와 평소 즐겨 앉는 의자에 앉았다.

"톰에게 들자니 당신이 '박스'에서 온 멍청이랑 만났다던데." 그리고 잠시 말을 멈췄지만 상대가 묵묵부답이자 이어서 말했다. "그 녀석들이 다 해결했다면서. 범인이라든지 이것저것 알아낸 모양이지. 잠복 스파이가 벌인 짓은 아니었고 말야."

"응, 잠복 스파이는 아니었어. 외무부에 공작원이 하나 있긴 했다지만."

"르 카레의 소설 속에서 사는 것 같군. 아니면 엉망진창인 잔디밭작가의 성인 'carré'에 프랑스어로 사각형 정원이라는 뜻도 있다이나."

필립은 가벼운 농담을 던지고 히죽거렸다. 아내가 따라 웃지 않아도 별로 마음에 두지 않았다. 이런 이야기를 나누기가 힘겨우리란 점을 알고 있었으므로.

"세 명이 사망했다던데. 톰한테 들었어. 전부 20대였고. 하나같이 좀 고통스럽게 죽었고 말이야."

"맞아."

그는 제단 쪽을 바라보았다. 성모와 아기 예수를 묘사한 르네상스 회화가 정면에 보였다. "당신은 그 친구들이 앞으로 70년은 더 살았어야 한다고 생각하겠지."

"그 젊은이들은 분명 그렇게 생각했을 거야. 그런데……" 그녀는 말끝을 흐렸다. 사람들 앞에서는 좀처럼 보이지 않는 모습이었다. 여왕은 항상 어떻게든 용기를 끌어내 말을 이어 나가곤 했다. 하지만 필립 앞에서라면 굳이 무리하지 않았다. 자신이 얼마나 힘겨워하고 있는지 필립도 아는 때라면. 그녀는 돌처럼 무감한 사람이 아니었다. 필립은 그 점을 잘 알았다.

"톰 말로는 험프리스가 전부 다 해결했다더군." 필립이 말했다. "녀석에게 그런 능력이 있을 거라고는 생각지 못했는데."

"그래. 상당히 놀랐어."

"놀라 자빠질 일이지. 거 참, 내가 보기엔 누가 그 녀석한테 정보를 떠먹여 준 거라니까."

"그렇게 생각해?" 그녀는 얼굴을 찌푸리며 예리한 눈으로 남편을 흘겨보았다.

"그렇고말고. 틀림없이 부하 중 하나겠지. 엄청나게 똑똑한데 승진에서는 밀린 친구. 일은 전부 다 그 친구가 하고 찬사란 찬사는 험프리스 녀석이 한 몸에 받는 거지. 당신은 그런 생각 안 들어?"

"뭐 그런 느낌이긴 해."

"그런데도 훈장을 받는 건 그놈이겠지?" 필립이 침울하게 덧붙였다.

"그럴 것 같네."

"보나마나 지금보다도 더 꼴 보기 싫어지겠군."

그녀는 이 말을 듣고 그저 미소 지었다. 아마 필립 말이 맞겠지만, 여왕이야말로 누가 아무리 꼴 보기 싫더라도 참고 견디도록 단련된 사람이었다.

필립이 손을 뻗어 그녀의 손을 감쌌다. 그리고 시원하고 부드러운 손으로 아내의 손마디를 잠시 꼭 쥐었다. "뭐, 적어도 진상이 밝혀지긴 했잖아. 그런 짓을 벌인 사내새끼들은 다 붙잡혔나?"

"다 남자였던 건 아니지만 잡혔어."

"반가운 소식이군." 그가 다시 한 번 아내의 손을 꽉 쥐었다.

그녀는 필립에게 파잘 왕자 얘기를 꺼내지 않았다. 아직은 아니었다. 아직은 그 인간의 이름을 입 밖에 낼 수도 없을 만큼 분노한 상태였다. 범죄 자체만이 아니라, 그자가 제대로 심판받지 않고 빠져나갔다는 점에도 몹시 화가 났다—흉계가 까발려졌다는 굴욕감 때문에 막대한 고통을 겪기는 하겠지만. 여왕은 그가 최소한 그런 고통이라도 받았으면 싶었다.

"난 나가 볼 거야. 오늘 저녁은 시내에서 먹으려고 해. 나가기 전에 할 일이 몇 가지 있어." 필립이 일어서며 말했다.

"잠깐만. 나도 같이 갈래."

그녀는 필립이 내민 팔을 붙잡고 일어났다. 그리고 둘이 함께 복도를 따라 창문 쪽으로 걸어갔다. 필립의 창문. 영원성과 회복과 희망을 보여 주는 창문 말이다. 그렇다 하여 다락방에서 죽은 남자와 자기 아파트에서 죽은 무고한 여자, 그리고 사망 직전 그토록 겁에 질렸던 또 한 명의 여자, 그 세 젊은이를 향한 끔찍이도 안타까운 감정이 사라지진 않았다. 하지만 그 창문은 부산스러운 성, 즉 그녀를 중심으로 돌아가는 세계 속으로 다시 유유히 차분하게 걸어 들어갈 수 있는 힘을 불어넣어 주었다.

이틀 뒤 여왕과 왕실 직원 절반은 런던으로 돌아가 국왕의 의회 개회 선언을 준비하리라. 삶은 단연코 계속되었다. 여왕은 자기가 할 수 있는 일을 했다. 그리고 지금은 누가 뭐래도 진을 한 잔 마실 시간이었다.

"이해가 안 되는 게 뭐냐면요." 로지가 라운드 타워 꼭대기에 서서 말했다. "그 많은 사람들 중에서 왜 하필 개빈 험프리스냐 하는 거예요. 저는 폐하께서 그 사람을 미워하시는 줄 알았거든요."

에일린 재거드가 미소 지었다. 로지의 초청으로 성에 방문한 에일린은, 사람들의 호기심 가득한 이목을 피할 수 있는 곳에서 로지의 궁금증을 채워 주고 있었다. "보스는 누구도 미워하지 않는 분이에요. 약간 분개하셨을지도 모르지만."

"하지만 험프리스가 불러온 고통을 생각해 보세요. 모두들 참담함을 느꼈다고요. 폐하께서는 애초부터 그 사람이 푸틴 운운하며 헛다리 짚고 있다는 사실을 *간파하셨어요.*"

"그분은 좌우간 험프리스가 적임자라고 판단하셨을 거예요. 사적인 감정에 휘둘리지 않는 분이니까."

"어떻게 그럴 수가 있죠?"

"숙련이죠. 수련에 수련을 거듭해서 말이에요. 그분은 뛰어난 정치가예요—그렇지 않으면 이 오랜 세월 동안 어떻게 버텨 오셨겠어요? 폐하는 멀리 내다볼 줄 아세요. 그렇게 보면 험프리스야말로 이번 일에 최적격 아니었나요?"

로지는 지평선을 바라보았다. 저 멀리 더 샤드_{런던의 72층 빌딩으로 영국에서 가장 높은 건축물이기도 하다}까지도 다 보였다. 그 건물은 의도치 않게 여기서부터 그 옆 런던 타워까지의 32킬로미터 남짓한 거리를 일깨워 주었다. 정복자 윌리엄_{잉글랜드 국왕 윌리엄 1세}이 계획했던 대로, 런던을 사이에 둔 요새와 또 다른 요새. 로지는 에일린의 질문을 두고 고민해 보았다. "어쩌면요." 수긍할 수밖에 없었다. "무슨 말이냐면, 보스는 살인을 저지른 게 누군지 제대로 짚었지만, 그 배후에 누가 있는지까지 증명하긴 어려운 입장이었다는 생각이 들거든요. 일단 첩보 활동에 관한 문제라는 *사실*을 알아챈 이상, 아무래도 그 문제를 다루기엔 MI5가 최적격이었던 것 같네요."

"그거 봐요."

"하지만 폐하께서는 왜 자신이 어디까지 꿰고 계신지를 험프리스에게 알려 주지 않으셨던 걸까요? 저는 그분이 어떻게 일을 추진하시는지 봤어요. 그냥, 뭐랄까…… 씨앗을 뿌리듯 소소한 아이디어를 던지시더라고요. 심지어 험프리스는 그분이 뭘 하고 계신지도 눈치채지 못했죠. 앨링엄 스쿨에 대해서도 폐하께서 험프리스에게 넌지시 얘기해 주셨던 건데요. 매클라클런에게 익명으로 전화를 걸라는 지시도 내리셨고요. 그런데 그분은 험프리스가 모든 공을 차지하게 놔두셨어요. 게다가 자기 혼자서 해낸 것처럼 착각하게끔."

에일린이 싱긋 웃었다. 그리고 머리카락 몇 가닥을 눈가에서 떼어 내며 말했다. "그래요. 그분답네요. 폐하의 그런 행동을 처음 봤을 땐 저도 좀 충격을 받았죠. 하지만 보면 볼수록 납득이 가더라고요. 간섭하는 것처럼 보이기는 싫으신 거죠."

"하지만 여긴 국왕 폐하의 성인데요!"

"그렇다고 수사 지휘관이신 건 아니죠. 폐하께서 로지 씨와 함께 발견한 사실을 험프리스에게 알려 주셨다고 생각해 봐요. 그러면 줄곧 정보국장의 주장에 근본적인 의문을 품고 계셨다는 점이 드러나잖아요. 물론 그게 사실이긴 하지만요. 그랬다간 험프리스가 자부심으로 우쭐해질 일도 없겠죠."

"그럼 문제는 결국 험프리스의 자존심이다?"

"생각해 봐요. 만약 폐하께 지적당한 험프리스가 본인이 틀렸음을 깨닫고 주눅 든다면 다음번에 문제가 생겼을 때 어떻게 될까요? 국장은 폐하께 또 비판받을까 봐 계속 노심초사하겠죠. 그분을 신뢰하지도 못할 테고요. 국왕 폐하께는 *세상 무엇보다도*

신뢰가 중요해요. 사소한 데서 이기고 지는 것보다 훨씬 더 중요한 문제죠. 험프리스가 폐하 앞에서 입을 꾹 다문다면 좋을 게 뭐가 있겠어요?"

"그래서 그 사람이 기사 작위를 받고, 앞으로도 쭉 국왕 폐하를 보며 멋진 성에 사는 흐리멍덩한 할머니라 생각하게 놔둔다고요?"

"옳고 그름을 떠나, 정보국장이 그 흐리멍덩한 할머니를 위해 피땀 흘리며 일하는 건 사실이잖아요." 로지가 고개를 저었다. "아직도 도저히 이해가 안 가요. 제 말은, 사람이 어떻게 그만큼이나……"

"자제력이 강할 수 있냐고요?"

"그거예요."

"내가 지금껏 만나 본 바로는 세상에서 단 한 사람만이 그럴 수 있죠. 곁에서 누릴 수 있을 때 누려요."

두 사람은 남동쪽의 롱 워크에서부터 서쪽 시내와 그 뒤편의 강까지 파노라마처럼 펼쳐진 경치를 마지막으로 바라보았다. 강물은 옥스퍼드서에서 바다를 향해 천천히 기품 있게 흐르고, 그 위쪽 사파이어빛 하늘엔 새털구름이 점점이 떠 있었다. 이제 곧 6월이었고 성은 애스콧 경마 대회 준비로 바빠질 터였다.

"그건 그렇고, 폐하께서 로지 씨에게도 감사를 표했을 텐데." 에일린이 계단을 내려가다 이렇게 덧붙였다. "로지 씨도 상자 받았어요?"

로지가 씩 웃었다. "넵, 그랬죠."

일주일 전 레이디 캐럴라인이 로지의 좁은 방에 불쑥 들러 '포트넘 앤드 메이슨' 선물 바구니 값을 돌려주었다. 로지는 지난 4월 그 선물 바구니들을 구입하느라 거금이 들었지만 달리 어떻게 해야 할지 몰라 사비로 처리했다. 그리고 아무 말 없이 넘어갈 생각이었건만 여왕은 잊지 않았던 것이다. 정확한 금액이 현금으로 돌아왔고, 얇은 클러치 백만 한 법랑 세공 상자도 '떡하니' 주어졌다. 은색과 파란색이 섞였고 고리 아래 여왕의 이니셜이 새겨진 상자였다. 로지는 킹스클리어로 에일린을 만나러 갔을 때 협탁 위에서 이것과 똑같은 상자를 봤다. 이젠 로지도 어느 성으로 옮겨 다니며 일하든 침대 머리맡 탁자 위에 이 상자를 올려 두었다. 이런 귀한 물건을 보습용 시어 버터 보관함으로 쓰는 사람은 지금껏 자기 말곤 없었으리라고 생각하면서 말이다.

"사건 하나를 해결할 때마다 주시는 건 아니겠죠?" 로지가 물었다.

에일린이 웃었다. "아니죠. 하지만 그분은 늘 뭔가 생각해 내시거든요. 자, 공원에서 말을 태워 주겠다고 하지 않았어요? 승마복도 가져왔어요. 얼른 가서 이 날씨를 즐기자고요."

31장

1년이 흘렀다. 부활절 연례행사도, 생일도 한 번 더 치렀다. 신년 서훈자 명단에 개빈 험프리스가 정말로 올랐다. 감히 바라지 못했던(그럼에도 불구하고 바라긴 했던) 희소식이었다. 험프리스는 라비 싱 또한 작위를 받는다는 사실을 알고 약간 놀랐다. 스트롱 경감은 4등급 훈장을 기쁜 마음으로 받아 들었다. 이제 다시금 마술 대회가 다가왔다.

한바탕 축제가 시작되기 전에, 여왕은 개인적으로 만나고 싶은 사람을 몇 명 초청했다. 첫 번째는 로지가 한동안 행방을 추적하다 끝내 뉴 포레스트의 여관에서 찾아낸 젊은 남자였다. 그는 그 지역에서 일용직 노동자로 일하고 있었다. 재활원에 들락날락하느라 한 직장에서 꾸준히 일할 수가 없었던 것이다. 로지는 그가 7살 때 아버지를 여의었으며, 10대 시절 어머니까지 돌아가시자 큰 충격을 받았다는 사실을 확인했다. 누나는 그가 너무 심하게 탈선하는 일이 없도록 최선을 다해 보살펴 주었다. 그러나 이젠 누나마저도 사망하고 말았다.

그 남자는 로지에게 초청 소식을 듣더니 갖춰 입을 옷이 하나도 없다는 걱정부터 했다.

"그건 걱정하지 마세요." 로지가 안심시켜 주었다. "그런 데에 신경 쓰시지 않는 분이니까요. 아무 재킷이나 한 벌 빌려 입으시면 됩니다. 그러면 한결 수월할 거예요."

남자는 두려워하며 성으로 다가갔다. 성문 밖 도로에 선 경찰을 봐도 겁이 나고, 안쪽에 깔렸을 게 분명한 군인들을 생각해도 겁이 났다. 그는 지금까지 모든 종류의 권력을 무서워하는 데에 익숙해졌다. 그런 그가 보기에 이 무시무시한 성은 마치 온갖 권위가 한곳에 집결된 총체 같았다. 하지만 초청장을 보여 주자 줄 서서 기다리는 일반인들을 제치고 무슨 VIP처럼 호위를 받으며 입장할 수 있었다. 편지를 보냈던 여자(이런 모습일 줄은 정말 상상도 못 했는데, 키 크고 섹시한 흑인이었다)가 대문 근처로 마중 나와 특별한 경로로 안내해 주었다. 두 사람은 공개된 장소를 전부 피하면서 언덕을 올라가 여왕이 실제로 머무는 곳에 다다랐다. 그는 이게 꿈인가 생시인가 싶었다.

키 큰 여자는 회색 석조 건물로 둘러싸인 거대한 직사각형 잔디밭 한쪽, 벨베데레 타워라 부르는 곳으로 그를 데려가 위층까지 함께 올라갔다. 이제 대기실 같은 데서—뭐라 불러야 할지는 잘 모르겠지만—하염없이 기다리게 되겠구나 싶었다. 하지만 뜻밖에도, 여자가 문을 노크하자 누군가가 바로 "들어와요"라 대답했다. 두 사람이 문을 열고 들어가니 그 안에는…… 여왕이 있었다.

정말로 여왕이었다. 여왕께서 몸소 맞아 주다니. 음료가 놓인 탁자 옆에 서 있는 장갑 낀 남자 한 명, 그리고 개 몇 마리만 빼면 독대나 다름없이. 방은 그리 넓지 않고 꽤 어두웠으며 여왕의 집에 있을 법한 가구들—전부 박물관에서 가지고 온 듯 오래되고 엄청나게 비싸 보이는 물건들—로 가득했다. 그리고 창밖으로는 저 멀리 길게 한 줄로 늘어선 나무들이 보였다. 나무들 사이로 평범한 사람들이 그저 평상시처럼 거닐었다. 저들은 그가, 벤이라는 남자가 진짜 여왕 폐하와 한 방 안에 마주 보고 서 있다는 사실은 전혀 모를 테지.

마치 유체 이탈을 하는 듯한 기분이었다. 여관 관리인이 권하는 대로 가죽 구두를 빌려 신고 와서 정말, 정말로 다행이었다. 운동화를 신고 이 카펫을 밟는 건 어림없는 일이리라.

"안녕하세요, 스타일스 씨. 여기까지 와 줘서 정말 고맙습니다. 오는 길이 너무 고되진 않았고요?"

"아닙니다, 국왕 폐하." 그가 말했다. 곁에 서 있는 키 큰 여자가 처음엔 '국왕 폐하'라 부르되 그다음부터는 '폐하^{원문에서는 국왕 폐}

^{하에 대한 존칭인 'Your Majesty'와 왕족 부인에 대해 두루 쓰는 존칭인 'ma'am'을 구분하고 있다}'라고만 부르면 된다고 미리 알려 주었다. 그 뒤에는 절을 하랬는데—그만 깜빡하고 말았다. 이런 망할! 그래서 너무 늦었지만 어쨌든 절을 했다. 그러자 여왕 폐하가 미소를 지었다. 웃을 때 정말로 매력 넘치는 분이었다. 하지만 TV로 볼 때 짐작했던 것보다는 체구가 자그마했다. 좌우간 광채가 나는 듯했다. 어떻게 저토록 빛날 수 있는지는 모르겠지만 경탄이 나왔다.

"로지, 심프슨 소령에게 5분 뒤 여기로 와 달라고 부탁해 주겠나?" 여왕이 말했다.

키 큰 여자가 나간 뒤 여왕은 자리에 앉아 다른 의자를 가리켰다. 벤이 그리 가서 앉으니 장갑 낀 남자가 다가와 부드러운 스코틀랜드 말씨로 무엇을 마시고 싶은지 물었다. 벤은 정말 인정 많아 보이는 그 사람에게 곧바로 호감을 느꼈다. 하지만 뭐라고 답할지 몰라 그냥 "아무거나요"라고 불쑥 말했다. 그러자 그 남자가 차갑고 신선한 물에 레몬 한 조각을 띄워서 가져다주었고, 벤은 아무래도 좋았다.

그다음엔 여왕과 단둘이서 이야기를 나누었다―그동안 장갑 낀 남자는 뒤에서 서성였을 뿐 달리 아무 말도 하지 않았다. 대화를 나눈 시간이 1분이었는지 30분이었는지 벤은 알 수가 없었다. 나중엔 그때 정확히 무슨 말이 오갔는지도 전혀 기억나지 않았다. 오로지 여왕이 정말로 다정했다는 것, 누나와 아버지에 대해 간단히 얘기 나눴다는 것만 기억났다. 그때 여왕은 아버지 없이 자라기가 얼마나 힘겨웠을지―그야 실제로 그랬다―묻고 벤의 용감함을 칭찬했으며, 또 여왕 본인이 누나 일을 얼마나 애석하게 생각하는지도 이야기했다. 벤은 그 말에서 진실성을 느꼈다. 여왕은 완전히 진심이었다. 그리고 어느 순간부터 벤도 두려움에서 벗어나 그냥…… 집처럼 편안한 기분을 느꼈다. 이 시간이 마치 화요일 아침의 당연한 일상인 것처럼. 그리고 그 기분이 나쁘지 않았다.

그때 키 큰 여자가 어떤 남자와 함께 돌아왔다. 여기저기 금몰이 달린 빨간색과 검은색 옷을 입은 데다 훈장을 주렁주렁 달고 반짝이는 구두를 신어 시대극 속 인물처럼 보였는데―평생 이렇게 무지막지한 제복을 또 볼 일이 있을까 싶었다. 여왕이 일어서기에 벤도 따라 일어났다. 여왕은 쿠션을 올린 탁자 앞으로 걸어갔다. 그러자 제복을 입은 남자가 쿠션을 집어 들어 여왕에게 건넸다. 쿠션 위에는 검은 벨벳으로 안을 댄 작은 검은색 상자가 놓여 있었다. 상자 안엔 은 십자가가 두 개 들었는데, 하나는 보통 크기이고 또 하나는 자그마했다.

여왕이 벤을 쳐다보더니 자기 앞을 가리키며 "여기 서세요"라 말했다. 좀 엄격한 목소리였지만 냉랭하지는 않았다. 벤이 순순히 그리 가서 서자 여왕은 말했다. "스타일스 씨, 어머님께 수여된 이 훈장이 작년에 사라졌다는 걸 알고 있습니다. 그 얘기를 듣고 참 유감스러웠어요. 스타일스 씨의 누님도 국가를 위해 일하다 사망했죠. 그분의 노고와 아버님의 희생에 깊이 감사드린다는 말씀을 드리고 싶군요. 또한 어머님 일도 정말 안타깝게 생각합니다." 여왕은 팔을 뻗어 벤과 악수한 다음 돌아섰다. 그리고 쿠션 위 상자를 들어 올려 그에게 건넸다.

상자를 내려다보던 벤의 눈에 눈물이 차올랐다. 그런데 당황스럽게도 눈물 두 방울이 여왕의 엄지손가락에 떨어지고 말았다. 벤은 어머니가 돌아가신 뒤로 눈물을 잘 참지 못했다. 어쩔 도리가 없었다. 하지만 여왕은 눈치채지 못했거나 별로 신경 쓰지 않는 듯, 그저 벤이 상자를 잘 잡고 있는지만 확인했다. 그러고 나서 한 걸음 물러서더니 벤을 바라보며 따뜻하게 미소 지었다. 벤은 무슨 말을 해야 할지 몰라 이렇게만 말했다. "감사합니다. 어,

폐하. 정말 감사합니다."

그때 벤은 여왕이 선사해 준 게 잃어버린 훈장을 대신할 새 십자가와 미니어처가 아니라 사실상 이 방에서 여왕과 함께 보낸 시간이라는 점을 깨달았다. 마치 시간 왜곡이 일어나는 것만 같은 기분이라 10분이 흘렀는지 이틀이 지났는지 도통 알 수가 없었지만 말이다. 어쨌든 이젠 완전히 울음이 터져 버렸기 때문에 아마 얼른 물러나는 게 최선일 터였다. 여왕이 뭐라고 말했으나 벤은 제대로 듣지 못했고, 곧이어 키 큰 여자가 배웅해 주었다. 벤은 방에서 나오자마자 돌아서서 그 여자를 꽉 껴안았다—결코 용인되지 않는 행동이라는 점은 그도 알고 있었지만, 때로는 그냥 충동에 몸을 맡겨야 할 때도 있는 법이니. 그러자 여자도 잠시 벤을 안아 주며 괜찮은지 물었다. 벤은 괜찮다고 답했다. 자세히 풀어놓는 길과 간단히 답을 맺는 길이 있겠지만 짧게 줄이는 쪽이 늘 더 쉬웠으니까. 하지만 그녀는 속마음을 다 들은 듯 벤의 팔을 꽉 붙잡고서 복도를 따라 걷는 내내 놓지 않았다. 그리고 벤에게 증서도 한 장 받게 될 거라는 얘기를 해 주었는데, 그 문제는 차차 생각하기로 했다.

그렇게 벤은 엘리자베스 십자 훈장을 돌려받았고, 이 모든 일이 이상하기만 했다. 그는 어머니가 돌아가신 뒤 절대 훈장을 착용하지 않겠다고 맹세했다. 레이철은 벤과 달리 기꺼이 훈장을 달았지만, 그건 스스로가 원해서였다. 벤은 자기가 보관했다간 잃어버리기나 할 거라고 확신했었다. 하지만 이번에는 무슨 일이 있어도 잃어버리지 않으리라. 절대로.

또 다른 초청객은 메러디스 알렉산더였다. 메러디스는 여왕의 개인적인 요청을 받아 아주 이례적인 무덤의 묘비를 디자인했기에, 이번에 초청받아 그 묘비를 직접 보기로 했다.

성에서 기다리던 여왕은 건축가를 차에 태우고 홈 파크를 지나 프로그모어 하우스 구내로 향했다. 이곳은 많은 왕족이 묻힌 장소였다. 특별히 이곳을 선택했던 빅토리아 여왕과 앨버트 공 부부를 비롯해 여왕의 백부인 에드워드 8세도 여기 잠들어 있었다. 이 경우엔 왕가에서 이곳 말고는 딱히 적절한 자리를 마련할 수가 없어서였다.

빅토리아 여왕의 묘 부근에 모인 왕가 묘지는 깔끔하게 정돈되어 있었다. 하지만 여왕은 프로그모어 호수 북쪽, 나무들에 반쯤 가려진 호젓한 장소까지 메러디스 알렉산더를 데려갔다. 일부러 찾지 않으면 눈에 잘 띄지도 않는 곳이었다. 푸른 무릇꽃 사이 잔디밭에 세워진 비대칭 석판이 보였다. 흰 대리석 위엔 '막심 브로드스키. 음악가. 1991-2016.'이라는 황동 글자만 간단히 박혀 있었다.

건축가는 비평가 같은 눈길로 자기 작품을 쳐다보았다. 제자리에 놓인 완성품을 직접 보는 건 이번이 처음이었다. 자신의 평소 스타일과는 정반대로 지극히 단순한 디자인이었지만 이 수수한 작품에도 어마어마한 노고가 들어갔다. 흰색 가운데서도 가장 마음에 쏙 드는 색조의 완벽한 대리석을 구하고, 가장 만족스러운 비대칭으로 디자인하고, 가장 적절한 크기와 서체로 알파벳을 만들어 가장 멋진 간격으로 앉히고, 최고의 조각가가 완벽하게 완성해야 했으니. 디자인하는 데만 며칠이 걸렸고 사색하는 데는 몇 주가 걸렸다.

"마음에 드시나요?" 메러디스가 물었다.

"내 생각엔 아주 훌륭한데요." 여왕이 말했다. "그렇지 않나요?"

"아, 수정하고 싶은 부분이야 항상 눈에 띄죠." 그러다 여왕이 그런 성격의 답을 원한 것은 아님을 깨닫고 말을 고쳤다. "하지만 전반적으로 제가 원하던 대로 완성됐어요. 그 사람을 온전히 담아낸 것 같아요. 부디 그랬으면 좋겠네요."

"내 부탁이 부담되지는 않았다면 좋겠군요." 여왕이 말했다.

"사실 좀 놀라긴 했어요."

"나는 선생의 작업을 좋아합니다. 물론 그래서 '만찬과 숙박' 때 선생을 초청했던 거죠. 그리고 선생과 브로드스키 씨가 아는 사이였기도 하니까요."

메러디스는 얼굴이 확 달아오르는 듯했다. "그렇다고 볼 수 있죠."

두 사람은 묘비를 찬찬히 바라보았다. "브로드스키 씨와 춤도 추셨고 말이에요." 여왕은 열이 오른 상대방의 뺨을 식혀 주려고 덧붙였다. 무안하게 만들 생각은 아니었는데.

마지막 말이 효과가 있는 듯했다. 메러디스는 미소 지으며 말했다. "그랬던 게 맞나요? 그 사람을 꿈속에서 봤던 게 아니고요?"

"그래요, 좀 꿈같은 면이 있었죠."

"그런 짓을 벌인 범인이 잡혔다고 은밀히 전해 들었어요." 메러디스가 말을 꺼냈다.

"네—에." 여왕이 답했다. "그때 선생도 조사 대상에 올랐다고 들었습니다. 내가 의도했던 바는 아니지만 말이에요."

"부디 사과하지 마세요." 여왕이 사과를 한 게 맞나? 꼭 그렇게 들렸는데. "정의가 실현되기만 한다면야."

"어느 정도는 그래요."

두 사람은 잠시 묵묵히 서 있었다. "저는 무릇꽃이 좋아요." 메러디스가 말했다. "사방에 피었네요. 정말로 평화로운 느낌이 가득한 곳이에요."

그 순간 머리 위에서 보잉 737기가 굉음을 내며 지나는 바람에 두 사람 다 올려다보았고 여왕은 폭소를 터뜨렸다. 하지만 비행기만 빼면 정말 그랬다—여기는 이 숲에서 가장 고요하고 호젓한 곳이었다. 여왕은 제일 좋은 위치를 찾느라 시간을 꽤 들였다.

"왜 그 사람이 여기 있는 거죠?" 메러디스가 물었다. 묘비 제작을 의뢰받았을 때부터 거듭 물어보았지만 아무도 답해 주지 않았다. 다들 그녀만큼이나 어리둥절해하는 듯했다. 여태껏 이런 일은 한 번도 일어난 적이 없었다. 정말로 전례가 없는 일이었다.

"달리 갈 곳이 없었지요." 여왕이 손을 휘저으며 말했다.

누구도 영안실로 시신을 찾으러 오지 않았다. 물론 결국에는 대사관에서 수습했겠지만 그다음엔 어찌 될까? 여왕은 안심할 수가 없었다. 본국에는 브로드스키를 애도해 줄 이가 아무도 없었으니. 여왕은 그 청년이 더 나은 대우를 받아야 한다고 생각했다. 그렇게 라흐마니노프를 아름답게 연주하던 사람인데.

"여기라면 그 사람이 행복하게 머물 것 같아요." 메러디스가 선언하듯 말했다. 그리고—약간 힘겹게—쭈그려 앉더니 몸을 앞으로 기울이고 막심의 유골이 묻힌 땅 위의 돌을 쓰다듬었다. "아니면 러시아인은 불행할 때만 행복하다던데, 뭐 그런 건지도요. 뭐랄까요, 아아, 저라도 여기 머물고 싶은걸요. 누군들 그렇지 않겠어요? 여기는…… 안전한 느낌이 들어요. 그렇지 않아요?"

새들이 나무 위에서 짹짹거렸다. 벌레 우는 소리가 단조롭게 윙윙거렸고 저 멀리 말 울음소리도 들렸다. 두 사람은 나무 그늘 사이로 어룽어룽 비치는 햇살을 쬐며 한동안 머물렀다. 하얀 대리석과 하늘 위에 한 줄로 지나간 비행운을 제외한다면 나무들 사이에 자리한 이곳은 지난 천년 동안 언제나 한결같이 지금과 똑같은 풍경, 똑같은 소리, 똑같은 분위기를 잔잔히 지켜 왔을 것만 같았다.

마침내 여왕이 발길을 돌렸다. "이제 갈까요?"

두 사람은 함께 성을 향해 걸음을 옮겼다.

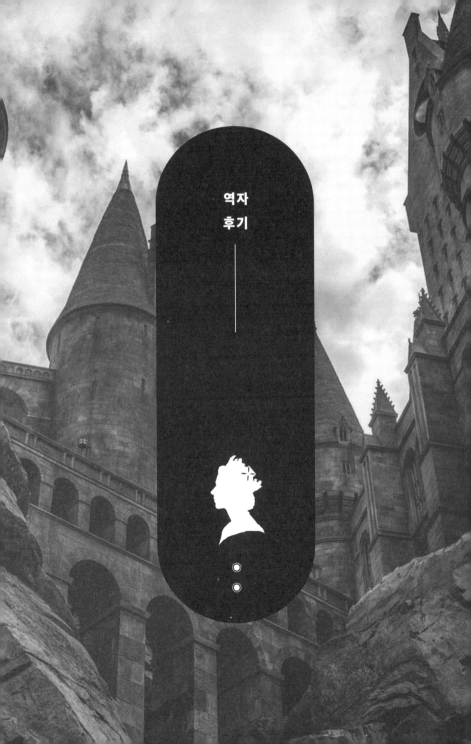

역자
후기

전 세계인 대다수가 태어나기 전부터도 영국 국왕은 엘리자베스 2세였다. 정확히 말해 2022년 현재 70세 미만인 모든 지구인이 태어나기 전부터도 여왕은 여왕이었다. 여왕의 얼굴은 영국과 영연방 모든 국가의 동전과 지폐마다, 우표마다, 각종 기념엽서와 접시, 찻잔마다 각기 다른 모습으로 새겨져 있다. 때론 왕관을 쓴 젊고 우아한 옆모습으로, 때론 모자 쓰고 손 흔드는 인자한 할머니의 모습으로. 엘리자베스 2세는 20세기 이래 전 인류를 통틀어 가장 클래식한 아이콘이다. 과연 한 인간이 이만한 무게를 견딜 수 있을까? 심지어 남성 중심주의가 당연하게 여겨지던 20세기 중반부터, 심지어 25세에 마음의 준비도 없이 왕위에 올라, 심지어 그 뒤로 무려 70년 동안, 왕실 폐지론이 끊임없이 제기되는 한편 매스 미디어의 관음증적 시선이 집요하게 따라붙는 지난한 세월을 어떻게 버텨 낸단 말인가? 웬만한 사람이라면 제정신으로 살아남기도 어렵지 않을까? 그러니 여왕은 그 존재 자체로 미스터리다. 지금도 한창 새 시즌을 촬영하고 있는 넷플릭스 〈크라운〉 시리즈를 비롯하여 엘리자베스 2세의 삶을 그린 숱한 창작물이 인기를 끌어왔지만 그의 실체를 온전히 이해할 수 있는 사람은 아마 아무도 없으리라.

『윈저 노트, 여왕의 비밀 수사 일지』는 대담하게도 90세 여왕을 탐정으로 내세운다. 설정만 접하면 '미스 마플 스타일에다 실존 인물이라는 기믹을 첨가한 건가?' 싶다. 초장에는 제법 밀실 살인 사건 분위기도 나서 과연 노년의 여왕이 어떻게 사건을 해결할 것인가 기대감을 품게 만든다. 그러나 윈저성이라는 폐쇄적 공간에서 펼쳐지는 본격 탐정 서사를 기대한다면 이내 실망할 공산이 크다. 얽히고설킨 여러 범죄의 전모는 주로 우연의 결합에 지나지 않고 우리의 할머니 탐정이 눈부신 활약을 펼치는 클라이맥스도 없으니까. 다만 찬찬히 읽다 보면 어느 순간 작가가 밀실 살인에도, 국제 스파이의 음모에도, 기발한 트릭이나 반전에도 별로 관심이 없으며 오로지 여왕이라는 인물에만 초점을 맞추고 있다는 사실을 깨닫게 된다. 이 작품은 여왕이 자기만의 방식으로 미스터리를 푸는 과정을 그려 냄으로써 우리 모두가 익히 봐 온 그 할머니, 엘리자베스 2세 여왕이라는 미스터리를 풀어 보려 시도한다. 여왕의 방식이란 능청스럽고도 우아하게 '아무것도 하지 않는' 무위의 기술이다. '군림하되 통치하지 않는다'는 영국 군주의 원칙대로라 하겠다. 어찌나 은근슬쩍 이곳저곳에 힌트를 던지고 물러나는지, 등장인물 중 가장 밉살맞게 묘사되는 정보국장이 본인 힘으로 모든 사건을 해결했다고 착각해 자아도취에 빠질 정도다. 그리고 만사가 정상화된 뒤 여왕은 언제나처럼 온화하게 그의 보고에 귀 기울일 뿐이다. 어떤 공도 자기 몫으로 취하지 않고.

"그러다 드디어 중대한 막판이 닥쳐오면…… 아무 일도 일어난 적이 없는 거죠."

"그게 무슨 뜻이죠?"

"두고 보면 알아요. 그 순간을 만끽해야 돼요."

『윈저 노트, 여왕의 비밀 수사 일지』의 관전 포인트는 바로 이 지점이다. 약간의 심술과 장난기가 깔린 아름다운 무위랄까. 이에 더해 작가는 진상을 추리해 나가는 과정에서 여왕이 시종 견지하는 태도를 공들여 묘사한다. 여왕은 '사건'이 아니라 '사람'을 보려 한다. 귀중한 생명이 무참히 스러졌다는 사실을 한순간도 잊지 않는다. 살아 있는 역사서와도 같은 그가 평생 동안 얼마나 많은 일을 보고 듣고 몸소 겪었겠는가? 또 얼마나 많은 기억을 켜켜이 쌓아 두고 살겠는가? 그럼에도 여왕은 이번 사건에 얽힌 젊은이들의 죽음에 새삼스럽게 비통해한다. 마음속에 선뜻 자리를 내어 그들을 오래도록 기억하고자 한다. 무명의 예술가를 위해서 윈저성 숲속 가장 고요하고 호젓한 자리를 찾아 묘비를 세워 준다. 그토록 살뜰히 마음을 기울일 수 있는 동력은 사랑이다. 『윈저 노트』의 추리에 따라 여왕이라는 미스터리를 풀어 보자면, 그렇다. 여왕이 여왕의 삶을 버텨 낼 수 있던 비밀은 역시 사랑일지도 모른다.

공교롭게도 역자 교정을 마치고 어떻게 후기를 써 볼까 고민하는 동안 엘리자베스 2세 여왕의 부고 기사가 떴다. 지금 영국에서는 열흘 간의 장례 절차가 진행되고 있다. 『윈저 노트, 여왕의 비밀 수사 일지』의 시간적 배경이 90세 생일이니, 즉위 70주년 플래티넘 주빌리를 맞이한 96세 탐정 여왕이 활약하는 후속작도 기대가 된다고 후기를 마무리할까 했는데. 역사상 가장 오랜 기간 영연방의 군주였던 그는 이제 곧 기나긴 여정을 마치고 윈저성의 왕실 묘지에 도착해 남편 필립 공의 곁에서 영면에 들리라.

Grief is the price we pay for love. 우리는 사랑의 대가로 슬픔을 치러야 한다. 9/11 테러 이후 엘리자베스 2세는 이렇게 말했다. 우리 모두는 삶을 선택하지 않았으나 각자의 삶을 살아가야만 한다. 여왕이 여왕의 운명을 선택하지 않았듯, 그럼에도 묵직한 왕관을 쓰고 똑바로 걷는 법을 평생에 걸쳐 배웠듯. 때로 삶은 그저 무의미와 고통의 연속인 듯 느껴지기도 한다. 그러한 삶을 견딜 수 있게 해 주는 거의 유일한 동력은 사랑일 것이다. 어떤 종류의 사랑이든, 얕든 깊든, 좁든 넓든 간에. 우리 삶이 사랑의 대가로 마치 세금처럼 슬픔을 치러야 하는 여정이라면, 세상에 태어난 모든 이들은 사랑과 슬픔의 무한한 고리로 연결된 것이 아닐지.

아무튼, 성실 납세자로 살아온 여왕은 2022년 9월 8일 셀 수 없이 많은 사람들에게 세금을 물리고 떠났다.

역자 김원희

윈저 노트, 여왕의 비밀 수사 일지

초판 1쇄 발행 2022년 9월 30일

지은이　소피아 베넷
옮긴이　김원희

발행편집인　김홍민 · 최내현
책임편집　조미희
표지디자인　이혜경디자인
마케터　마리
용지　한승
출력(CTP)　블루엔
인쇄 제본　대원문화사

펴낸곳　도서출판 북스피어
출판등록　2005년 6월 18일 제105-90-91700호
주소　(10595) 경기도 고양시 덕양구 동송로 23-28 305동 2201호
전화　02) 518-0427
팩스　02) 701-0428
홈페이지　https://blog.naver.com/hongminkkk
전자우편　editor@booksfear.com

ISBN　979-11-92313-09-2 (04080)
　　　　979-11-92313-08-5 (세트)